NINA KELLER

WILDE ECKEN

FÜR JEDEN GARTEN

Natürlich gärtnern und wertvolle Lebensräume für Tiere und Pflanzen schaffen

NINA KELLER

WILDE ECKEN

FÜR JEDEN GARTEN

Natürlich gärtnern und wertvolle Lebensräume für Tiere und Pflanzen schaffen

INHALT

VORWORT

Liebe Wildblumenfans,

herzlich willkommen zur Gartenpraxis „Wilde Ecken". Mit diesem einfachen Konzept möchte ich Sie ermutigen, sich auf den Weg zu machen und Ihren Garten durch mehr Artenvielfalt zu beleben. Egal ob Sie einen kleinen Vorgarten oder einen Schlosspark Ihr Eigen nennen, der Grundgedanke bleibt der gleiche. Mit wenig Aufwand können Sie ein Stück Natur in den Garten zurückholen und damit einen Unterschied bewirken. Denn ist Ihre wilde Ecke noch so klein, Sie werden mit ihr Teil eines Netzwerks von engagierten Gärtnern.

Jede wilde Ecke verbindet sich mit anderen Biotopen zu einem größeren Lebensraum. Je mehr mitmachen, umso besser! Eine wunderbare Vorstellung, dass in jedem Garten ein kleiner Platz für die Artenvielfalt ist, an dem es bunt blüht und lebendig summt. Kommen Sie mit und wir gehen Schritt für Schritt den Weg zu einem naturnahen Garten. Der Weg ist neu, vielleicht auch ein wenig abenteuerlich, aber ich weiß aus eigener Erfahrung, dass er Spaß macht und schnelle Erfolge verspricht. Damit meine ich, dass es möglich ist, mit kleinsten Veränderungen im Garten viele interessante und bunte Besucher anzulocken. Es funktioniert! Lassen Sie eine Karde über den Winter stehen und ich garantiere Ihnen Besuch von heimischen Singvögeln wie Stieglitz und Kohlmeise, die die Samen aus dem Fruchtstand knabbern!

Ich danke Ihnen herzlich für Ihr Engagement.

Ihre Nina Keller

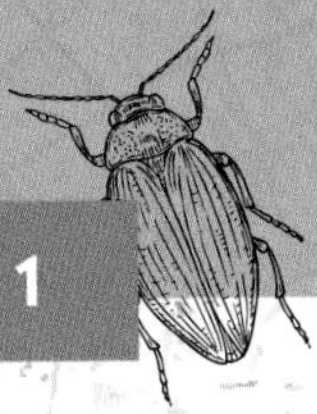

KAPITEL 1

GÄRTNERN IM EINKLANG MIT DER NATUR

Mit natürlichen Ecken wird Ihr Garten zu einem Paradies für die Sinne. Hier tanzen Wildblumen im Wind und die Blütenbesucher erfüllen die Luft mit einem Summen. Erleben Sie die Magie eines Ortes, an dem Mensch und Tier im harmonischen Miteinander existieren.

WAS SIND WILDE ECKEN

Wilde Ecken im Garten bieten Lebensraum für besondere Pflanzen und Tiere und laden ein, uns mit der Natur zu verbinden. Außerdem stärken sie die Artenvielfalt und sorgen für einen rundum gesunden Garten.

IN JEDEM GARTEN, egal ob klein oder groß, ob Nutz- oder Ziergarten, gibt es Platz für eine wilde Ecke. In diesen Bereichen wird ein klitzekleines Stück Wildnis zugelassen, sodass die Natur mit all ihrer Vielfalt in den Garten einziehen kann. Die kleinen natürlichen Habitate beanspruchen nicht viel Platz und sind absolut pflegeleicht. Jeder Quadratmeter zählt, wenn wir die Artenvielfalt in unserem Garten stärken möchten. Durch die Förderung von Pflanzen und Tieren in unserem Garten können wir einen wichtigen Beitrag zum Erhalt der Biodiversität leisten. So mag eine 1 m² große Fläche vielleicht winzig und nutzlos erscheinen, aber stellen Sie sich viele wilde Ecken in jedem Garten vor und schon wird klar, dass dieser kleine Beitrag eine große Veränderung bewirken kann.

Ein Staudenbeet mit Wildblumen wie Rosenmalve und Thymian hält wertvolle Nahrung für Insekten bereit.

GANZ ORDENTLICH

Es mag sich erst einmal so anhören, als ob die Unordnung in Ihren Garten einziehen soll. Dem ist nicht so! Auch die sogenannten wilden Ecken können ein gepflegtes Erscheinungsbild abgeben und auch hier herrscht Ordnung – die Ordnung der Natur. Eine klare Abgrenzung ist ein hilfreiches Stilmittel, um das zu verdeutlichen. Wenn das Blumenbeet mit den heimischen Wildblumen durch eine Einfassung aus Steinen begrenzt wird, sehen auch die wilden Schönheiten adrett aus. Außerdem kann eine passende Dekoration bei der ästhetischen Integration der wilden Ecken helfen. Ein selbst gestaltetes Schild „Igels Oase" am Laubhaufen verhilft beispielsweise der wilden Ecke zu einer ganz neuen Ausstrahlung und auch der kritische Nachbar weiß beim Gartenbesuch sofort, worum es geht. Die Kombination von klassischen Gartenelementen mit wilden Aspekten ist ebenso reizvoll:

Der Gartenzaun und wenig genutzte Ecken bieten einen Standort für zweijährige Wildblumen wie die Königskerze.

die Wildblumen als Begleiter der Edelrose oder die Wildblumeninsel im gepflegten Rasen.

NETZWERK DER NATUR

Vielleicht mag Ihnen der Garten wie ein abgegrenztes Stück Land vorkommen. Das stimmt natürlich, denn die Grenzen des Grundstücks sind klar umrissen, möglicherweise gibt es einen Zaun oder eine Mauer als Grundstückseinfriedung. Das ist jedoch lediglich die Sicht der Menschen. Für die Natur gibt es diese Grenzen nicht: Pflanzensamen werden von Vögeln oder dem Wind über die Zäune getragen und der Igel wandert durch mehrere Gärten, sofern er Schlupflöcher in den Zäunen findet. Gartenvögel knabbern auf dem einen Grundstück an den Sonnenblumen und beim Nachbarn trinken sie am Teich. Viele der heimischen Tiere, die sich eigentlich in unseren Gärten wohlfühlen, verlieren allerdings immer mehr wertvollen Lebensraum. Das liegt zum einen daran, dass der Einfachheit halber immer mehr Gärten „versiegelt“ werden und weniger Wildwuchs zugelassen wird. Zum anderen ist generell die wachsende Versiegelung der Flächen ein Problem, denn wo früher noch Brachen zwischen den Häusern waren, ist heutzutage meist alles bebaut. Deswegen ist es so wichtig, kleine Ecken im Garten zu schaffen, um die Natur zurück in den Garten einzuladen. Damit können Sie Igeln, Haselmaus, heimischen Pflanzen und Insekten helfen. Denn mit vielen kleinen wilden Ecken können sich die Tiere von Garten zu Garten bewegen und ein größerer Lebensraum ist erschaffen.

Kleine Ecke ganz groß

Es gibt große Naturgärten, in denen jeder Quadratzentimeter für die heimische Pflanzen- und Tierwelt genutzt wird. Eine lobenswerte und – wie ich finde – auch sehr schöne Art, sein Fleckchen Land zu pflegen. Allerdings ist es nicht jedermanns Geschmack. Möglicherweise soll der Platz im Garten auch anders genutzt werden, z. B. als Spielrasen oder als Nutzgarten. Außerdem gibt es sehr viele kleine Gärten, in denen der Platz sowieso begrenzt ist. Für all diese Gärten und Gärtner habe ich das Buch geschrieben, denn es geht genau darum, eine Ecke in jedem Garten zu finden, die für die Natur und ihren Schutz verwendet werden kann. Das kann beispielsweise ein Bereich im Garten sein, der sowieso nicht genutzt wird.

Rosen und das heimische Mutterkraut passen gut zusammen. Die hübsche Wildblume stellt Pollen für Insekten bereit.

Dort kann eine Mini-Blumenwiese am Rande des Rasens entstehen, der Teich mit heimischen Wildpflanzen bestückt werden, da der Gemüsegarten insektenfreundlicher bewirtschaftet, eine bunte Blühhecke angelegt oder die Fugen der Wege mit blühenden Kräutern bepflanzt werden. Sie können sogar mit einem Topf beginnen, in dem ein paar Wildblumen wachsen. Sehr bald werden Sie sich an summenden, schillernden und flatternden Besuchern erfreuen und sogleich den nächsten (und übernächsten) Topf als wilde Ecke für wilde Tiere bereitstellen.

Bodenversiegelung in Zahlen

Heute sind ca. 50 % der Siedlungs- und Verkehrsfläche (SuV) in Deutschland versiegelt, das entspricht etwa 6,5 % der Gesamtfläche. 1992 lag der Anteil der SuV in Deutschland noch bei 11,5 %, der Anteil der versiegelten Fläche bei 5,3 %. Von 1992 bis 2021 hat die Bodenversiegelung um durchschnittlich 168 km² pro Jahr oder ca. 24.000 Fußballfelder zugenommen!

ARTENSCHUTZ GANZ LEICHT GEMACHT

Die meisten der von uns gern gesehenen Gartenbesucher sind genügsam und brauchen gar nicht viel, um einen Garten attraktiv zu finden. Bunt schillernde Libellen werden von jeder noch so kleinen Wasserstelle angelockt. Die richtigen Sträucher in der Hecke locken Amsel, Zaunkönig und Co. an, denn hier finden sie Nahrung, Unterschlupf und Brutplätze. Einige heimische Wildblumen in den Beeten oder eine Mini-Wiese im Rasen sind gut für Wildbienen, Hummeln und Schmetterlinge. Und für den Igel, einen inzwischen auch als gefährdet eingestuften Gartenbesucher, reicht es aus, nicht ganz so gut aufzuräumen und ein paar kleine Löcher im Zaun zu lassen.

Lockerlassen

Die einfachste Möglichkeit, um die Vielfalt in Ihrem Garten zu fördern, ist einfach „lockerlassen". Lassen Sie sich darauf ein und beobachten Sie, welche Pflanzen von ganz alleine bei Ihnen einziehen. Warten Sie erst einmal ab, ob sich eine hübsche Wildblume aus dem vermeintlichen Unkraut entwickelt. Gerade die ein- und zweijährigen Wildblumen wie Mohn, Kornblume oder Königskerze sind Spezialisten im Wandern. Sie verschwinden an der einen Stelle und tauchen anderswo wieder auf. Sie finden freie Flächen im Staudenbeet und ersparen uns dort das Jäten oder sie fassen Fuß auf der kahlen Stelle am Zaun, an der sowieso nie etwas wachsen wollte. Mit diesen wilden Schönheiten, verändert sich das Bild des Gartens immer ein wenig, das ist besonders schön.

Ein Wildblumentopf beansprucht kaum Platz und leistet trotzdem einen wichtigen Beitrag für die Artenvielfalt im Garten.

EIN GEDANKE – VERSCHIEDENE UMSETZUNGEN

Natürlichkeit in den Garten zu holen ist nicht neu. Verschiedene Gartenkonzepte arbeiten mit dieser Idee, denn die Vorteile sind unbestritten. Tauchen Sie ein in unterschiedliche Ansätze für naturnahes Gärtnern.

ENTSPANNEN IM GARTEN, Spielen, mit Freunden feiern, die Natur erleben, sich körperlich betätigen und frisches Obst und Gemüse ernten; das alles und noch mehr sind wunderbare Nutzungen, die Gärten uns ermöglichen. Wo der Schwerpunkt im eigenen Garten liegt und was wir am allermeisten an unserem Garten lieben, ist individuell verschieden. Deswegen sind im Laufe der Zeit unterschiedliche Ansätze für natürliches Gärtnern entstanden. Allen vorgestellten Formen ist jedoch eins gemein: Sie arbeiten mit der Vielfalt und Natürlichkeit im Garten, um die Gesundheit im Garten zu stärken und die Ressourcen zu schonen. Die unterschiedlichen Gartenansätze teilen die Grundidee, die Natur in den Garten einzubeziehen und auf nachhaltige Praktiken zu setzen. Sie betonen den Verzicht auf schädliche Chemikalien, die Förderung der Artenvielfalt und die Pflege des Bodens. Der Hauptunterschied liegt in ihren Schwerpunkten und Ansätzen. Bei Bauerngärten steht die Produktion von Nahrungsmitteln im Vordergrund, die Permakultur will darüber hinaus nachhaltige Ökosysteme schaffen. Der Biogarten setzt seinen Schwerpunkt ebenfalls auf die Ernte von Obst und Gemüse und im Naturgarten steht die Förderung der Biodiversität und des Naturschutzes im Vordergrund. Alle Ansätze beinhalten wertvolle Ideen, die wir uns im eigenen Garten sehr gut zunutze machen können.

Im Naturgarten werden ausschließlich heimische Wildpflanzen und natürliche Materialien verwendet.

DER NATURGARTEN

Im Naturgarten wird ein Stück Wildnis in den Garten geholt. Das bedeutet jedoch keinesfalls ungepflegten Wildwuchs, denn auch hier muss gehegt und gepflegt werden. Im Naturgarten wird jedes Bauwerk und jede Struktur aus natürlichen Materialien gebaut und die Bepflanzung besteht aus heimischen Wildpflanzen. Ganz von selbst ziehen dann im Laufe der Jahre eine große Vielfalt an heimischen Wildtieren ein. Ein Naturgarten besteht aus möglichst vielen unterschiedlichen Elementen, sodass die Biodiversität im Garten gesteigert wird. Es gibt sonnige und schattige, trockene und feuchte sowie üppige und magere Standorte. Wichtige Elemente im Naturgarten sind Hecken, Trockenmauern, Teiche und Totholz. Bei der Anlage eines Naturgartens wird darauf geachtet, dass er sich gut in die umgebende Landschaft einfügt.

Naturgärten in dieser Form sind seit den Siebzigerjahren entstanden und wurden von engagierten Umweltaktivisten und interessierten Naturschützern ins Leben gerufen. Das wird besonders wichtig für die Bildung eines Naturschutzbewusstseins bei Kindern erachtet. Ein elementarer Grundsatz in der Bildung für nachhaltige Entwicklung lautet, dass Menschen insbesondere diejenigen Bereiche als liebenswert und schützenswert empfinden, die sie kennen.

Ein gut geplanter Naturgarten ist zwar deutlich pflegeleichter als ein konventioneller Garten mit englischem Rasen, Staudenbeeten oder einem Rosengarten, dennoch ist auch in einem Naturgarten Pflege notwendig. Die Blumenwiese will gemäht, sich zu stark versamende Arten wollen gejätet werden und die Wildhecke verträgt auch ab und zu einen Schnitt. In der Pflege werden keine chemischen Pflanzenschutzmittel oder Kunstdünger eingesetzt. Ein Naturgarten ist ein Ort der natürlichen Schönheit, der Bildung, des Umweltschutzes und der Erholung. Ein Naturgarten lädt dazu ein, die Wunder der Natur in ihrem eigenen Tempo und nach ihren eigenen Regeln zu erleben.

DER PERMAKULTURGARTEN

Permakultur, eine Abkürzung für „permanente Landwirtschaft" oder „permanent agriculture", ist ein ganzheitlicher Ansatz zur nachhaltigen Gestaltung von Lebensräumen, der auf Prinzipien der Ökologie und Ethik basiert. Ursprünglich entwickelt von Bill Mollison und David Holmgren in den 1970er Jahren, hat sich die Permakultur zu einer weltweiten Bewegung etabliert, die nicht nur im Bereich des Gartenbaus angewandt wird.

Die Entstehung eines Permakulturgartens läuft in verschiedenen Phasen ab. Bevor Maßnahmen ergriffen werden, ist es wichtig, den natürlichen Zustand eines Ortes sorgfältig zu beobachten und zu verstehen. Dann werden Schritte gegangen, um

Die Permakultur erscheint auf den ersten Blick wild, sie basiert jedoch auf einem ausgeklügelten System.

mit der Natur zusammenzuarbeiten, anstatt sie zu bekämpfen. Permakulturpraktiker suchen nach vorhandenen Ressourcen und versuchen, sie sinnvoll zu nutzen, anstatt neue Ressourcen zu schaffen. Dies kann den Einsatz von lokalen Materialien, erneuerbarer Energie und recycelten Produkten einschließen. Dabei spielt das Erkennen von Beziehungen zwischen verschiedenen Elementen eines Systems eine besondere Rolle. Im Permakulturgarten wird nichts verschwendet!

Diese Beziehungen werden auf eine möglichst nachhaltige Weise im Permakulturgarten abgebildet. Als Beispiel sei die Verwendung von Pflanzen genannt, die sich gegenseitig unterstützen, oder die Schaffung von Lebensräumen für nützliche Tiere. Natürliche Muster und Prozesse werden im Design des Permakulturgartens berücksichtigt. Das kann die Nutzung von Hanglagen, das Sammeln von Regenwasser oder die Schaffung von Biotopen umfassen. In der Permakultur wird darauf geachtet, Abfall zu minimieren und Überschüsse sinnvoll zu nutzen. Dabei spielen Kompostierung, Recycling und Wiederverwendung von Ressourcen eine wichtige Rolle.

Permakulturdesigns sind oft vielfältig und redundant, um Resilienz gegenüber Störungen zu schaffen. Eine breite Palette von Pflanzenarten kann beispielsweise das Risiko von Ernteausfällen verringern. Der Aufbau eines Gartens nach Permakulturprinzipien beginnt oft klein und wächst allmählich. Dies ermöglicht es, Erfahrungen zu sammeln und Anpassungen vorzunehmen, während das System wächst.

Die Permakultur betont die Werte der Fürsorge für die Erde, Fürsorge für die Menschen und eine gerechte Verteilung der Ressourcen. Sie ist eine flexible und ganzheitliche Herangehensweise, die auf verschiedene Umgebungen und Kontexte angewandt werden kann. Ihre Prinzipien können in der Landwirtschaft, im Gartenbau, im Städtebau und in vielen anderen Bereichen Verwendung finden, um nachhaltigere, widerstandsfähigere und umweltfreundlichere Systeme zu schaffen.

DER BAUERNGARTEN

Ein Bauerngarten ist ein traditioneller Garten, der vor allem in ländlichen Regionen und auf Bauernhöfen angelegt wird. Bei der Bewirtschaftung steht die Selbstversorgung mit Nahrungsmitteln und Heilpflanzen im Vordergrund. Ein klassischer Bauerngarten folgt einem bestimmten Aufbau, der darauf ausgerichtet ist, eine Vielzahl von Nutzpflanzen auf begrenztem Raum anzubauen. Das Grundgerüst eines klassischen Bauerngartens bilden vier gleich große, rechteckige oder quadratische Beete. Dieses geometrische Muster erleichtert die Organisation und Pflege der verschiedenen Pflanzen. Ein Wegekreuz aus Kieswegen bietet einen idealen Zugang zu allen Beeten, das Rondell in der Mitte bildet das Herzstück des Gartens. Außerdem gibt es einen umlaufenden Weg um die Beete herum. Die einzelnen Beete sind durch einen niedrigen Zaun oder eine kleine Heckenbepflanzung aus Buchs oder Kräutern eingefasst. Als Einfriedung dient ein Staketen- oder Lattenzaun, der hungrige Haus- oder Wildtiere fernhält.

Bei der Bepflanzung kennzeichnet den Bauerngarten das direkte Nebeneinander von Zier- und Nutzpflanzen, das den üppigen und bunten Charakter dieser Gartenform ausmacht. Hier dürfen Fingerhut, Rittersporn, Sonnenblumen und Astern in den Gemüsebeeten wachsen. Es wird also nach den Prinzipien der Mischkultur angebaut. Zusätzlich wird jedoch auch eine Fruchtfolge, ähnlich der Vier-Felder-Wirtschaft, im Bauerngarten eingehalten. Der jährliche Wechsel der Bepflanzung und die hohe Durchmischung der Pflanzen fördern ein gesundes Wachstum und eine reiche Ernte. Nicht nur in den Beeten, sondern auch am Zaun dürfen sich Strukturpflanzen einfinden. Hier ein Busch, dort eine große Solitärstaude – das bietet Lebens-

Im klassischen Bauerngarten wachsen Zier- neben Nutzpflanzen und er wird durch einen Zaun geschützt.

Im Biogarten wächst ohne den Einsatz von chemischen Düngern oder Pflanzenschutzmitteln gesundes Gemüse.

raum für Vögel und nützliche Insekten und die Gartengesundheit wird gefördert.

Die Geschichte des klassischen Bauerngartens beginnt Anfang des 20. Jahrhunderts. Im Jahr 1913 legte man im Botanischen Garten in Hamburg den idealen Bauerngarten auf einer relativ kleinen Fläche an. Der Bauerngarten mit den vier Beeten und dem Wegekreuz war geboren. Selbstverständlich gab es Nutzgärten schon viel länger an den Gehöften. Sie dienten der Selbstversorgung und beherbergten schon immer eine große Vielfalt an Kräutern, Gemüse und Obst.

DER BIOGARTEN

Im Biogarten steht das natürliche Gärtnern, also die Gartenpflege ohne den Einsatz von chemischen Düngemittel oder Pflanzenschutzmitteln, im Vordergrund. Damit dies gut gelingt und trotzdem viel geerntet werden kann, ist es für Biogärtner wichtig, ihren Gartenboden zu kennen. Ein fruchtbarer, gesunder Gartenboden ist die Grundlage des Biogartens, der biologische gartnernde Mensch ist bemüht, Defizite im Boden auf natürliche Weise auszugleichen. Zur Verbesserung des Bodens wird eine Schutz- beziehungsweise Mulchschicht aufgebracht, die den Boden vor Austrocknung bewahrt und das Bodenleben fördert. Je mehr Mikroorganismen und Kleinstlebewesen sich in der Erde befinden, desto besser gedeihen die Pflanzen. Deshalb spielen Kompost, Mulchen, Gründüngung, Fruchtwechsel und Mischkultur eine wichtige Rolle im Biogarten. Alle diese Techniken fördern die Bodengesundheit, indem sie neue Nährstoffe in den Boden bringen beziehungsweise den Boden durch eine geschickte Anpflanzung nicht auslaugen.

Außerdem wird im Biogarten das Umgraben möglichst vermieden, um das Bodenleben nicht zu stören. Der Biogärtner verwendet stattdessen einen sogenannten Sauzahn, um den Boden zu durchlüften. Im Frühjahr und im Herbst wird das Gerät in sich kreuzenden Bahnen so tief wie möglich durch das Beet gezogen. Das lockert die Erde auf und versorgt den Boden mit Sauerstoff.

Die Nutzpflanzen im Biogarten werden umweltfreundlich gedüngt, das bedeutet, es werden biologische organische Dünger wie Kompost, Pflanzenjauchen oder Schafswolle verwendet, synthetische Dünger sind tabu. An erster Stelle steht das biologische Wirtschaften, es dürfen keine künstlichen, chemischen Stoffe in den Garten eingebracht werden. Darauf wird auch bei der Auswahl des Saatguts und der Jungpflanzen sowie des Substrats geachtet.

Klostergärten

Das älteste Vorbild für die Vielfalt im Garten ist der Klostergarten, aus dem auch der Bauerngarten hervorgegangen ist. Klostergärten dienten vor allem der Versorgung der Mönche und Nonnen. Gemüse und Obst wurden angebaut, immer gab es aber auch einen Kräutergarten, in dem Würz- und Heilpflanzen wuchsen. Auch Klostergärten dienten schon der Erholung und selbstverständlich auch der Einkehr und dem Gebet.

NÜTZLICH FÜR JEDEN GARTEN

Die modernen Gärten unserer Zeit sind oft von klarem Design, akkurat geschnittenem Rasen und ordentlich geformten Hecken geprägt. Es wird aber auch immer deutlicher, dass Natur im Garten viele Vorteile hat.

NICHT NUR die Artenvielfalt wird durch wilde Ecken in unseren Gärten gestärkt, auch Sie als Gärtnerinnen und Gärtner können direkt von der natürlichen Gartengestaltung profitieren. Wenn Sie die Natur mit den heimischen Pflanzen, den Insekten, Vögeln und Kleinsäugern in den Garten einladen, wird das positive Effekte nach sich ziehen.

Mit heimischen Sträuchern können scheue Bewohner wie die Haselmaus in Ihren Garten locken.

Auch hier gilt: Selbst eine kleine Ecke, in der heimische Pflanzen wachsen dürfen oder die in anderer Weise natürlich gestaltet ist, fördert die Biodiversität in Ihrem Garten und erleichtert Ihnen somit die Arbeit. Natürliche Gärten können auf verschiedene Weise gestaltet werden, je nach den individuellen Präferenzen und den örtlichen Bedingungen. Dennoch gibt es einige grundlegende Aspekte, die in jedem natürlichen Garten nützlich sind, da sie dazu beitragen, die Biodiversität zu fördern, die negativen Umweltauswirkungen zu reduzieren und den Garten ökologisch nachhaltiger zu gestalten.

HEIMISCHE ARTEN

Wildblumen sind erst einmal Pflanzen, die in der freien Natur vorkommen und nicht züchterisch verändert wurden. Dazu gehören auch Wildblumen aus anderen Teilen der Welt, die teilweise in unseren Gärten weit verbreitet sind. Viele Arten, die im Präriegarten zum Einsatz kommen, stammen beispielsweise aus den Präriegebieten in Nordamerika, wie Sonnenhut, Indianernessel und Mädchenauge. Als bei uns heimische Arten werden definitionsgemäß all diejenigen bezeichnet, die vor der Entdeckung Amerikas durch Christoph Kolumbus bei uns vorkamen, die sogenannten Archäophyten.

Ich empfehle Ihnen, in Ihrem Garten möglichst viele heimische Wildpflanzen zu verwenden, damit meine ich diejenigen Arten, die im Großraum Ös-

Beliebte Singvögel wie die Amsel sind für die Aufzucht der Jungen auf Sträucher und Hecken angewiesen.

terreich, Deutschland und der Schweiz vorkommen. Selbstverständlich können Sie auch noch kleinräumiger arbeiten und regional vorkommende Wildpflanzen in den Garten holen. Greifen Sie dann auf zertifiziertes Wildpflanzen-Saatgut oder -Pflanzgut zurück. (Lesen Sie dazu die Informationen im Kasten über Regiosaatgut auf *Seite 21*.)

Für die Förderung der heimischen Insektenwelt ist es unerlässlich, auch heimische Pflanzen zu verwenden. Es gibt nämlich viele spezialisierte Insektenarten, die abhängig von ganz bestimmten Pflanzen sind. Sie benötigen diese Futterpflanzen für sich oder noch häufiger für ihren Nachwuchs. So sammelt beispielsweise die Natternkopf-Mauerbiene ausschließlich am Natternkopf den Pollen für ihre Larven. Dieses Zusammenspiel ist das Ergebnis einer langen Evolution und daher passen heutzutage die in einer Region vorkommenden Insekten haargenau zu den dort beheimateten Pflanzen. Möchten Sie also den Insekten in Ihrem Garten helfen, verwenden Sie heimische Wildpflanzen.

Ungefüllte Blüten

Pflanzen mit ungefüllten Blüten sind für natürliche Gärten besonders wertvoll und eine einfache Möglichkeit, heimische Insekten in den Garten zu locken. Die Tiere werden es Ihnen danken, denn gefüllte Blumen sind häufig steril und bieten keinen Pollen oder Nektar. Sie sind somit wertlos für die Insekten und tragen nichts zur Artenvielfalt in Ihrem Garten bei. Ungefüllte Blüten, egal ob heimisch oder nicht, bieten zumindest für die weniger spezialisierten summenden Gartenbesucher Nahrung und somit einen hohen Mehrwert gegenüber den gefüllten Sorten. Viele beliebte Gartenblumen gibt es auch als ungefüllte Formen, z. B. Dahlien.

BIOLOGISCH UND NACHHALTIG GÄRTNERN

Der Verzicht auf Pestizide beziehungsweise synthetische Chemikalien im Garten ist ein zentraler Aspekt für die Förderung einer natürlichen Umgebung und den Schutz der Umwelt. Pflanzenschutzmittel und synthetische Dünger bleiben bei einer übermäßigen Anwendung im Boden und können in das Grundwasser gelangen. Außerdem sind viele Mittel nicht nur für Schädlinge, sondern auch für Nützlinge ungünstig.

Auch bei Menschen kann es bei der Verwendung von synthetischen Pflanzenschutzmitteln und Düngern zu Gesundheitsproblemen kommen. (Mehr zu einem nachhaltigen Umgang mit Pflanzenschutzmitteln sowie Tipps und Tricks zur natürlichen Gartenpflege finden Sie im zweiten Kapitel ab *Seite 44*.)

ARTENVIELFALT FÖRDERN

Um für mehr Biodiversität im Garten zu sorgen, lohnt es sich, möglichst viele unterschiedliche Pflanzen und Strukturen zu integrieren. Die verschiedenen Pflanzenarten bieten unterschiedlichen Vögeln, Insekten und Kleinsäugern Nahrung. Weißdorn wird mit seinen Früchten eher Singvögel in den Garten locken, mit einer heimischen Staude können Sie den Insekten Nahrung bieten und der Laubhaufen bietet dem Igel einen Unterschlupf. Mit der Zeit werden Sie noch vieles entdecken, was zu einer Förderung der Artenvielfalt führt.

Insbesondere für die Insektenwelt gilt: Wenn Sie eine Vielzahl von unterschiedlichen Schmetterlingen, Wildbienen und anderen summenden Gästen anlocken wollen, sollten unterschiedliche heimische Wildblumen in Ihrem Garten vertreten sein. Die verschiedenen Pflanzen haben außerdem unterschiedliche Wurzelsysteme, ebenso differiert auch der Nährstoffbedarf. Deswegen kann die Vielfalt im Garten auch den vorhandenen Boden optimal ausnutzen.

Diversität in der Bepflanzung und in den natürlichen Strukturen sorgt dafür, dass Ihr Garten gesünder ist, d. h. die Gewächse weniger von Schaderregern befallen werden. Krankheiten und Schädlinge sind nämlich oftmals spezialisiert und können sich nur dann gut ausbreiten, wenn viele Pflanzen einer Art zusammenstehen. Bei einer großen Vielfalt haben weder Krankheiten noch Schädlinge eine große Chance. Außerdem verschwindet eine einzelne erkrankte Pflanze auch unter ästhetischen Gesichtspunkten im Gesamtbild, im Vergleich dazu gibt eine ganze kränkelnde Hecke oder Ähnliches kein ansprechendes Bild mehr ab.

Viele Kleinstrukturen, wie ein Steinbeet, ein kleines Wasserhabitat oder der Holzhaufen neben dem Kompost locken unterschiedliche Tiere und somit auch diverse Nützlinge an. Ein ökologisches Gleichgewicht entsteht auf diese Weise und der Garten bleibt gesund. Pflanzen Sie eine Vielfalt von Arten, die zu unterschiedlichen Jahreszeiten Blüten und Früchte tragen. Das sorgt das ganze Jahr über für Nahrung in der Tierwelt.

Hecken und Sträucher

Integrieren Sie nach Möglichkeit Hecken oder zumindest einzelne Sträucher sowie Bäume in Ihren Garten. Viele Arten unserer heimischen Fauna sind auf diesen besonderen Lebensraum angewiesen. Mit Büschen können Sie Amsel, Grasmücke und den Zaunkönig in Ihren Garten locken, eine Hecke bietet einen geeigneten Lebensraum für Siebenschläfer und Haselmaus. Auch Bäume werden dazu beitragen, dass sich mehr Vögel im Garten aufhalten. Ein blühender Obstbaum wiederum ist eine reiche Nahrungsquelle für Insekten.

Stehen lassen

Trauen Sie sich, verblühte Stauden im Herbst einfach mal nicht zurückzuschneiden. Damit bieten Sie Wildbienen eine Brutmöglichkeit und die Samen können den Gartenvögeln als Winterfutter dienen. Ein Rückschnitt im Frühjahr, wenn die Tage wärmer

Lassen Sie trockene Stauden mit den Samen über den Winter für Gartenvögel wie den Stieglitz stehen.

Lassen Sie sich Zeit mit dem Unkraut jäten, dann taucht auch bei Ihnen die duftende Nachtviole am Gartenzaun auf.

werden, ist vollkommen ausreichend. Außerdem fördert es die Natürlichkeit, wenn Sie sich ansiedelnde Pflanzen wachsen lassen. Insbesondere zweijährige Arten wie Karde, Königskerze oder Natternkopf tauchen als bunte Überraschung an besonderen Stellen auf. Und sollten sie doch einmal im Weg stehen, können sie jederzeit gejätet werden.

Nützlinge fördern

Viele Tiere können dabei helfen, Schaderreger wie Blattläuse im Zaum zu halten. Außer die richtigen Futterpflanzen zur Verfügung zu stellen, können Sie diesen Nützlingen helfen, indem Sie Nisthilfen anbringen. Dazu gehören qualitativ hochwertige Nistkästen für Vögel, Wildbienen-Hotels und besondere Strukturen, wie ein Sandarium (▸ *Seite 132*). Denken Sie außerdem an Vogel- und Insektentränken sowie an Futterplätze für Vögel.

WASSER UND NÄHRSTOFFE

Wasser ist lebensnotwendig für alle Lebewesen. Die Pflanzen nehmen das Wasser mit den Wurzeln auf und transportieren darin gelöste Nährstoffe hinauf zu den Blättern. Insbesondere in Zeiten der Klimaveränderung ist es wichtig, dass wir sparsam mit unseren Wasserressourcen umgehen. Verwenden Sie nach Möglichkeit Regenwasser und setzen Sie außerdem auf Pflanzen, die an den Standort angepasst sind. Auf diese Weise kommen Sie mit wenig Gießen aus. (Stöbern Sie in den wilden Ecken im dritten Kapitel ab *Seite 64*, wenn Sie auf der Suche trockenheitstoleranten Pflanzen sind.)

Leicht umzusetzen und beinahe unverzichtbar für den natürlichen Garten ist die Aufbereitung von eigenem Kompost. Alle Pflanzenreste, die im Garten oder im Haushalt anfallen, stehen durch Kompostierung am Ende als Nährstofflieferanten und Bodenverbesserer zur Verfügung. Somit entsteht ein geschlossener Nährstoffkreislauf, eine zusätzliche Düngung ist kaum nötig. (Mehr über das richtige Kompostieren erfahren Sie in Kapitel 2 auf *Seite 46*.)

MUT ZUR UNORDNUNG

Lassen Sie nach Möglichkeit einige Teile des Gartens wild und unordentlich. Diese Bereiche können als Lebensraum für Insekten und kleine Tiere dienen. Totholzhaufen, Steinhaufen oder Laub sind Beispiele für solche Bereiche. Mit klaren Umgrenzungen oder Beschilderungen kennzeichnen Sie die Bereiche als wertvolle Strukturen. Sie können auch das Laub oder Holzhackschnitzel als natürlichen Mulch verwenden. Das fördert die Bodengesundheit und die Bodenfauna.

Regiosaatgut

Regiosaatgut und regionale Wildpflanzen werden nach strengen Standards produziert und zertifiziert. Deutschland ist beispielsweise in 22 Regionen aufgeteilt. In diesen Regionen wird Ausgangssaatgut unter bestimmten Voraussetzungen in der Natur gesammelt und dann ackerbaulich vermehrt. Das geerntete Saatgut oder die vermehrten Pflanzen werden wieder in der ursprünglichen Region ausgebracht.

WOZU WILDE ECKEN?

Wilde Ecken in unseren Gärten sind keineswegs unordentlich, sondern ein Geschenk an die Natur. Wir fördern die Artenvielfalt und schaffen gleichzeitig eine friedliche Oase, an der Natürlichkeit erlebt werden darf.

WIR MENSCHEN tragen Verantwortung für den Schutz und den Erhalt der Lebensgrundlagen auf unserem Planeten. Für unsere Nachkommen und in unserem eigenen Interesse sollten wir uns darum bemühen, die Artenvielfalt auf unserer Erde zu erhalten. Täglich erreichen uns neue Meldung von Naturkatastrophen, Klimaveränderungen und Überschwemmungen. Das Verhalten des Menschen auf der Erde führt zu einem Rückgang der Arten sowohl im Pflanzen- als auch im Tierreich. Täglich sterben weltweit Arten unwiederbringlich aus. Die Geschwindigkeit des Artensterbens hat dabei in den letzten Jahrzehnten dramatisch zugenommen, hauptsächlich hauptsächlich aufgrund menschlicher Aktivitäten wie Lebensraumzerstörung, Verschmutzung, Klimawandel und die Verbreitung invasiver Arten. Das sind traurige Nachrichten und manchmal ist es nicht leicht, damit umzugehen.

Alle Insekten sind Teil des Ökosystems und schützenswert. Hier sonnt sich eine Fliege auf der Alpen-Aster.

Für mich ist es ein wunderbarer Weg, an meinem eigenen kleinen Ort, in meinem Garten oder auf meinem Balkon, anzufangen, und mein Bestes für den Erhalt der Artenvielfalt zu geben. Dabei geht es nicht darum, eine kleine heile Welt zu erschaffen, sondern darum, ein starkes Netzwerk aus natürlichen Gärten und wilden Ecken zu schaffen. Wenn jeder Gärtner Verantwortung übernimmt und die Biodiversität im eigenen Garten stärkt, dann kann einiges bewegt werden. Über 20 Millionen Gärten in Deutschland haben ein riesiges Potenzial, die Natur zu stärken und bedrohten Pflanzen und Tierarten ein Refugium zu sein. Stellen Sie sich vor, die Fläche der Gärten in Deutschland entspricht in etwa einer Million Fußballfeldern! Es gibt viele gute Gründe, wilde Ecken in die Gärten zu holen. Einige dienen dem Gemeinwohl, andere sind von Vorteil für unsere Gesundheit, die Stabilität unseres Gartens oder für unseren Geldbeutel.

Kinder lieben die wilden Ecken. Indem sie die Natur näher erfahren, lernen sie auch, diese zu schützen.

VIELE VORTEILE

Die Vorschläge für die Gestaltung einer wilden Ecke zielen auch darauf ab, einen absolut pflegeleichten Bereich zu schaffen. Je nachdem, für welche Art der wilden Ecke Sie sich entscheiden, kann die Anlage aber mehr oder weniger aufwendig sein. Das gilt beispielsweise für einen natürlichen Gartenteich oder eine Trockenmauer. Diese Gestaltungselemente werden nicht an einem Nachmittag errichtet. Wenn das natürliche Element aber erst einmal fertiggestellt ist, wird die Pflege und Instandhaltung einfach sein. Eine arbeitsintensive Wartung oder Pflege der Pflanzen oder Strukturen ist nicht nötig. So können Sie pflegeintensive Strukturen im Garten durch pflegeleichte Gartenelemente ersetzen. Eine Blumenwiese muss, anders als der Rasen, selten gemäht und überhaupt nicht gedüngt oder gewässert werden. Ein Weg, in dessen Fugen wunderschön blühende Wildblümchen wachsen dürfen, erspart uns die Arbeit des Fugenkratzens. Der geringe Pflegeaufwand der wilden Ecken erspart Ihnen Zeit und Geld!

Das Arbeiten mit wilden Ecken im eigenen Garten führt außerdem zu einer Reduzierung von synthetischen Pflanzenschutzmitteln und Düngern. Damit tragen Sie nicht nur zu einer gesünderen Umwelt bei, sondern Sie können bei der Bewirtschaftung des Gartens auch Kosten und Zeit einsparen. Das gilt ebenso für die Bewässerung: Wenn Sie im dritten Kapitel dieses Buches durch die unterschiedlichen wilden Ecken stöbern, wird Ihnen bei den Pflegeanleitungen auffallen, dass alle Vorschläge mit wenig Wasser, Dünger oder Pflanzenschutz auskommen. Nutzen Sie Ihre Zeit lieber, den Garten zu genießen und auch mal die Beine hochzulegen. (Ausführliche Tipps für die richtige Pflege des natürlichen Gartens finden Sie ab *Seite 48*.)

ÖKOSYSTEME

Wilde Ecken im Garten sind von entscheidender Bedeutung für die Gesundheit unseres Ökosystems und spielen eine Schlüsselrolle in der Förderung der Artenvielfalt. Sie fungieren als „Trittsteine" oder kleine Inseln der natürlichen Vielfalt inmitten von Siedlungsgebieten. Diese Trittsteine sind essenziell für die Erhaltung der Biodiversität, da sie Tierarten ermöglichen, sich in einer oft zerstückelten und veränderten Umwelt zu bewegen.

Indem Sie wilde Ecken in Ihrem Garten bereitstellen, bieten Sie Rückzugsräume, Nahrungsquellen und Nistmöglichkeiten für Vögel, Insekten und andere Tiere. Gerade die vom Artensterben besonders betroffenen Insekten erbringen zahlreiche Ökosystemdienstleistungen, darunter die Zersetzung von abgestorbenen Pflanzen und Tieren, die Verbesserung der Bodenqualität und die Regulierung von Schädlingen. Diese Dienste tragen zur Aufrechterhaltung der Umweltqualität und zur Gesundheit von Ökosystemen bei. In einer zunehmend fragmentierten Landschaft, in der Siedlungsräume immer stärker zerklüftet sind, sind diese wilden Flecken in den Gärten von entscheidender Bedeutung, um die Verbindung zwischen verschiedenen Lebensräumen aufrechtzuerhalten. Tiere müssen sich bewegen, um zu fressen, zu brüten und die genetische Vielfalt zu bewahren. Wilde Ecken schaffen Korridore, die es ihnen ermöglichen, von einem Gebiet zum anderen zu gelangen, und verhindern so, dass sie in isolierten Populationen gefangen bleiben.

Die Brennnessel ist eine wichtige Futterpflanze für Schmetterlingsraupen wie die des Tagpfauenauges.

NATURSCHUTZ

Für viele bedrohte Tier- und Pflanzenarten sind unsere Gärten überlebenswichtig. Sie können als letzte Zuflucht und Fortpflanzungsorte dienen, wenn ihr ursprünglicher Lebensraum zerstört oder reduziert wurde. Durch den Schutz und die Pflege von wilden Ecken im Garten können gefährdete Arten erhalten und gefördert werden. Wildblumen, Gräser und Sträucher fördern die ökologische Vielfalt. Sie bieten Nahrung für Bestäuber wie Bienen und Schmetterlinge, was sich positiv auf die Ernte von Nutzpflanzen auswirkt. Eine vielfältige Pflanzenwelt zieht auch eine Vielzahl von Insekten an, die wiederum Nahrungsquelle für Vögel und andere Tiere sind.

Übrigens sind nicht nur Hummeln, Wildbienen und Honigbienen wichtige Bestäuber, sondern auch Fliegen, die hauptsächlich an den Blüten von Obstbäumen anzutreffen sind. Im Gegensatz zur wählerischen Honigbiene fliegen die wilden Insekten schon bei niedrigen Temperaturen und Nieselregen. Das kann den entscheidenden Unterschied für eine erfolgreiche Obsternte ausmachen. Mit einer wilden Ecke, wie beispielsweise einer Blumenwiese, hat Ihr Garten eine erhöhte Anziehungskraft für die nützlichen Wildbienen, Fliegen, Schmetterlinge und Hummeln. Gerade den Insekten, deren Zahl in den letzten Jahrzehnten so stark zurückgegangen ist, können wir mit wilden Ecken im Garten besonders gut helfen. Freuen Sie sich auf schnelle Erfolge. Schon mit kleinen Veränderungen wird es noch in derselben Gartensaison herrlich summen und brummen.

EIN GARTEN FÜR KINDER

Die Gestaltung und Pflege von naturnahen Ecken kann eine ausgezeichnete Möglichkeit sein, Kinder und Erwachsene die Natur näherzubringen. Dieses gärtnerische Tun fördert ein tiefes Verständnis für die Umwelt und sensibilisiert für ökologische Zusammenhänge. Wilde Ecken ermöglichen Kindern und Erwachsenen gleichermaßen, die Natur aus

Igel brauchen wilde Ecken wie Laub- oder Reisighaufen, um sich darin zu verstecken und zu überwintern.

nächster Nähe zu erleben. Das Beobachten von Tieren, Pflanzen und den sich ändernden Jahreszeiten in den naturnah gestalteten Bereichen kann das Verständnis für die Umwelt und die Notwendigkeit des Naturschutzes vertiefen. Aber die Kinder können nicht nur lernen, wilde Ecken sind darüber hinaus wahre Spielparadiese für Kinder. In einer Hecke werden Höhlen gebaut, am Wasser wird immer gerne gespielt, und wer erinnert sich nicht daran, wie es war, als Kind durch eine hohe Blumenwiese zu streifen. Achten Sie aber immer auch auf die Sicherheit, denn Hecken können mitunter von Dornen und Stacheln besetzt sein und ein Teich, sei er noch so klein, sollte so geschützt sein, dass Kinder nicht hineinfallen können.

KLIMAWANDEL

Durch die Anpflanzung von hitzetoleranten heimischen Pflanzen und das Schaffen von schattigen Bereichen können wir unsere Gärten widerstandsfähiger gegenüber den steigenden Temperaturen und Starkwetterereignissen machen. Es gibt tatsächlich für jeden Standort die richtige Pflanze, wobei vor allem die heimischen Arten meist gut an die Bedingungen im Garten angepasst sind, vorausgesetzt sie wurden standortgerecht ausgewählt. Auch bestimmte Strukturen tragen zu einem angenehmen Gartenklima in heißen Sommern bei: Mit einem Wasserhabitat können wir Abkühlung schaffen, Bäume, Büsche und Hecken sorgen für schattige Bereiche, in denen es angenehm kühl bleibt.

In den wilden Ecken kann Regenwasser versickern, was zur Verbesserung des Grundwasserhaushaltes beiträgt und Überschwemmungen vorbeugt. Natürlich sind wilde Ecken dabei nur ein kleiner Schritt, trotzdem gilt auch hier: Viele Millionen Gärten, die mehr offenen Boden zulassen und versiegelte Wege und Plätze abschaffen, können einen Unterschied machen.

GRÜNE GRUNDLAGE

Ohne unsere grünen Freunde geht gar nichts: Pflanzen sind die Grundlage unseres Lebens. Sie reinigen die Luft und sind die Basis der Nahrungspyramide. Als Primärproduzenten sind sie in der Lage, durch Fotosynthese Energie aus Sonnenlicht mithilfe von Wasser und Kohlendioxid in Glucose und Sauerstoff umzuwandeln.

Das Gärtnern mit den wilden Ecken erleichtert die Gartenpflege enorm, und es bleibt mehr Zeit, die Beine hochzulegen.

Es entstehen also aus energiearmen, anorganischen Stoffen mittels Sonnenenergie energiereiche, organische Stoffe. Die entstandene Energie kann von den Pflanzenfressern in Form von Pflanzennahrung aufgenommen werden, die Pflanzenfresser werden wiederum von den Raubtieren gejagt. Es ist also immens wichtig, dass wir uns um die Pflanzen kümmern, und mit einer wilden Ecke im Garten können Sie einen Anfang machen!

Krefelder Studie

Eine in Krefeld durchgeführte wissenschaftliche Studie zeigt, dass sowohl die Gesamtzahl der Insekten als auch die Artenvielfalt in den letzten Jahren deutlich zurückgegangen sind. Konkret hat sich die Gesamtmasse der Insekten in den untersuchten Gebieten in 27 Jahren um 75 % reduziert. Als Gründe werden beispielsweise Pestizideinsatz und der Verlust von Lebensraum vermutet.

ENTSPANNUNG

Die Vielfalt der Pflanzen und Tiere, die wir mit den wilden Ecken in unseren Garten locken, kann auch zu unserer Entspannung beitragen. Die wilden Ecken laden dazu ein, den Garten mit allen Sinnen auszukosten. Das Summen von Bienen, der Duft von Blumen, das Rascheln von Blättern und das Zwitschern der Vögel bieten ein multisensorisches Erlebnis, das zur Entspannung beiträgt. Natürliche Ecken ermöglichen eine unmittelbare Verbindung zur Natur. Der Anblick von Pflanzen und Tieren erinnert uns daran, dass wir Teil eines größeren Ökosystems sind, was ein Gefühl der Verbundenheit und Ruhe fördert. Ich empfehle Ihnen, das Treiben in Ihrer wilden Ecke und die Entwicklung der Pflanzen aufmerksam zu beobachten und wahrzunehmen. Verwenden Sie dafür ruhig ein Gartenjournal, in dem Sie Ihre Beobachtungen festhalten. Sie können dabei kreativ werden und nicht nur schreiben, sondern kleine Zeichnungen oder Collagen in Ihr Gartenjournal einfügen. Die Arbeit mit Ihrem persönlichen Gartentagebuch wird Ihre Sinne schärfen und trägt so auf kreative Weise zu Ihrer Entspannung im Alltag bei.

EINE ECHTE BEREICHERUNG

Alles in allem sind wilde Ecken im Garten viel mehr als nur „wilde Unordnung", wobei es in der Natur ja sowieso keine Unordnung gibt. Was der Mensch als unordentlich ansieht, hat hier seinen Sinn und seine Berechtigung. Wilde Ecken tragen entscheidend zur Förderung der Artenvielfalt, zum Schutz gefährdeter Arten und zur Bildung eines tieferen Bewusstseins für die Umwelt bei. Indem wir diese wertvollen Räume in unseren Gärten schaffen und bewahren, helfen wir, unsere natürliche Welt zu erhalten und zu schützen.

Wildblumen wie die Acker-Witwenblume machen auch optisch durchaus was her und stellen reichlich Pollen bereit.

KAPITEL 2

WILDE ECKEN ANLEGEN UND PFLEGEN

Wilde Ecken sind pflegeleicht und bringen mehr Vielfalt und Schönheit in den Garten. Dennoch liegen auch dem Gärtnern mit Wildpflanzen bestimmte Praktiken zugrunde. Lesen Sie weiter und erfahren Sie alles über die Anlage und Pflege von naturnah gestalteten Gärten!

WIE WILD DARF ES SEIN?

In der Gartenpraxis mit Wildpflanzen ist sehr viel möglich: von einzelnen Ecken und wilden Strukturen bis zu groß angelegten Gärten im naturnahen Stil. Lesen Sie weiter und dann gärtnern Sie ganz nach Ihrem Geschmack!

WENN MAN an einen Garten denkt, entstehen oft Bilder von makellosen Blumenbeeten, akkurat geschnittenen Hecken und gepflegten Rasenflächen. Doch inmitten dieser geordneten Pracht beginnt sich ein ganz anderes Gartenkonzept zu etablieren – das naturnahe Gärtnern. Es ist eine bewusste Abkehr von gestylten, uniformen Gärten zugunsten einer wilderen, authentischeren und nachhaltigeren Gartenkultur, die wertvollen Lebensraum für Insekten und Pflanzen bietet. Aber wie wild kann ein naturnah gestalteter Garten eigentlich sein und welche verschiedenen Abstufungen der Natürlichkeit im Garten gibt es?

Ein Staudenbeet, in dem auch Wildblumen wie der Rainfarn wachsen, sehen gut aus und fördern die Artenvielfalt.

Ein natürlicher Garten wird sorgfältig geplant, um die Bedürfnisse der Umwelt und der Gärtner gleichermaßen zu erfüllen. Gerade bei der Ästhetik, also was als schön und was als zu wild empfunden wird, gehen die Meinungen oft auseinander. Hier dürfen Sie ganz nach Ihrem Geschmack gestalten. Ein artenreicher, insektenfreundlicher und vielfältiger Garten bedeutet nicht gleich Wildnis. Der Schwerpunkt beim natürlichen Gärtnern wie ich es in diesem Buch vorstelle, liegt zum einen darauf, der Natur Gutes zu tun und die Artenvielfalt zu unterstützen. Zum anderen halte ich es für überaus wichtig, dass der Garten dem Gärtner gefällt und nur Strukturen und Pflanzen verwendet werden, die dem persönlichen Schönheitsempfinden entsprechen. Lassen Sie sich nichts vorschreiben, vertrauen Sie auf Ihren ganz eigenen Stil und Geschmack, dann wird Ihr Garten zu einer grünen Oase für Sie selbst und für Pflanzen und Tiere! Naturnahes Gärtnern ist nicht nur ein Gartenstil, sondern auch eine Lebenseinstellung. Es erlaubt uns, die natürliche Schönheit und Vielfalt der Pflanzenwelt zu schätzen, die Umwelt zu unterstützen und gleichzeitig unseren eigenen Lebensraum zu ge-

Wild- und Gartenblumen passen gut zusammen, wie beispielsweise der Rotklee zu den Schwertlilien.

nießen. Sie brauchen keine Angst zu haben, dass sich Ihr Garten durch mehr Natürlichkeit und Artenvielfalt zu einer Wildnis entwickelt. Platz für wilde Ecken ist in jedem Garten, sogar formale Gärten können mittels natürlicher Strukturen zum Erhalt der Biodiversität beitragen.

DER WILDE GARTEN

Der wildeste Zustand eines natürlich angelegten Gartens ist, wenn man der Natur (beinahe) freien Lauf lässt. Selbstverständlich werden Wege und Plätze gepflegt, um den Garten noch nutzen zu können. Dennoch lassen wir die Natur walten und schalten und greifen lediglich ein, wenn sich unerwünschte Pflanzen, wie beispielsweise invasive Neophyten, ansiedeln.

Im wilden Garten dürfen Pflanzen sich selbst aussäen, wachsen und wuchern, wie sie möchten. Es kann chaotisch und ungeordnet wirken, aber dieser Zustand bietet ein Paradies für Insekten und Vögel. Aber auch diese sehr wilde Form des Gartens verlangt ein Konzept und wird geplant und angelegt. Denn es soll ja eine Vielfalt von Pflanzen und Tieren unterstützt werden, die dann beobachtet werden kann. Die Vielfalt in der Pflanzenwelt siedelt sich aber nicht von alleine an. Es ist nötig, einmalige Anpflanzungen und Ansaaten mit heimischen Wildblumen, Wildsträuchern und Bäumen vorzunehmen, wenn wir einen schönen vielfältigen Garten erschaffen wollen.

DER NATURNAHE GARTEN

Naturnahes Gärtnern ist Philosophie und Praxis gleichermaßen, bei der die Natur als Inspiration und Lehrmeister dient. Die Idee ist, dass ein Garten nicht perfekt gestaltet sein muss, sondern vielfältig und bunt sein kann. Naturnahe Gärten wachsen oft in harmonischem Chaos. Sie bieten Lebensraum für eine breite Palette von Pflanzen und Tieren und fördern die biologische Vielfalt. Hier werden Pflanzen bewusst ausgewählt und angepflanzt, es gibt beispielsweise Beete in bestimmten Farben. Einige Bereiche können stärker gepflegt sein, während andere wilder wachsen. Wichtig im naturnahen Garten ist die Vielfalt der Strukturen, es werden möglichst viele unterschiedliche Lebensräume geschaffen, sodass eine Vielzahl an Tieren und Pflanzen hier leben kann.

Klassische Gartenblumen wie der Phlox lassen sich gut mit Ehrenpreis und Kugeldistel kombinieren.

NATÜRLICHE STRUKTUREN

In jedem Garten kann das Konzept der natürlichen Strukturen oder wilden Ecken angewendet werden. Hierbei handelt es sich um abgegrenzte Bereiche, die dem Schutz oder der Förderung der Artenvielfalt dienen. Diese wilden Ecken werden speziell dafür angelegt, dass sich mehr Biodiversität im Garten entwickeln kann. Die natürlichen Strukturen sind in sich abgeschlossene Elemente, die für jeden Garten passend ausgewählt werden können. So ist vielleicht im Garten mit dem Spielrasen Platz für ein paar Quadratmeter Blumenwiese, im formellen Japangarten kann ein Kirschbaum reichlich

Die Mischung macht's

Verwenden Sie heimische Pflanzen, wenn Sie der Natur etwas Gutes tun wollen. Und setzen Sie auf Arten mit ungefüllten Blüten, die zahlreichen Insekten Pollen und Nektar bieten. Sie müssen aber nicht alle gefüllt blühenden und exotischen Pflanzen aus Ihrem Garten verbannen. Die Mischung macht's! Heimische, insektenfreundliche Pflanzen und Exoten sollten in ausgewogenem Verhältnis sein.

Nektar und Früchte für die Tierwelt bieten. Ein klassischer Rosengarten wird mit heimischen Wildblumen als Begleitung für die edlen Pflanzen aufgewertet und die formale Hecke teilweise durch eine Wildhecke ersetzt.

Von klein ...

Naturnahes Gärtnern ist keine Frage der Gartengröße. Egal ob Sie einen Balkongarten, einen Vorgarten oder einen Schlosspark Ihr Eigen nennen, wilde Ecken passen überall hinein. Beginnen Sie mit Wildblumentöpfen, die überall einen Platz finden. Schon bald werden sich Wildbienen, Schmetterlinge und andere Insekten bei Ihnen wohlfühlen. Unterstützen Sie dann die Tiere mit Nisthilfen und Tränken und schon ist im ganz Kleinen eine wilde Ecke entstanden und viel Gutes getan. Denn jede Blüte zählt!

... bis groß

Wenn Sie mehr Platz haben, bieten sich weitere Möglichkeiten: Totholzhaufen oder Steinhaufen werden beispielsweise von Eidechsen, Schlangen und anderen Kriechtieren gut angenommen, in den Zwischenräumen von Natursteinmauern fühlen sich je nach Standort Zimbelkraut und kleine Farne wohl. Sie werden staunen, welche Tiere und Pflanzen sich auf wenigen Quadratmetern einfinden, wenn Sie unterschiedliche Biotope im Garten bereitstellen. Die Vielfalt der Strukturen ist ein wichtiger Faktor, wenn Sie die Biodiversität unterstützen möchten. Ein kleiner Wassertopf lockt Libellen an, selbst ein Mini-Steinhaufen lädt eine Eidechse zum Sonnen ein und ein einzelner heimischer Wildstrauch bietet die Vorteile des Lebensraums Hecke.

Jede Wildblume zählt und sei sie noch so klein. Denn viele Wildbienen sind auf heimische Arten angewiesen.

EIN PLATZ AN DER SONNE

Für jeden Standort gibt es die passende wilde Ecke und die optimale Bepflanzung. Lernen Sie auf den folgenden Seiten die wichtigsten Standortfaktoren kennen und werfen Sie einen neuen Blick auf Ihren Garten.

JEDER GARTEN ist unterschiedlich und egal ob klein oder groß, strukturiert oder wild, es gibt bestimmte Standortfaktoren, bei denen es sich lohnt, genauer hinzusehen. Wer nämlich die Bedingungen in puncto Licht, Boden, Wasser und dem so wichtigen Kleinklima des Gartens kennt, kann die passenden Strukturen und Pflanzen für genau diesen Standort auswählen. Die Vorteile liegen auf der Hand: Pflanzen wachsen am richtigen Platz wie von selbst, sie bleiben gesund und benötigen wenig Aufmerksamkeit. Die Menge an Sonnenlicht, die den Garten erreicht, bestimmt, welche Pflanzen dort gedeihen. Und weil Pflanzen unterschiedliche Lichtbedürfnisse haben, sollten ihre Vorlieben so gut wie möglich erfüllt werden, denn die falschen Lichtverhältnisse können zu Wachstumsproblemen führen. Bodenbeschaffenheit und -qualität sind ein weiterer Schlüsselfaktor für das Wachstum der Pflanzen. Daneben spielen Wasserzufuhr und Feuchtigkeit im Boden eine entscheidende Rolle beim Wachstum von Pflanzen.

Auch die klimatischen Bedingungen in Ihrer Region bestimmen die Überlebensfähigkeit der Gewächse. Das Klima, einschließlich der Winterhärtezone und der geografischen Lage, hat einen großen Einfluss darauf, welche Pflanzen in einer bestimmten Region überleben können. Pflanzen, die nicht an das lokale Klima angepasst sind, werden es vor allem heute, in Zeiten des Klimawandels, schwer haben, sich gut zu entwickeln.

DAS LICHT

Jede Pflanze braucht Licht. Dank des Chlorophylls, dem grünen Blattfarbstoff, sind Pflanzen in der Lage, Fotosynthese zu betreiben. Ein Wunder der Natur! Unsere grünen Freunde bilden aus Wasser und Kohlenstoffdioxid mithilfe von Lichtenergie Traubenzucker und Sauerstoff. Ein fundamentaler Prozess, der nicht nur Pflanzen, sondern auch das gesamte Ökosystem antreibt, da Tiere, einschließlich Menschen, von den Pflanzen abhängig sind, um Nahrung und Sauerstoff zu erhalten. Es ist ein erstaunlicher Vorgang, der das Leben auf unserem Planeten ermöglicht. Und dabei geht nichts ohne das Sonnenlicht. Aber es gibt auch Unterschiede, wie viel Licht eine Pflanze für das Wachstum benötigt. Es haben sich Spezialisten für Licht und Schat-

Wählen Sie die Pflanzen passend zum Standort. Die Wiesen-Flockenblume wächst gerne in der Sonne.

Auch für den Schatten gibt es wunderschöne Wildblumen wie Rote Lichtnelke oder die Berg-Flockenblume.

ten entwickelt und wir tun gut daran, die passenden Pflanzen für den Standort auszuwählen.

Lernen wir also die unterschiedlichen Lichtverhältnisse kennen. Beachten Sie bei der Bestimmung des Lichteinfalls in Ihrem Garten, dass Sie mit belaubten Bäumen in der Saison rechnen müssen. Ein sonniger Platz im Winter kann in der Vegetationsperiode zu einem Schattenplatz werden. Wenn von einem sonnigen Standort die Rede ist, dann heißt das, es gibt mindestens sechs Stunden Sonne am Tag. Abhängig ist die Sonneneinstrahlung oft auch von der Himmelsrichtung, in die der Garten ausgerichtet ist. An der Nordseite des Hauses oder eines Hanges wird es keine sonnigen Plätze geben, sie sind an den eher südlich ausgerichteten Standorten ohne Baumbewuchs zu finden. Sonnige Standorte sind optimal geeignet für wilde Ecken wie Trockenmauern und Steingärten.

Im Halbschatten trifft das Sonnenlicht drei bis sechs Stunden auf die Pflanzen. Der Schatten kann sowohl durch Gebäude entstehen oder durch Bäume oder Sträucher, die am Standort wachsen. Nicht zu schattige Standorte sind gut geeignet für wilde Ecken, z. B. einen natürlichen Teich oder eine Blumenwiese. Schattige Standorte erhalten kaum oder gar kein direktes Sonnenlicht, also weniger als drei Stunden pro Tag. Doch selbst für diese Standorte gibt es Spezialisten, die sich an die schwierigen Bedingungen angepasst haben. Mehr dazu finden Sie im dritten Kapitel bei den wilden Staudenbeeten für den Schatten (▸ *Seite 80*).

DER BODEN

Fruchtbarer Boden ist die Lebensgrundlage für Pflanzen und somit für die gesamte Menschheit. Der Boden ist ein lebendiger Organismus, viele Faktoren beeinflussen seine Beschaffenheit. Am Anfang der Bodenbildung stehen die Gesteine, die sich aus einem Gemenge von Mineralien zusammensetzen. Klimabedingungen bringen dann einen Verwitterungsprozess in Gang, durch den die Bodenschichten entstehen und der die für Pflanzen wichtigen Tonminerale freisetzt.

Unterschieden wird ganz grob zwischen schweren und leichten Böden, wenn es darum geht, die Qualität festzustellen. Schwere Böden enthalten einen hohen Tonanteil, das heißt viele mineralische Bestandteile mit sehr feiner Körnung. Sie werden bei Trockenheit hart und platzen auf, bei Regen werden sie klebrig. Böden mit einem hohen Sandanteil nennen wir leichte Böden oder Sandböden. Sand besitzt eine relativ große Korngröße von 2 bis etwa 0,06 mm. Bei Sandböden läuft Wasser schnell ab, die Wasserhaltefähigkeit ist gering, aber sie erwärmen sich schneller im Frühjahr. Alle Böden dazwischen sind mittelschwere Lössböden, wobei der Begriff Löss ein Sammelbegriff für verschiedene Böden ist. Lössböden bestehen aber allesamt vor allem aus Schluff, der neben Sand und Ton 60–80 % ausmacht. Es handelt sich beim Schluff um mittelgroße Mineralkörnchen, die größer als Ton, aber kleiner als Sand sind und sowohl eine gute Wasser- und Nährstoffhaltefähigkeit als auch eine gute Durchlässigkeit haben. Für den klassischen Garten sind mittelschwere Lössböden besonders gut geeignet, im naturnah angelegten Garten finden sich aber für jeden Boden die richtigen Pflänzchen.

Die Bodenbeschaffenheit bestimmen

Mit einfachen Tests können Sie einiges über den Gartenboden herausfinden und dann genau die wilde Ecke im Garten anlegen, die dem Standort angemessen ist. Um den Bodentyp zu bestimmen, nehmen Sie etwa einen Esslöffel Gartenboden in die Hand und versuchen ihn zu formen. Ein leichter Sandboden wird sich nicht formen lassen, meistens können Sie die Sandkörner auch gut erkennen. Diese Böden sind in der Regel nährstoffarm und bestens für Wildblumenwiesen geeignet. Mittelschwerer Schluffboden lässt sich formen und haftet

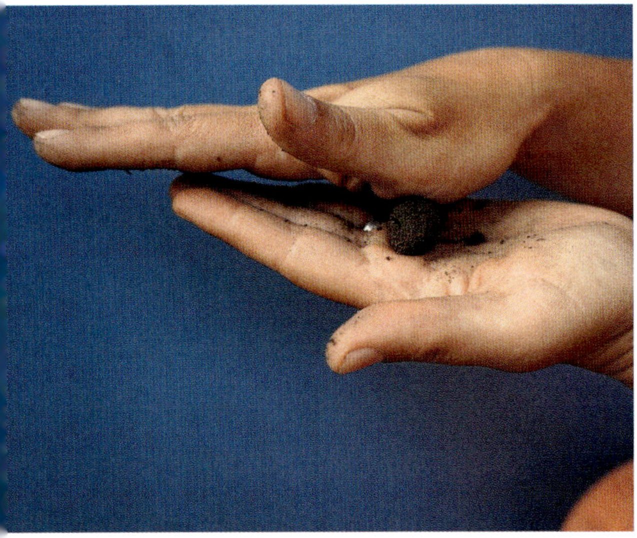

Durch das Formen der Erde mit den Händen können Sie eine erste Analyse des Gartenbodens vornehmen.

an den Fingern. Hier lässt sich sehr gut ein Gemüsegarten mit wilden Ecken anlegen. Schweren Tonboden können Sie wie Teig ausrollen und formen. Glatt gestrichen hat Ton eine glänzende Oberfläche. Tonböden sind oft sehr nährstoffreich, für die meisten Wildblumen ist das allerdings keine Option, sie bevorzugen nährstoffarme Standorte. Auf tonigen Böden sind wilde Ecken mit Steinbeeten, Trockenmauern, Hecken oder einem Naturteich die beste Wahl.

Auch der pH-Wert des Bodens ist wichtig für die Auswahl der passenden Pflanzen. Er gibt Auskunft darüber, wie sauer ein Boden ist. Fast alle Wildblumen fühlen sich bei einem neutralen bis leicht kalkhaltigen Boden und einem pH-Wert von 6–8 wohl, aber auch für saure Böden mit einem pH Wert unter 5,5 gibt es die passende Bepflanzung. Hier können Sie ein Beet mit der heimischen Besenheide anlegen. Den pH-Wert bestimmen Sie mittels einfacher Teststreifen aus dem Fachhandel. Es ist wichtig zu beachten, dass Bodenbeschaffenheiten oft gemischt und unterschiedlich in verschiedenen Teilen eines Gartens vorkommen können. Sie sollten deshalb auch an verschiedenen Stellen im Garten Proben nehmen und Tests durchführen. Ich empfehle Ihnen unbedingt, mit der vorhandenen Bodenqualität zu arbeiten und die passenden Pflanzen auszusuchen. Verändern Sie nicht den Boden, indem Sie ihn abmagern oder ansäuern. Das macht sehr viel Arbeit und der Erfolg lässt meistens zu wünschen übrig.

KLIMA, HÖHENLAGE UND WINTERHÄRTEZONEN

Die Klimazone, in der Sie leben, beeinflusst ebenfalls die Wahl der Pflanzen für den Garten. Wichtige Faktoren sind die geografische Lage und die Winterhärtezone. Je nach Lage des Gartens können Pflanzen und Strukturen benötigt werden, die häufigen, starken Winden standhalten oder den Salzgehalt im Boden tolerieren müssen, wenn Sie beispielsweise in Küstennähe zu Hause sind.

Im Gebirge steigen die Temperaturen langsamer an und somit fallen Arbeitsschritte wie Blumenwiesen aussähen oder mähen in spätere Monate als im Tiefland. Die Höhenlage ist also auch von Bedeutung, denn sie beeinflusst den richtigen Zeitpunkt bei der Arbeit mit den Wildpflanzen.

Vor allem bei Stauden sind Winterhärtezonen wichtige Anhaltspunkte, die darüber Auskunft geben, welche Minustemperaturen die Pflanzen gera-

Die Tauben-Skabiose ist eine Blume mit Schmetterlings-Garantie und gedeiht gerne auch am trockenen Standort.

de noch aushalten. Aus der Winterhärtezone, die mit einer Abkürzung von Z 1 bis Z 11 angegeben wird, lässt sich ableiten, in welcher Gegend die Pflanze einen durchschnittlichen Winter überstehen sollte. Für die DACH-Region relevant sind die Winterhärtezonen 4–8, die anderen Zonen kommen bei uns nicht vor. Dabei sind Zone 4–5 die Hochalpen, Zone 5–6 der Alpenraum, Zone 6–7 das Flachland und Zone 8 die Küstengebiete und das Rheinland. Wenn Sie genauer wissen möchten, welcher Zone Ihr Standort angehört, können Sie im Internet Karten der Winterhärtezonen finden. Die Verwendung der Winterhärtezonen ist nützlich, allerdings kann sie auch nur eine Hilfestellung sein. Insbesondere mikroklimatische Verhältnisse sind nämlich auch ausschlaggebend für das Überleben einer Pflanze im Winter. Städte sind Wärmeinseln, Unterholz und geschützte Nischen bieten ebenso günstige Bedingungen und in Tallagen kann das Wetter manchmal kälter als in der Umgebung sein.

DAS WASSER

Nicht nur Licht und Nährstoffe benötigen die Pflanzen für ein gesundes Wachstum, ebenso wichtig ist die Versorgung mit Wasser. Auch hier gilt: Es gibt für jeden Standort die passende Pflanze. Es gibt Wildblumen, die sich an sehr trockene Standorte angepasst haben wie Mauerpfefferarten oder einige Nelkenarten. Als anderes Extrem kommen in der Natur Pflanzen vor, die sogar unter Wasser wachsen können, ohne zu verfaulen. Dazu gehören alle bekannten Wasserpflanzen wie beispielsweise die Gelbe Teichrose. Und auch für alle anderen Standorte gibt es ebenso die optimal angepassten Wildpflanzen. Der Feuchtigkeitsgehalt eines Bodens wird in drei Kategorien unterschieden. Welchen Gartenboden Sie haben, können Sie auch ganz leicht selbst erforschen. Frischer Boden besitzt einen mäßigen Wassergehalt, der beim Zusammendrücken nicht abläuft. Ein dürrer Boden besitzt kein spürbares flüssiges Wasser. Ein feuchter Boden gibt beim Zusammendrücken Wasser ab und bei einem trockenen, meist sandigen, steinigen Boden ist kaum Feuchtigkeit vorhanden.

Erkunden Sie mit diesen Hilfestellungen den Gartenboden. Wenn Sie wissen, welche Bedingungen vorhanden sind, können Sie die passende wilde Ecke und die passende Bepflanzung auswählen. Die Wildblumen werden sich prächtig entwickeln.

DIE LIEBEN MITBEWOHNER

Sie haben die Wahl! Gestalten Sie die wilde Ecke mit bestimmten Pflanzen und Strukturen, werden Sie dadurch unterschiedliche Tiergruppen anlocken. Vom Schmetterlingsgarten bis zum Eidechsenparadies ist vieles möglich.

DIE SCHAFFUNG eines tierfreundlichen Gartens ist nicht nur eine Bereicherung für die Tierwelt, sondern auch für die eigene Gartenerfahrung. Ein Garten, der Vögel, Bienen, Schmetterlinge und andere Tiere anlockt, verwandelt sich in eine lebendige Oase der Natur. Mit einfachen Mitteln können Sie ganz gezielt bestimmte Tiergruppen anlocken

Mit bestimmten Pflanzen können Sie gezielt Schmetterlinge in den Garten locken, zum Beispiel den Segelfalter.

und freuen sich schon bald über die neuen Besucher. Einen tierfreundlichen Garten anzulegen ist meist gar nicht aufwendig, dann ist allerdings erst einmal Geduld gefragt. Anders als die Pflanzen, können wir die Tiere nicht einfach kaufen und in den Garten pflanzen, wir müssen abwarten, bis sie sich von selbst einfinden. Aber das Warten lohnt sich: Wunderschöne Klänge, Gezwitscher und Farben bringen Vögel, Schmetterlinge, Grashüpfer und Frösche mit. Wenn Sie unterschiedliche Tiergruppen in Ihrem Garten willkommen heißen, tragen Sie zur Erhaltung der Artenvielfalt bei und schaffen einen harmonischen Lebensraum, der nicht nur Ihnen, sondern auch den Wildtieren Freude bereitet. Ein tierfreundlicher Garten ist ein lebendiger und unterhaltsamer Garten, der Mensch und Natur näher zusammenbringt.

VÖGEL

Vögel lieben Sträucher, Hecken und Bäume. Setzen Sie beispielsweise auf heimische Wildsträucher, die Beeren tragen, um Vögel in Ihren Garten zu locken. Beliebt sind Holunder, Liguster oder Schlehe, aber auch Eberesche, Sanddorn, Pfaffenhütchen, Berberitze decken den Tisch für die gefiederten Gartenbewohner. Dichte Sträucher sind außerdem gute Nistplätze, mit Nistkästen schaffen Sie zusätzliche Brutmöglichkeiten. Natürlich sind auch Bäume bei Vögeln als Brutplätze oder Ansitze zum Singen und

Jagen beliebt. Die Vogelbeere bietet darüber hinaus noch sehr wohlschmeckende Beeren. Alte Bäume haben häufig Höhlen und Einbuchtungen im Stamm, die von Höhlenbrütern wie Gartenrotschwanz oder Steinkauz genutzt werden.

Ist nur wenig Platz für Gehölze oder Sie möchten den Tieren noch mehr anbieten, dürfen Gartenvögel auch ganzjährig gefüttert werden. Das bietet eine wunderbare Möglichkeit, die Vögel zu beobachten und besser kennenzulernen. Gerade auch für Kinder ist ein Vogelhäuschen ein spannender Naturerfahrungsplatz. Achten Sie aber darauf, dass die Gartenvögel vor Räubern wie der Hauskatze geschützt sind. Hängen Sie die Nistkästen und Futterstellen an sicheren Plätzen auf. Sehr gerne werden Wassertränken angenommen, in denen die Tiere auch ihr Gefieder reinigen. Es ist deshalb wichtig, das Wasser häufig zu wechseln. Eine andere Futterquelle bieten trockene Stauden oder auch Einjährige wie Sonnenblumen. Die Samen werden von den Vögeln herausgepickt. Garantierter Stieglitz- und Meisenbesuch stellt sich an der Wilden Karde ein.

WILDBIENEN

Viele bunte Blüten sind das Markenzeichen eines bienenfreundlichen Gartens. Wählen Sie insbesondere nektar- und pollenreiche Wildblumen aus. Auch blühende Sträucher und Bäume sind tolle Magneten für Wildbienen und Hummeln. Verwenden Sie möglichst viele unterschiedliche Pflanzen, mit einer Wildblumenwiese locken Sie besonders viele Wildbienen an. Achten Sie außerdem darauf, dass die gewählten Blumen zu unterschiedlichen Zeiten blühen. (Mehr dazu im Blühkalender auf *Seite 84*.) Sie können Wildbienen außerdem mit Nisthilfen wie einem Insektenhotel unterstützen oder ein Sandarium bauen (► *Seite 132*) oder Sie lassen einfach die trockenen Stängel von Königskerze und anderen hohlstängeligen Stauden stehen. Es gibt verschiedene Wildbienen, z. B. die Dreizahn-Mauerbiene, die in markhaltigen dürren Stängeln nisten. Vergessen Sie die Insektentränke nicht. Dafür reicht eine flache Schale.

SCHMETTERLINGE

Wenn Sie Schmetterlinge in Ihren Garten locken möchten, sollten Sie auf möglichst viele nektarhaltige Pflanzen setzen. Außerdem gibt es Wildblumen, die speziell von langrüsseligen Insekten bestäubt werden. Dazu gehören alle Blumen, die ihren Nektar an der Basis eines langen Kelches tragen. Zu den typischen Schmetterlingspflanzen gehören alle

Die Blauschwarze Holzbiene labt sich gerne an großen Schmetterlingsblüten von Wicken oder Bohnen.

Nelken, meine Empfehlung sind außerdem heimische Skabiosen. Sie werden im Spätsommer für den Besuch von prächtigen Tagfaltern sorgen.

Selbstverständlich dürfen in einem Schmetterlingsgarten auch Raupenfutterpflanzen nicht fehlen. Denn ohne Raupen keine Schmetterlinge! Viele heimische Sträucher wie Faulbaum und Weißdorn sind für Raupen interessant, ebenso sind echt wilde Ecken mit Brennnesseln und Disteln wahre Schmetterlingsraupen-Paradiese!

Denken Sie auch im Winter an die Falter. Lassen Sie Falllaub und Reisighaufen liegen, dort können Puppen und sogar Schmetterlinge überwintern. Der Zitronenfalter ist so ein Überlebenskünstler. Er kann mittels eines Frostschutzmittels in seinem Blut bis zu minus 20 Grad Celsius überstehen.

EIDECHSEN

Eidechsen baden gerne in der Sonne und verstecken sich in Reisighaufen oder Mauernischen. Allen heimischen Eidechsenarten ist eines gemeinsam: Sie lieben Wärme! Das bedeutet, dass ein eidechsenfreundlicher Garten ausreichend Möglichkeiten für ein Sonnenbad bieten sollte. Legen Sie Gehwegplatten, Steine oder Ziegelsteine an sonnigen Stellen aus, dort werden sich die Sonnenanbeter einfinden. Im eidechsenfreundlichen Garten ist Geduld gefragt. Denn die scheuen Tiere werden nicht wie Vögel oder Bienen einfach mal vorbeigeflattert kommen. Sie ziehen in Ihrem Garten ein, wenn alle Bedingungen stimmen. Dazu gehören auch ausreichend Rückzugsorte, denn die Reptilien sind beliebte Beutetiere von Hauskatzen und Vögeln. Als Verstecke werden Reisighaufen und Spalten wie z. B. in einer Trockenmauer genutzt. Dort fühlen sich aber nicht nur die Eidechsen wohl, sondern auch ihre bevorzugte Nahrung, nämlich Spinnen und Insekten. Wenn Sie Ihren Garten eidechsenfreundlich gestalten möchten, sorgen Sie am besten für einen insektenfreundlichen Garten und außerdem für trockene, spalten- und lückenreiche Bereiche, die sich in der Sonne schön erwärmen.

AMPHIBIEN

Sie sind einfach faszinierend, diese ungewöhnlichen Tiere mit der Gabe, im Wasser und an Land leben zu können. Grünfrösche, Erdkröten, Bergmolche, Teichmolche und Grasfrösche kommen häufiger im Garten vor, während Gelbbauchunken, Kreuzkröten und Wechselkröten aufgrund ihrer speziellen Lebensraumanforderungen seltener gesichtet werden. Amphibienfreundliche Gärten sollten über Bereiche verfügen, in denen sich die Tiere sonnen, verstecken und Nahrung finden können. Solche Gärten zeichnen sich durch naturnahe Abschnitte mit Stauden, Hecken, Reisig und gegebenenfalls Totholz aus. Eine Wildblumenwiese mit einer passenden Insektenpopulation kann ebenfalls als Nahrungsquelle von Nutzen sein. Fast jeder Gartenteich wird von Amphibien genutzt, sofern er für die Fortpflanzung geeignet ist. Alle Amphibienarten stehen übrigens gemäß Bundesartenschutzverordnung unter besonderem Schutz. Laut Bundesnaturschutzgesetz ist es außerdem verboten, Amphibien, deren Laich oder Larven der Natur zu entnehmen – etwa um sie in Gartenteichen anzusiedeln.

SPINNEN UND KÄFER

Sie gehören leider nicht zu den Lieblingen im Garten, dennoch sind diese Tierchen faszinierend und sind für ein intaktes Ökosystem von großem Nutzen. Manche Spinnen und Käfer zählen sogar zu den Nützlingen. Käfer räumen beispielsweise gerne im Garten auf und verwerten alles, was übrig bleibt. Ein wahrer Held im Naturgarten ist natürlich auch der Marienkäfer, der zusammen mit seinen Larven Blattläuse verspeist. Spinnen ernähren sich

Wildbienen benötigen nicht nur geeignete Nahrungspflanzen, sondern auch gute Nistmöglichkeiten.

Eine Eidechsenburg schafft einen Platz für wärmeliebende Echsen. Sie können sich hier sonnen und verstecken.

von fliegenden Insekten, unter anderem auch von kleinen Plagegeistern wie Mücken und Blattläusen.

Möchten Sie Spinnen und Käfer besonders fördern und ihnen Gutes tun, dann können Sie beispielsweise einen Käferkeller anlegen. Heben Sie den Erdboden 40 Zentimeter tief aus und befüllen Sie den entstandenen Raum mit Totholz. Sie können zusätzlich Holzhäcksel auffüllen, das werden Ihnen die Tiere danken. Sie können dort überwintern, von einigen Arten fühlen sich auch die Larven im Käferkeller wohl.

KLEINSÄUGER

Wer Igel, Bilche und Mäuse in seinem Garten beobachten möchte, kann sie mit besonderen Vorkehrungen anlocken. Lassen Sie Laub- und Reisighaufen im Garten liegen, anstatt sie zu entfernen, und pflanzen Sie heimische Sträucher und Hecken, die möglichst Früchte tragen. Dadurch stellen Sie Nahrung und wichtige Unterschlupfmöglichkeiten bereit. Bieten Sie außerdem spezielle Winterquartiere an, beispielsweise ein Igelhaus. Sollten Sie Zäune in Ihrem Garten haben, stellen Sie sicher, dass sie eine oder mehrere Öffnungen von mindestens 10 cm Höhe und Breite aufweisen, durch die ein Igel hindurchschlüpfen kann. Ein Gartenteich sollte flache Stellen oder Ausstiegshilfen besitzen, damit Igel aus eigener Kraft herausklettern können.

FLEDERMÄUSE

Die faszinierenden Flugkünstler der Abenddämmerung können wir ebenfalls mit kleinen Veränderungen in unserem Garten unterstützen. Fledermäuse benötigen tagsüber Verstecke, um sich auszuruhen und vor Feinden geschützt zu sein. Sie bevorzugen dunkle, ruhige Orte wie Höhlen, Spalten in Bäumen oder Gebäuden. Mit speziellen Fledermauskästen können Sie den Tieren gute Schutzmöglichkeiten zur Verfügung stellen. Fledermäuse ernähren sich von Insekten, insbesondere von nachtaktiven Fluginsekten wie Mücken, Nachtfalter und Käfer. Einige Pflanzen blühen in der Nacht und ziehen nachtaktive Insekten an, pflanzen Sie deswegen Nachtviole, Nachtkerzen oder die Weiße Lichtnelke.

Nicht nur Fledermäuse, sondern auch alle anderen nacht- und dämmerungsaktiven Tiere werden durch Beleuchtungen im Garten gestört. Wählen Sie stromsparende LED mit dem Farbton „warmweiß" (unter 2500 Kelvin). Seien Sie umsichtig und beleuchten Sie nur dort, wo es unbedingt nötig ist. Wenn Sie Fledermäuse in Ihrem Garten beobachten, halten Sie einen respektvollen Abstand ein. Vermeiden Sie es, sie zu stören oder ihre Verstecke zu öffnen.

Lichtverschmutzung

Fledermäuse und andere nachtaktive Tiere werden durch helle Gartenbeleuchtung gefährdet, da sie die Orientierung verlieren. Sie sterben an Erschöpfung und verbrennen oder verhungern in den Leuchtgehäusen. Leuchten Sie Wege bodennah aus, verwenden Sie am besten Bewegungsmelder und möglichst warmweiße LEDs mit weniger als 2500 Kelvin.

ALLES EINE FRAGE DER ZEIT

Wie viel Aufwand möchten Sie bei der Anlage und der Pflege der wilden Ecken betreiben? Haben Sie die Zeit für arbeitsintensivere Schritte oder möchten Sie einfach nebenbei für mehr Natürlichkeit im Garten sorgen?

DIE ANLAGE eines insektenfreundlichen und nachhaltigen Gartens kann je nach den gewünschten Elementen und der vorhandenen Ausgangssituation unterschiedlich aufwendig sein. Machen Sie sich klar, welchen Aufwand Sie betreiben möchten, und denken Sie auch an die Pflege. Die meisten wilden Ecken brauchen nur wenig Zuwendung, dennoch gibt es Unterschiede zwischen den einzelnen Elementen. Zu den zeitintensiveren Elementen gehört beispielsweise eine Blumenwiese, zumindest bei der Anlage, denn Bodenvorbereitung und Entfernen von Ungräsern und Unkräutern müssen sehr sorgfältig erledigt werden. Danach ist es aber beinahe ein Kinderspiel. Im Vergleich zum Rasen wird nämlich nur ein- bis zweimal im Jahr gemäht. Ähnlich verhält es sich mit der Trockenmauer. Der Bau erfordert handwerkliches Geschick und Kraft. Material wie Steine oder Felsen müssen herangeschafft werden und es ist wichtig, die Mauer so zu gestalten, dass sie stabil ist. Dafür ist Geduld gefragt. Auswahl und Platzierung der Steine sind zeitaufwendig, spätere Pflegemaßnahmen allerdings kaum noch nötig. Gelegentlich müssen gelockerte Steine wieder eingefügt werden, für den Standort passende Pflanzen kommen ganz alleine zurecht. Auch ein natürlicher Gartenteich ist in der Bauphase zeitintensiv. Nach der Fertigstellung bleibt regelmäßige Pflege nötig, insbesondere in den ersten Jahren, bis sich durch die sorgsam ausgewählten Pflanzen ein ökologisches Gleichgewicht eingestellt hat.

Ein Wildblumensaum erfordert wenig Aufwand und bringt trotzdem einen hohen Nutzen für die Artenvielfalt.

Relativ einfach umzusetzen sind Beete mit heimischen Pflanzen. Das Einbringen von Stauden im Garten ist weniger aufwendig als die Anlage einer Wildblumenwiese. Sie können vorhandene Beete nutzen und Wildstauden, die wenig Pflege benötigen, hinzufügen, wo Platz ist. Auch Vogelhäuser,

Eine Trockenmauer zu errichten erfordert Zeit und Kraft, dafür entsteht eine dauerhafte und pflegeleichte Struktur.

Futterstellen, Insektenhotels und Wasserstellen sind leicht im Garten an den passenden Stellen platziert und müssen nur gelegentlich gewartet und gereinigt werden. (Viele Vorschläge zur konkreten Umsetzung finden Sie in Kapitel 4 dieses Buches.)

TREFFEN SIE EINE WAHL

In den Elementen für den Garten in Kapitel 3 sehen Sie auf einen Blick, wie viel Zeit Sie für die einzelnen Projekte aufwenden müssen. Wählen Sie danach die für Sie passenden Projekte aus. Die Arbeit mit den wilden Ecken soll Spaß machen, Gärtnern wird leicht gemacht und Erfolge stellen sich bald ein. Denn genau darum geht es: Mit ganz wenig Aufwand viel bewirken. Und manchmal reicht es sogar aus, die Beine hochzulegen und die Stauden oder Hecken nicht zu schneiden.

Ein natürlicher Garten kann schrittweise entwickelt werden, beginnen Sie am besten mit den einfacheren Elementen. Denken Sie daran, dass auch ein Naturgarten etwas Pflege braucht, aber die Vorteile in Bezug auf die Förderung der Biodiversität und die Schaffung eines naturnahen Rückzugsorts sind die Mühe oft wert. Im Vergleich zu einer herkömmlichen Gartenanlage benötigt ein naturnaher Garten allerdings deutlich weniger Pflege. Wenn die Strukturen erst einmal bestehen und das System in sich funktioniert, wird das Sich-Kümmern um Pflanzen und Strukturen immer weniger Zeit in Anspruch nehmen. Überfordern Sie sich nicht mit dem Umsetzen aufwendiger Bauarbeiten. Lernen Sie zunächst den Garten gut kennen, arbeiten Sie dann mit dem Vorhandenen. Der Zeitaufwand sollte dabei immer im Rahmen des Möglichen bleiben.

Praktische Tipps

Zeit und Arbeit sparen können Sie übrigens in jedem Garten, wenn Sie einfache Tricks anwenden. Ersetzen Sie beispielsweise den vorhandenen Rasen durch Blumenwiesen, dann müssen Sie nicht so oft mähen. Mulchen Sie großzügig, denn eine Mulchschicht unterdrückt Unkrautwuchs und hält den Boden feucht. Auf diese Weise müssen Sie weniger Zeit mit Jäten und Gießen verbringen. Nutzen Sie Bewässerungssysteme und setzen Sie unbedingt auf die passenden standortangepassten Pflanzen. Dann sparen Sie sich viel Zeit, in der Sie sonst gießen müssen.

NATÜRLICH GÄRTNERN

Mit einfachen Techniken können Sie in Ihrem Garten die Grundlagen des natürlichen Gärtnerns umsetzen. Ganz gleich ob es um die Schonung der Ressourcen, die Gartengesundheit oder den Schutz von Tier und Pflanze geht.

DIE GRUNDLAGEN der Praxis im natürlichen Garten sind von einem umweltfreundlichen, nachhaltigen Ansatz bestimmt, bei dem die Gesundheit des Bodens, die Pflanzenvielfalt und die Schonung der Umwelt im Vordergrund stehen. So können auf ökologische Weise nicht nur gesunde Lebensmittel im eigenen Garten produziert, sondern auch die Biodiversität gefördert werden. Heute gibt es zusätzlich zu den altbewährten Techniken eine Vielzahl neuer und ideenreicher Produkte, die nachhaltiges Gärtnern viel leichter machen.

DIE BEWÄSSERUNG

Ein Garten voller blühender Pflanzen und üppiger Gemüsebeete ist ein Traum für viele Gartenliebhaber. Doch um diesen Traum zu verwirklichen, ist Wasser unerlässlich. Die Bewässerung im Garten kann jedoch einen erheblichen Einfluss auf die Umwelt haben. Nachhaltig bewässern ist deshalb das Gebot der Stunde, um Umweltauswirkungen zu minimieren und ganz nebenbei noch Zeit zu sparen. Ein erster Schritt dazu ist die Wahl effizienter Bewässerungsmethoden. Tropfbewässerungssysteme und Sprinklersysteme mit Zeitschaltuhren können Ihnen helfen, Wasser gezielter einzusetzen. Diese Systeme liefern Wasser direkt an die Wurzeln der Pflanzen, anstatt den gesamten Garten zu bewässern. Sie können einzelne durstige Pflanzen auch mit einer Flaschenbewässerung ausstatten. Im Handel finden sich einfache Aufsätze, die aus handelsüblichen Getränkeflaschen ein nachhaltiges Bewässerungssystem machen. Setzen Sie bei der Bewässerung vor allem an heißen Tagen auf die frühen Morgen- oder die späten Abendstunden. Dann ist die Verdunstung gering und das Wasser kann nahezu vollständig in den Boden eindringen.

Noch vor der Bewässerungstechnik steht aber die Auswahl der Pflanzen: Ist der Gartenstandort eher trocken, sollten Sie mit trockenheitsangepassten, heimischen Wildpflanzen arbeiten. Möchten Sie nicht auf feuchtigkeitsliebende Pflanzen verzichten, ist es sinnvoll, diese in Pflanzungen zusammen anzuordnen. Dann kann das Gießwasser ganz gezielt eingesetzt werden. Oder Sie bauen einen

Ganz ohne Bewässerung geht es im Gemüsegarten nicht, aber ein gutes System erleichtert die Arbeit enorm.

Decken Sie Ihre Regentonnen ab, damit keine Insekten oder Tiere in den Tonnen ertrinken können.

Teich mit verschiedenen Zonen, in denen wasserliebende und feuchtigkeitstolerante Arten sich besonders wohlfühlen.

Sammeln Sie außerdem nach Möglichkeit Regenwasser, das schont die Ressourcen und ist allemal besser als Trinkwasser und Brunnenwasser, das meist sehr kalt ist. Achten Sie bei den Regentonnen darauf, dass keine Tiere, auch keine Insekten, im Wasser ertrinken können. Decken Sie die Tonnen entweder ab oder sorgen Sie für eine Ausstiegshilfe. Vermeiden Sie außerdem das Anlegen versiegelter Flächen in Ihrem Garten, dann kann der Regen an Ort und Stelle versickern und trägt zu einem gesunden Wasserhaushalt im Garten bei.

SCHUTZDECKE: MULCH

In einem natürlichen Garten ist Mulch, also eine Abdeckung des offenen Bodens, ein wesentlicher Bestandteil der Gartenpraxis. Während es verschiedene Arten von Mulch gibt, sollten Sie organischen Mulch aufgrund seiner Fähigkeit zur Bodenverbesserung im naturnahen Gärten bevorzugen. Verwenden Sie Laub, Grasschnitt oder Pflanzenreste, diese zersetzen sich im Laufe der Zeit und tragen organische Materie zum Boden bei. Das verbessert die Bodenfruchtbarkeit, lockert den Boden auf und fördert das Wachstum nützlicher Mikroorganismen. Sie können als organischen Mulch alles anwenden, was an Abfällen bei Ihnen im Garten zusammenkommt. Mulch hilft außerdem die Bodenfeuchtigkeit zu speichern, indem er die Verdunstung reduziert. Dazu ist auch Schotter geeignet. Die Mulchschicht wirkt wie eine Barriere, die verhindert, dass die Sonne den Boden direkt erwärmt und das Wasser verdunstet. Dies bedeutet, dass Sie weniger gießen müssen und Wasser sparen können. Außerdem verhindert eine dicke Mulchschicht das Keimen von Unkrautsamen, da sie Licht und Luftzugang blockiert. Mulch schützt auch den Boden vor Erosion, indem er Regenwasser verlangsamt und verhindert, dass es die Erde wegspült. Das kann hilfreich sein, wenn Sie einen Garten mit Hanglage haben. Mulch dient auch dazu, die Bodentemperatur zu regulieren. Im Sommer hält er den Boden kühler, und im Winter kann er ihn vor Frost schützen. Wie Sie sehen ist Mulchen ein wahres Wunderwerkzeug im Garten, es hat viele Vorteile und Gartenabfälle können direkt verwendet werden. Achten Sie aber darauf, dass Schnecken Gefallen an dem feuchten Milieu finden können und dass Sie keine Unkrautsamen durch das Mulchen mit Unkraut in Ihre Beete bringen.

AM BESTEN TORFFREI

Wenn Sie nachhaltig gärtnern möchten, sollten Sie auf Torf verzichten. Diese besondere Erde wird normalerweise als Bestandteil von Blumenerden und Substraten verwendet. Um Torf zu erhalten, werden jedoch Torfmoore abgebaut, empfindliche Ökosysteme, die Jahrhunderte brauchen, um zu wachsen. Die Entnahme von Torf für den Gartenbau zerstört diese lebenswichtigen Lebensräume. Torfmoore sind außerdem wichtige Kohlenstoffsenken, ihre Zerstörung trägt zur Freisetzung von Treibhausgasen in die Atmosphäre bei. Die Torfmoore sind darüber hinaus besonders wertvoll, weil sie Heimat für seltene Pflanzen- und Tierarten sind.

Die Entnahme von Torf bedroht die Biodiversität und gefährdet besondere Pflanzen- und Tierarten. Verwenden Sie deswegen torffreie Blumenerde und Substrate. Die meisten Gartencenter bieten heute gute Alternativen an, die aus nachhaltigen Materialien wie Kokosfasern, Rindenmulch, Kompost und anderen organischen Stoffen hergestellt werden. Wenn Sie möchten, können Sie auch Ihre eigene Blumenerde mischen. Dazu werden verschiedene organische Materialien wie Kompost, Laub, Kokosfasern und Rindenmulch verwendet.

DÜNGER UND KOMPOST

Beim Düngen im ökologischen Garten ist es wichtig, nachhaltige und umweltfreundliche Praktiken zu verfolgen, die die Bodengesundheit fördern, die Umwelt schonen und den Verzicht auf synthetische Nährstoffe ermöglichen. Bevor Sie mit dem Düngen beginnen, ist es hilfreich, den pH-Wert und die Nährstoffgehalte des Bodens zu kennen. Eine Bodenanalyse kann Ihnen genauere Informationen über den Zustand des Bodens liefern und Ihnen helfen, den Düngerbedarf der Pflanzen einzuschätzen. Wird zu viel gedüngt, kann das negative Folgen auf das Pflanzenwachstum haben.

Organische Dünger bestehen aus natürlichen Materialien wie Kompost, Tiermist, Knochenmehl, oder Algenextrakten und anderen biologisch abbaubaren Substanzen. Diese Dünger sind reich an Nährstoffen und fördern die Bodenfruchtbarkeit. Sie können fertigen organischen Dünger in flüssiger Form, als Pulver oder als Pellets im Fachhandel kaufen. Auch Schafwolle ist ein hervorragender Dünger. Sie können etwas Schafwolle als Langzeitdünger mit in das Pflanzloch von Gemüse, Bäumen und Sträuchern geben. Alternativ können Sie selber Pflanzenjauchen herstellen. Sehr gut als Dünger geeignet ist Brennnesseljauche: Füllen Sie einen Eimer etwa zu einem Drittel mit frischen Brennnesseln, übergießen Sie die Blätter mit Wasser, decken Sie den Eimer ab und lassen die Mischung etwa 2–3 Wochen gären. Anschließend wird die Jauche im Verhältnis 1:10 mit kaltem Wasser verdünnt und als natürlicher Dünger im Garten angewendet.

Unerlässlich im naturnahen Garten ist Kompost, der sowohl wertvolle Nährstoffe liefert, als auch die Bodenstruktur verbessert und das Wachstum nützlicher Mikroorganismen fördert. Als Gründüngung, auch als Zwischenfrucht oder Deckfrucht bekannt, werden Pflanzen bezeichnet, die speziell für die Bodenverbesserung angebaut werden. Ein gutes Beispiel und universell einsetzbar ist Phacelia oder Bienenfreund. Die blau blühenden Pflanzen sind bei Bienen sehr beliebt, sie wurzeln tief und verhindern Erosion bei starken Regenfällen. Im Winter friert die Grünmasse ab und liefert dem Boden Nährstoffe und organisches Material.

GRABEN ODER NICHT?

Das Umgraben gilt als die klassische Bodenbearbeitung im Gemüsegarten. Der Biogärtner setzt aber seit jeher, wenn möglich, auf alternative Methoden zur Aufbereitung des Bodens. Beim Umgraben mit dem Spaten werden die natürlichen Bodenschichten durcheinandergebracht und das ist nicht so vorteilhaft. Die vielen verschiedenen Bodenlebewesen haben nämlich ihren Platz, kommen aber beim Umgraben in Erdbereiche, in denen sie sich nicht wohlfühlen. Bis sich alles wieder geord-

Ein Kompost im naturnahen Garten liefert Nährstoffe und sorgt für einen nachhaltigen Kreislauf der Rohstoffe.

Im naturnahen Garten wird ausschließlich organischer Dünger verwendet. Eine gute Variante ist Pferdemist.

net hat, dauert es eine Weile. Ich empfehle das Umgraben im Herbst nur bei extrem schweren und verdichteten Böden. In diesen Fällen trägt die sogenannte Frostgare zu einer feinen Krume im Frühjahr bei. Alle anderen Böden können mit einer Grabegabel gelockert werden oder mit einem Sauzahn, bei dem ein großer gebogener Haken diagonal durch den Boden gezogen wird. Dadurch wird der Boden gut durchlüftet, aber die Schichten werden nicht durcheinandergebracht.

SAAT- UND PFLANZGUT

Verwenden Sie nach Möglichkeit regionales Saat- und Pflanzgut. Die Pflanzen sind meist am besten an die klimatischen Bedingungen und den Boden der Region angepasst. Diese Arten gedeihen in der Regel besser und sind widerstandsfähiger gegen lokale Krankheiten und Schädlinge. Außerdem ist auch der Pflegeaufwand geringer. In Bezug auf Nachhaltigkeit punktet regionales Saat- und Pflanzgut ebenfalls, denn lange Transportstrecken werden vermieden. Das spart Energie und reduziert den ökologischen Fußabdruck Ihrer Gartenarbeit. Mit der Verwendung von regionalem Saatgut und Stauden aus der lokalen Gärtnerei können Sie außerdem die Landwirtschaft und Gärtnereibetriebe in Ihrer Region unterstützen.

INVASIVE NEOPHYTEN

Invasive Neophyten sind Pflanzenarten, die aus anderen Teilen der Welt in ein neues Ökosystem eingeführt wurden und sich dort stark vermehren, ausbreiten und die heimische Flora und Fauna gefährden. Diese Pflanzen gelten als invasiv, weil sie oft keine natürlichen Feinde im neuen Lebensraum haben und sich daher unkontrolliert ausbreiten. Sie sollten invasive Neophyten erkennen und sie gegebenenfalls aus dem Garten entfernen beziehungsweise invasive Arten erst gar nicht in den Garten pflanzen. Durch diese Maßnahmen können Sie zur Erhaltung der biologischen Vielfalt und zur Schaffung gesunder, naturnaher Lebensräume beitragen. Manchmal erscheint es uns geradezu paradox, dass eine Pflanze ein schädlicher Bewohner im Garten sein soll. So ist z. B. der beliebte Schmetterlingsflieder inzwischen als invasiver Neophyt eingestuft, weil er in manchen Regionen heimische Pflanzen aus der Natur verdrängt. Auch die Kanadische Goldrute gilt als Neophyt. Sie breitet sich sehr stark aus und bildet mitunter ein undurchdringliches Dickicht. Eine ausführliche Liste der invasiven Neophyten erhalten Sie beispielsweise beim Naturgartenverein (siehe im Anhang unter Informationen *Seite 183*).

Boden, was ist das?

In einer Handvoll Gartenerde kommen rund 8 Milliarden Kleinstlebewesen vor, das sind so viele wie Menschen auf der ganzen Welt! Zu den pflanzlichen Bodenbewohnern gehören Pilze, Algen und Flechten. Hinzu kommen Bakterien und Einzeller und die Bodenfauna mit Regenwurm, Asseln, Käfer und Co. Nur durch die Aktivität der Bodenlebewesen kann es Humus und damit einen gesunden Boden geben.

GEGEN ALLES IST EIN KRAUT GEWACHSEN

Auch in einem naturnahen Garten treten Schädlinge und Krankheiten auf. Die meisten Probleme lösen sich mit etwas Geduld von selbst, außerdem gibt es natürliche Methoden, um der Pflanzengesundheit auf die Sprünge zu helfen.

EGAL OB VIELE oder wenige wilde Ecken – die üblichen Herausforderungen für uns Gärtner bleiben vor allem die verschiedenen Schädlinge und Krankheiten. Bei einem naturnahen biologischen Anbau gibt es zwar viele Nützlinge, die einen Befall in Schach halten können, aber bei einem hohen Auftreten können Pflanzen auch stark geschädigt werden. Und manchmal ist es einfach nicht schön, auf blattlausbefallene Stängel oder kranke Blätter zu schauen. Vor allem saugende Insekten wie Blattläuse und Spinnmilben sowie Pilz- und Viruskrankheiten, die Blätter mit unerwünschten Flecken überziehen oder im schlimmsten Fall die Pflanzen derart schwächen, dass sie absterben, machen das Gärtnern mitunter zu einer Herausforderung. Die effektivste und nachhaltigste Methode zum Schutz unseres Gartenparadieses liegt in vorbeugendem Handeln, denn gesunde und robuste Pflanzen sind weniger von diesen Problemen betroffen.

Eine bunte Mischkultur im Gemüsegarten mit Ringelblumen und Mangold fördert die Pflanzengesundheit.

DIE RICHTIGE PFLEGE

Die Förderung der Pflanzengesundheit in Ihrem Garten beginnt mit der angemessenen Pflege. Heimische Wildpflanzen gedeihen zu gesunden Pflanzen, wenn sie stressfrei wachsen können. Ein konstanter Kampf ums Überleben belastet die Pflanzen und erhöht ihre Anfälligkeit für Krankheiten. Dies kann z. B. durch übermäßige oder aber unzureichende Bewässerung verursacht werden. Staunässe entzieht den Wurzeln die Luft zum Atmen und begünstigt Fäulnis. Auf der anderen Seite stärkt gelegentliches Austrocknen die Pflanzen, da sie dann vermehrt sekundäre Pflanzenstoffe, wie ätherische Öle, entwickeln, die vor Schädlingsbefall schützen. Auch für das Düngen gilt es, das richtige Maß zu finden. Eine übermäßige Stickstoffzufuhr führt zu weicherem Blattgewebe und erhöht die Anfälligkeit für Krankheiten.

Pflanzenstärkung

Genauso wie wir unser Immunsystem durch Vitamine und Spurenelemente stärken können, ist es möglich, mit bestimmten Mitteln die Abwehrkräfte unserer Pflanzen zu steigern und so für mehr Gesundheit im Garten zu sorgen. Dafür geeignet sind Pflanzenjauchen, die Sie selbst herstellen können. Sie finden aber auch fertige Produkte im Fachhandel. Eine Pflanzenjauche ist eine Art Pflanzenextrakt, der durch das Einweichen von Pflanzenmaterial in Wasser hergestellt wird. Es handelt sich im Wesentlichen um einen Auszug der Pflanzenwirkstoffe in Wasser, der anschließend zur Versorgung mit Nährstoffen oder zur Schädlingsbekämpfung verwendet werden kann. Brennnesseljauche ist reich an Stickstoff und ein großartiger Dünger. (Die Herstellung einer Brennnesseljauche finden Sie auf *Seite 46*.) Schachtelhalmjauche ist reich an Kieselsäure und festigt die Pflanzenzellwände. So sind die Pflanzen vor einem Befall mit Schädlingen und Krankheiten gut gerüstet. Um Schachtelhalmjauche herzustellen, können Sie eine gute Portion Schachtelhalmstängel in einem Eimer mit Wasser einweichen und das Ganze für 1–2 Wochen gären lassen. Beinwelljauche ist reich an Kalium und Phosphor und daher eine großartige Pflanzenstärkung. Sie wird ebenso wie die anderen Jauchen hergestellt und ist nach frühestens zwei Wochen einsatzbereit.

Mit Pflanzenextrakten wie Brennnesseljauche können Sie ihre Pflanzen stärken und vor Krankheiten schützen.

EINE BUNTE VIELFALT

Eine äußerst wirkungsvolle und ästhetisch ansprechende Methode zum Schutz der Pflanzen besteht darin, für eine bunte Vielfalt und eine hohe Abwechslung in der Bepflanzung zu sorgen. Dadurch kommen auch mehr Nützlinge in den Garten. Für einen gesunden Garten sollten Sie ganz besonders auf die Förderung von Nützlingen achten. Nützlinge können Insekten, Vögel, Amphibien, Spinnen, Raubinsekten oder auch Fadenwürmer und andere Organismen sein. Sogar einige Schneckenarten zählen zu den nützlichen Tieren. Schnegel, Hainbänderschnecken und Weinbergschnecken ernähren sich u.a. von welken Pflanzenteilen. Die Larven von Schwebfliegen, Florfliegen und Marienkäfern haben eine Vorliebe für Blattläuse, und Meisen kommen regelmäßig vorbei, um sich von diesen Leckerbissen zu ernähren. Wussten Sie, dass ein Marienkäfer etwa 100–150 Blattläuse pro Tag vertilgt? Übrigens sind auch Blattläuse ein wichtiger Bestandteil der Nahrungskette und für das ökologische Gleichgewicht erforderlich.

Abwechslung beinhaltet auch die Möglichkeit, schädlingsabwehrende Pflanzen zu integrieren. Duftende Arten wie Lauchgewächse oder Lavendel können gegen Blattläuse, Spinnmilben und andere saugende Insekten wirksam sein. Ringelblumen bieten Schutz vor Fadenwürmern, die den Wurzeln schaden können. Die Wildform der Ringelblume, ein charmantes Ackerunkraut, besitzt übrigens dieselben vorteilhaften Eigenschaften wie ihre Verwandtschaft.

AUFRÄUMEN ODER NICHT?

Das Gärtnern mit wilden Ecken birgt Erstaunliches! Erfahren Sie, warum es manchmal gut ist, nicht aufzuräumen, und wie Sie mit einer Portion Faulheit zur Förderung der Artenvielfalt in Ihrem Garten beitragen.

IN DER WELT der Gartenpflege dreht sich oft alles um Ordnung, Sauberkeit und die Beseitigung von Blättern und abgestorbenen Pflanzen. Aber was wäre, wenn ich Ihnen sagen würde, dass es ein Gewinn für den artenreichen Garten ist, die Unordnung walten zu lassen? Räumen Sie einfach weniger auf, damit tragen Sie nämlich zur Förderung der Artenvielfalt und zur Schaffung eines gesunden, naturnahen Lebensraums bei. Die Unordnung im naturnahen Garten in Form von Laub, Totholz, Reisighaufen und trockenen Pflanzenstängeln kann einen erheblichen Nutzen für die Natur und die Artenvielfalt bieten. Indem Sie Blätter einfach auf den Beeten liegen lassen, Totholz nicht beseitigen, sondern aufschichten und der Natur ihren Lauf lassen, schaffen Sie Lebensräume für eine Vielzahl von Lebewesen. Ein naturbelassener Garten ist nicht nur schöner, sondern auch nachhaltiger und ökologisch wertvoller. Also, warum nicht einmal die Unordnung begrüßen und die natürliche Vielfalt in Ihrem Garten fördern?

Baumhöhlen sind wichtige Strukturen für die Artenvielfalt. Hier brüten Vögel und Kleinsäuger finden Verstecke.

HERBSTLAUB UND TOTHOLZ

Laub, das im Herbst von den Bäumen fällt, wird oft als störend empfunden und wird meist umgehend beseitigt. Aber in Wirklichkeit ist Laub ein wertvoller Bestandteil des naturnahen Gartens. Wenn Sie die verwelkten Blätter liegen lassen, bieten sie Schutz für Bodenlebewesen wie Insekten und Regenwürmer. Außerdem kann das Laub als Lebensraum für Larven und Puppen von Schmetterlingen und anderen Insekten dienen. Wenn es Sie stört oder auch durch Auflagen der Gemeinde vor Ort weggeräumt werden muss, können Sie es wunderbar einsammeln und an einer passenden Stelle einen Laubhaufen errichten. Er bietet dann einen optimalen Unterschlupf für Igel und Amphibien. Außerdem können Sie Laub als Mulch in Staudenbeeten oder im Gemüsegarten verwenden. Es schützt den Boden vor Austrocknung und bis zum Frühjahr haben es die kleinen fleißigen Bodenlebewesen zersetzt und die Nährstoffe wieder dem Boden zugeführt.

Eine Ausnahme bilden Eichen- und Walnussblätter. Sie enthalten Gerbsäure und verrotten sehr langsam. Auf Rasenflächen sollten sie daher abgerecht und als Mulch nur in geringen Mengen aufgetragen werden. Von der Verwendung von Laubsaugern oder -bläsern rate ich dringend ab. Sie beseitigen nicht nur das Laub, sondern verletzen oder töten auch Insekten und Kleintiere, die sich darin verbergen. Darüber hinaus wird das Laub oft in Plastiksäcken entsorgt und landet auf Deponien, anstatt als natürlicher Dünger im Garten zu dienen. Der Lärm und die Luftverschmutzung, die diese Maschinen erzeugen, sind ebenfalls belastend für die Umwelt.

Totholz, das in naturnahen Gärten belassen wird, spielt eine entscheidende Rolle für das ökologische Gleichgewicht. Es bietet Lebensraum und Nahrung für Pilze, Flechten, Insekten, Vögel und Kleinsäuger. Speziell Käfer und andere Insekten legen ihre Eier im Totholz ab, die daraus schlüpfenden Larven ernähren sich von dem verrottenden Holz. Das schafft wiederum eine Nahrungsquelle für Vögel und andere Tiere. Totholz dient auch als Brutstätte für Vögel, die in Baumhöhlen nisten. Lassen Sie also möglichst viel Totholz im Garten liegen und unterstützen Sie so durch Nichtstun die Artenvielfalt.

Benjeshecken

Benjes- oder Totholzhecken sind lebende Zäune aus aufgeschichteten Ästen und Zweigen. Sie sind aus ökologischer Sicht äußerst wertvoll. Sie bieten eine ideale Umgebung für Vögel wie den Zaunkönig, Insekten und Kleintiere wie Igel oder Eidechsen. Ihre dichte Struktur schafft Schutz und Lebensraum und kann als Wind- und Erosionsschutz dienen. Schlagen Sie für die Errichtung einer solchen Hecke senkrechte Pfähle in den Boden, zwischen denen Reisig aufgeschichtet wird. Gerade im Herbst fällt viel Schnittgut von Sträuchern und Hecken an, aber auch Stauden können verwendet werden. Das geht ganz einfach und ist eine großartige Möglichkeit, ungenutztes Holz im Garten sinnvoll zu verwerten. Eine einfache Variante ist ein Reisighaufen. Stapeln Sie einfach alles abgeschnittene Material an einer Stelle. Das sieht zwar nicht ganz so schön aus wie eine Benjeshecke, erfüllt aber den gleichen Zweck.

Überfälliges Totholz können Sie zu einer Benjeshecke aufschichten und damit einen Lebensraum schaffen.

STAUDEN STEHEN LASSEN

Schneiden Sie vertrocknete Stauden im Herbst nicht. In den Stängeln können Insektenlarven überwintern und Gartenvögel picken die Samen aus den Blütenständen. Sie können alternativ die Stängel abschneiden und möglichst senkrecht an einen trockenen Ort im Garten platzieren. Dann können sich Insektenlarven, die sich bereits eingenistet haben, in Ruhe entwickeln.

PHÄNOLOGISCHER KALENDER

Lernen Sie die zehn Jahreszeiten kennen, denn mit diesem alternativen Kalender erkennen Sie leicht, wann welche Arbeiten im Garten anstehen. Beobachten Sie den Zyklus der Natur und gärtnern Sie in ihrem Rhythmus.

DER PHÄNOLOGISCHE Kalender unterteilt das Jahr in zehn Jahreszeiten. Sie unterscheiden sich von den bekannten vier kalendarischen und meteorologischen Jahreszeiten, die jeweils zu festen Daten beginnen. Der phänologische Kalender hat einen anderen Ansatz und ist für Gärtnerinnen und Gärtner vor allem deshalb nützlich, weil er Hinweise gibt, wann welche Gartenarbeiten ausgeführt werden sollten. Der Begriff Phänologie stammt aus dem Griechischen und bedeutet wörtlich übersetzt „Lehre von den Erscheinungen". Der Beginn der jeweiligen Jahreszeiten hängt von Ereignissen in der Natur ab. Bei Tieren können dies Verhaltensweisen wie der Vogelzug sein, während es bei Pflanzen Entwicklungsstadien wie Blattaustrieb, Blüte, Fruchtreife und Blattfall sind. Zeigerpflanzen, die weit verbreitet und leicht zu beobachten sind, repräsentieren den Beginn der verschiedenen phänologischen Jahreszeiten. Zum Beispiel steht die Haselblüte für den Vorfrühling, die Apfelblüte für den Vollfrühling und die Blüte des Lindenbaums für den Start in den Hochsommer. Der phänologische Kalender ermöglicht eine genauere zeitliche Einordnung der jährlichen Entwicklungszyklen von Pflanzen und Tieren, die nicht zwangsläufig mit den festen Daten der kalendarischen Jahreszeiten übereinstimmen.

Die duftende Holunderblüte zeigt uns den Frühsommer an, in dem die ersten Singvögel flügge werden.

Die zehn Jahreszeiten

Beginnen wir das Jahr mit dem Vorfrühling, dessen Ankunft mit der Blüte von Haselnuss, Schneeglöckchen, Winterlingen und anderen angezeigt wird. In dieser Zeit kehren außerdem die Feldlerchen aus den Winterquartieren zurück. Sie können nun Beete richten, Kompost ausbringen und Obstbäume schneiden und pflanzen. Es ist auch die Zeit, um frühe Gemüsesorten auszusäen. Der darauf folgende Erstfrühling startet mit der Forsythienblüte und dem Blattaustrieb der Rosskastanie. Jetzt kehren die Schwalben zurück und es ist Zeit, Stauden und Gräser im Garten durch Teilung zu vermehren. Sommerblühende Zwiebelpflanzen wie Dahlien können jetzt gepflanzt werden. Der Vollfrühling ist dann erreicht, wenn Apfel und Flieder blühen. Der Ruf des Kuckucks kündigt ebenso diese Jahreszeit an und erinnert uns daran, uns um aufkeimende Unkräuter zu kümmern. Im Obstgarten werden überzählige Himbeertriebe entfernt und Ruten hochgebunden. Im Frühsommer beobachten wir die Holunder- und Robinienblüte und die ersten Singvögel werden flügge. Im Gemüsegarten können Herbst- und Wintergemüse gepflanzt und zweijährige Pflanzen wie Königskerzen ausgesät werden. Wildblumenwiesen erhalten jetzt die erste Mahd. Im Anschluss kündigt sich der Hochsommer mit der Lindenblüte und reifen Johannis- und Stachelbeeren an. Wenn Sie Glück haben, können Sie Glühwürmchen beobachten. Im Laufe des Hochsommers ist es Zeit, das Beerenobst und Kräuter zum Trocknen zu ernten. Wildstauden können Sie zurückschneiden und eine Blüte im Herbst anregen. Der Spätsommer kündigt sich mit der Reife der Ebereschen und der Blüte von Japananemonen an. Die Lerchen verlassen uns im Laufe des Spätsommers in ihre Winterquartiere. Ab jetzt werden mehrjährige Pflanzen nicht mehr gedüngt und wir haben in Hitzeperioden mit ausreichender Bewässerung zu tun. Mit dem Einzug des Frühherbstes verlassen uns die Schwalben und Holunder, Hundsrose und Weißdorn kommen zur Fruchtreife. Jetzt beginnt die optimale Jahreszeit, um Ansaaten von Wildblumenwiesen vorzunehmen. Im Vollherbst erfreuen wir uns an einer reichen Obsternte. Eicheln, Bucheckern und Rosskastanien fallen reif zu Boden und zeigen uns diese Jahreszeit an. Der Spätherbst kündigt das Ende der Gartensaison an und zeigt sich durch die gelbe Farbe des Eichenlaubs. Jetzt ist es Zeit, einen Unterschlupf für Igel zu schaffen und die Gartengeräte einzulagern. Im Laufe dieser Jahreszeit fällt das Laub und der Winter wird eingeläutet. Jetzt beginnt die gemütliche Gartenzeit. Erst wenn die Blüte von Zaubernuss und Winterjasmin das Ende des Winters verkünden, bereiten wir uns darauf vor, dass mit der Haselblüte die nächste aktive Gartensaison beginnt.

KLIMAWANDEL

Im Kontext des Klimawandels gewinnt die Phänologie an Bedeutung, da sie Veränderungen in den Entwicklungsstadien von Pflanzen und Tieren aufgrund sich verändernder klimatischer Bedingungen dokumentieren kann. Die Beobachtungen helfen bei der Analyse langfristiger Klimaveränderungen, denn die Entwicklung von Pflanzen wird nicht nur vom jeweiligen Wetter eines Jahres beeinflusst, sondern auch von langfristigen Klimatrends. Der Deutsche Wetterdienst (DWD) sammelt und analysiert seit Jahrzehnten phänologische Daten durch ein Netzwerk von ehrenamtlichen Beobachtern. Diese Informationen dienen dazu, den Klimawandel und seine Auswirkungen zu verstehen.

Die Hauptzeit der Obstreife fällt in den Vollherbst. Jetzt ist es Zeit, Kuchen zu backen und möglichst viel einzukochen.

KAPITEL 3

NATUR IM GARTEN

Wählen Sie aus unterschiedlichsten Möglichkeiten die passende wilde Ecke für Ihr persönliches naturnahes Paradies und heißen Sie bunte Blumen und freundliche Tiere willkommen. Lassen Sie sich inspirieren und entscheiden Sie ganz nach Ihrem Geschmack.

BLUMENWIESE UND BLUMENRASEN

Geeignet für: sonnige Standorte, größere Flächen oder im Mini-Format auf dem Balkon

Besonders nützlich für: nektar- und pollensammelnde Insekten, Ästhetik

Beobachtungs-Highlight: Jahresverlauf, blütenbesuchende Insekten

Aufwand bei der Anlage: hoch

Pflegeaufwand: mittel

IN VIELEN GÄRTEN gibt es begrünte Flächen, die meist als Rasen gepflegt werden. Ich möchte Ihnen hier aufzeigen, wie Sie diese Flächen ganz oder teilweise in ein artenreiches Paradies verwandeln können. Es genügt auch schon, eine kleine Ecke umzugestalten und damit einen neuen Lebensraum zu schaffen; jeder Quadratmeter mit einheimischen Wildpflanzen hilft der Tierwelt.

VOM RASEN ZU BLUMEN

Den gut gepflegten englischen Rasen gibt es in Gärten natürlich nicht ohne Grund, denn er ist praktisch, wenn er als Aufenthaltsfläche oder Spielplatz dient. Allerdings ist ein höherer Pflegeaufwand mit einer Rasenfläche verbunden. Es muss regelmäßig gemäht und Unkraut entfernt werden, außerdem ist die Nährstoffversorgung wichtig, wenn Sie einen schönen dichten Bewuchs haben möchten. Außerdem sind die herkömmlichen Rasenmischungen artenarm und locken keine summenden und zwitschernden Besucher in Ihren Garten. Eine einfache Alternative für das Einheitsgrün ist ein Blumenrasen, in dem Gänseblümchen, Weißklee, Ehrenpreis und andere niedrige, schnittverträgliche Arten erlaubt sind. Mit solch einem Blumenrasen bieten Sie vielen Insekten eine Nahrungsquelle und trotzdem können Sie ihn wie einen herkömmlichen Rasen nutzen. Nun beim Barfußlaufen ist Vorsicht geboten, um nicht auf Bienen, die auf Nektar- und Pollensuche sind, zu treten und gestochen zu werden. So ein niedrig bleibender Blumenrasen bietet sich also an, wenn Sie den Rasen weiterhin begehen und als Spielplatz oder Liegewiese nutzen möchten und gleichzeitig die Fläche ökologisch aufwerten wollen.

Kräuterrasen und Blumenwiese

Eine weitere Möglichkeit für bunte begrünte Flächen ist der Kräuterrasen, der die begrünten Flächen ökologisch aufwertet. Er wird etwas höher als ein gewöhnlicher Rasen und ist durch den Kräuteranteil nur bedingt trittfest. Ein Kräuterrasen wird nicht so häufig gemäht und ist für weniger genutzte Bereiche am besten geeignet.

Das Beste vom Besten, was die ökologische Aufwertung von Grünflächen angeht, ist die Blumenwiese. Eine Nutzfläche zum Spielen, für Sitzgelegenheiten oder eine Liegewiese ist so eine Blumenwiese allerdings nicht. Sie kann nicht mehr als Aufenthaltsfläche verwendet werden, bietet dafür aber einer Vielzahl von Insekten, Vögeln und Kleinsäugern Unterschlupf und Nahrung. Und sie sieht einfach wunderschön aus. Ein weiterer Vorteil der Blumenwiese ist der geringe Pflegeaufwand. Auf mageren Standorten wird die Wiese maximal zweimal pro Jahr gemäht, düngen ist nicht notwendig.

Eine Blumenwiese kann auch im Mini-Format auf dem Balkon angelegt werden. Dafür wird ein größerer Kübel oder Kasten benötigt, sodass auch die hübschen Gräser ihren Platz finden. Gräser sind übrigens eine wichtige Komponente in der Blumenwiese. Ob im Kübel oder im Garten, halten Sie die Angaben zu den Aussaatmengen ein. Zu viele Samenkörner behindern sich gegenseitig bei der Keimung, spät keimende Arten haben erst gar keine Chance, sich zu etablieren.

Eine Blumenwiese bietet durch die Vielfalt der Pflanzen einer großen Zahl von Insekten Nahrung und Unterschlupf.

Die Gräser sind oft Raupenfutterpflanzen und in ihren stets hohlen Stängeln können sich Insektenlarven verstecken und entwickeln.

Wer nur einen Randbereich des Rasens oder eine kleine Fläche von wenigen Quadratmetern bunt blühen lassen möchte, kann auch einen Wildblumensaum anlegen. (Nähere Informationen zu Wildblumensäumen finden Sie auf *Seite 172*.) Das ist eine Mischung aus bunten, attraktiven Arten, Gräser sind nicht dabei. Mischungen für Wildblumensäume sind nur auf sehr mageren Standorten stabil, auf nährstoffreicheren Plätzen werden sie mit der Zeit von Gras oder „Allerweltspflanzen" wie Löwenzahn verdrängt. Dann hilft nur jäten, weswegen die Wildblumensäume eben nur für kleinere Bereiche geeignet sind, bei denen Sie noch mit dem Unkrautjäten hinterherkommen. Einen großen Vorteil haben Wildblumensäume: Sie werden gar nicht gemäht. Trockene Stängel bleiben einfach stehen. Das freut ganz besonders einige Wildbienen, die ausschließlich senkrechte Stängel anfliegen und die Hohlräume als Nistplatz nutzen. Wenn Sie diesen Wildbienen helfen möchten, ist es wichtig, die trockenen Stängel auch über den Winter stehen zu lassen, denn der Nachwuchs schlüpft meist erst im Folgejahr.

Ein Blumenrasen entsteht wie von selbst und bietet mit Arten wie Weißklee oder Spitzwegerich Pollen und Nektar.

GEWUSST WIE! ERFOLGREICH WILDE ECKEN ANLEGEN

Jetzt geht es an die praktische Umsetzung. In wenigen Schritten verwandeln Sie den Rasen in ein Blütenmeer mit gewünschter Ausprägung von Blumenrasen bis Blumenwiese. Je besser Sie den Boden vorbereiten, der für die blühenden Wildblumen genutzt werden soll, desto schöner wird das Ergebnis. Eine Aussaat der Wildblumen ist im Frühjahr von Ende März bis Anfang Mai oder im Herbst von Ende August bis Mitte September ratsam. Auch für Pflanzungen ist das ein guter Zeitpunkt, hier kann allerdings im Herbst bis in den Oktober hinein gegärtnert werden. Mit der Bodenvorbereitung sollten Sie mindestens einen Monat, besser mehrere Monate, vor der Aussaat beginnen. Das gilt besonders für eine Neuanlage von Kräuterrasen oder Blumenwiesen. Es lohnt sich also, gut zu planen, damit Sie möglichst viel Freude an den blühenden Wildblumen im satten Grün haben.

Blumenrasen

Der Blumenrasen ist am einfachsten umzusetzen: Sie benötigen hier vor allen Dingen Mut zur Unordnung, sodass Einwanderer wie Gänseblümchen, Löwenzahn oder Ehrenpreis-Arten Fuß fassen und sich vermehren können. Auch Spitzwegerich und Weißklee sind wertvolle Arten im Blumenrasen, denn sie bieten vielen unterschiedlichen Wildbienen Nektar und Pollen. All diese Blumen werden von selbst einziehen, wenn Sie es zulassen. Allerdings gelingt dies besonders gut auf lückigen Rasenstücken, die sowieso nicht mehr als englischer Rasen durchgehen. Wildblumensamen finden hier einen Platz zum Keimen und nach kürzester Zeit wachsen flache Blumen, die schnittverträglich und

Im Kräuterrasen machen sich höhere und nicht so trittfeste Arten gut, wie zum Beispiel die Heidenelke.

trittfest sind. Falls Sie stolze Besitzerin eines gut gepflegten, dicht wachsenden Rasens sind, werden es die Wildblumen schwer haben, Fuß zu fassen. Dann hilft es, entweder Inseln aus der Grasnarbe auszustechen oder den Rasen an der gewünschten Stelle stark zu vertikutieren oder zu fräsen und das Gras somit im Wachstum zu stören. In die Inseln oder die aufgelockerten Grasflächen können Sie nun gezielt Blumensamen streuen.

Die Wildblumensamen werden auf die Erde gestreut und nicht eingearbeitet. Dann drücken Sie das Saatgut z. B. mit einem Rechenrücken an und halten die Stellen feucht. Nach wenigen Wochen sind kleine Pflänzchen zu sehen, blühen werden einige allerdings erst im Folgejahr. Falls Ihnen das zu lange dauert, können Sie auch fertige Stauden kaufen und einsetzen. (Eine Empfehlung der Blumen für den Blumenrasen finden Sie auf *Seite 65*.)

Verschiedene Rasentypen

	CHARAKTERISTIK	ÖKOLOGISCHER WERT	PFLEGEAUFWAND	NUTZUNG
Blumenrasen	Klassischer Rasen mit schnittverträglichen Blumen	Höher als beim Einheitsgrün	Eher hoch, regelmäßige Mahd und Bewässerung sind notwendig	Häufige Nutzung, strapazierfähig
Kräuterrasen	Schnittverträglich, heimische Wildgräser sind vertreten, blüht mehrmals	Wertvoll für alle Arten von blütenbesuchenden Insekten	Mittel, 3–5 Schnitte pro Jahr, bewässern nur bei extremer Trockenheit	Mäßig trittfest, für wenig genutzte Bereiche
Blumenwiese	Entspricht einer natürlichen Blumenwiese, 80–120 cm hoch, mindestens 50 % Gräser, Nachblüte im Herbst	Nutzt der heimischen Tierwelt vom Käfer bis zum Singvogel	Gering, 1–2 Schnitte pro Jahr, Schnittgut abräumen	Nicht nutzbar, ein gemähter Pfad ermöglicht Beobachtungen

Eine Blumenwiese benötigt etwas mehr Platz. Sie bereichert die Artenvielfalt enorm und weckt mitunter Kindheitserinnerungen.

Kräuterrasen und Blumenwiese

Die Anlage eines Kräuterrasens und einer Blumenwiese unterscheidet sich prinzipiell nur wenig von der eines Blumenrasens. Es ist in jedem Fall wichtig, den Boden gut vorzubereiten, sodass die ausgebrachte Saatgutmischung optimale Bedingungen zur Keimung vorfindet. Dazu ist es nötig, den alten Bewuchs zu entfernen. Das geschieht entweder durch Umgraben oder bei größeren Flächen durch Pflügen oder durch ein Abschälen der Grasnarbe. Diese vorbereitenden Maßnahmen sollten Sie möglichst vor dem Winter durchführen. Dann erledigt die kalte Jahreszeit einen Großteil der Arbeit für uns, die sogenannte Frostgare lässt den Boden feinkrümelig werden. Falls ein Umgraben aufgrund der Flächengröße nicht möglich ist, sollten Sie passende Maschinen einsetzen oder ein GaLaBau-Unternehmen beauftragen.

Rückenschonende Beetvorbereitung

Ein sauberes, unkrautfreies und feinkrümeliges Saatbeet bekommen Sie auch, indem Sie die Fläche vorübergehend mit einem Unkrautvlies abdecken. Das Vlies nimmt den unerwünschten Unkräutern das Licht, lässt aber Wasser hindurch, sodass der Boden lebendig bleibt, die Vegetation unter dem Vlies aber abstirbt. Die Folie sollte mindestens eine Vegetationsperiode liegen bleiben, um Wirkung zu zeigen.

Die Sache mit den Unkräutern

Liegt der Boden erst einmal brach, wird es nicht lange dauern und die ersten Unkräuter sprießen. In jedem Boden schlummern zahlreiche Unkrautsamen, die nur darauf warten, dass wir ihnen ein Saatbeet vorbereiten, um dann in großer Anzahl zu wachsen. Diese Keimlinge entfernen wir durch eine oberflächliche Bodenbearbeitung. Achtung! Sie dürfen dabei nicht zu tief arbeiten, sonst holen Sie neue Unkrautsamen an die Oberfläche und die Unkrautbekämpfung wird zur Sisyphusarbeit. Es mag übertrieben erscheinen, sich so sehr auf das Entfernen der kleinen Pflänzchen zu konzentrieren, aber lassen Sie sich nicht täuschen! Samenunkräuter wie Melde, Ackerfuchsschwanz und andere Arten wachsen sehr schnell und stehlen den konkurrenzschwachen Wildblumen Wasser und Licht. Die erfolgreiche Aussaat einer Wildblumenmischung kann damit zunichte gemacht werden. Am besten bekommen Sie die Samenunkräuter in den Griff, wenn Sie vor der Aussaat mehrmals eine oberflächliche Bodenbearbeitung durchführen. Immer wenn es wieder grünt, wird das Saatbeet flach bearbeitet. Nicht in jedem Boden sind die Samendepots so gravierend, Sie sollten also beobachten, was nach der ersten Bodenbearbeitung wächst. Tauchen flächendeckend Keimlinge auf, die sich sehr ähnlich sind, können Sie davon ausgehen, dass es sich um unerwünschte Unkräuter handelt.

Die Aussaat von Blumenwiese und Kräuterrasen will gut vorbereitet sein. Später sind die Strukturen pflegeleicht.

Samenunkräuter nerven, aber ein weitaus größeres Hindernis auf dem Weg zum perfekten Kräuterrasen oder zur Blumenwiese können die sogenannten Wurzelunkräuter sein. Sie tauchen meist nicht überraschend wie aus dem Nichts auf, Wurzelunkräuter kommen an gleichen Stellen immer wieder auf, breiten sich aus und scheinen sich sprunghaft zu vermehren. Kriechendes Fingerkraut, Giersch, Acker-Kratzdistel, Acker-Winde, Quecke und mehr besitzen die Fähigkeit, aus jedem kleinen Wurzelstück eine neue Pflanze wachsen zu lassen. Haben sie auf einer Fläche Fuß gefasst, ist es sehr aufwendig, sie zu entfernen. Eine gute Bodenvorbereitung ist also auch bei diesen lästigen Kräutern unerlässlich, wenn die Anlage der Blumenwiese von Erfolg gekrönt sein soll.

Am besten werden Wurzelunkräuter so tief wie möglich mit Unkrautstechern abgestochen, um möglichst viele Wurzelstücke aus dem Boden zu holen. Bei größeren Flächen können Sie mit einer Grabegabel tief umgraben und die Wurzelstücke dann aussieben. Auch das Abziehen mit einer Egge kann dabei helfen, die Wurzelunkräuter dauerhaft loszuwerden.

Wurzelunkräuter wie Disteln, Brennnesseln oder hier im Bild die Quecke sollten möglichst entfernt werden.

Lassen Sie sich nicht entmutigen, es hört sich komplizierter an, als es ist. Und der große Vorteil ist, dass nach der aufwendigen Anlage der Pflegeaufwand gering ist und Sie mit einer Vielzahl an bunten Blüten und summenden Besuchern rechnen können. Nach der arbeitsintensiven Vorbereitung geht es dann aber weiter mit dem erfreulichen Teil, der Aussaat.

DIE AUSSAAT

Für alle Wildblumenmischungen gilt, dass sie – wie eine Rasensaat – nur oberflächlich ausgebracht, aber nicht in den Boden eingearbeitet werden. Meistens werden die Mischungen sehr dünn ausgebracht, denn viele Wildblumen haben winzige Samen. Die Aussaatmenge beläuft sich meist auf zwischen 2–5 Gramm pro Quadratmeter, je nach Mischung. Damit Sie nicht versehentlich zu dicht aussäen, ist es hilfreich, das Saatgut mit einer Art Füllstoff zu mischen. Dann haben Sie mehr in der Hand und eine gleichmäßige Verteilung fällt leichter. Als Füllstoff eignen sich trockener Sand, Sägemehl oder auch Vermiculite, kleine Tonmineralklümpchen, die eine gute Wasseraufnahmefähigkeit haben. Außerdem können Sie eine größere Fläche, genauso wie das Saatgut, halbieren oder vierteln, auch das macht eine gleichmäßige Ausbringung einfacher.

Ist aller Samen gleichmäßig auf der Erde verteilt, wird er angedrückt. Das ist sehr wichtig, damit die Körner einen guten Bodenkontakt haben. Wird das Andrücken vergessen, können die kleinen Keimlinge förmlich in der Luft hängen und vertrocknen, bevor sie überhaupt richtig losgelegt haben. Verwenden Sie für das Andrücken je nach Größe der Fläche eine Rasenwalze, die Rückseite einer Schaufel oder Ihre Hände. Auch Bretter, die Sie unter Ihre Schuhe binden, sind eine gute – und lustige – Möglichkeit, den nötigen Bodenkontakt herzustellen.

Die Aussaat der Wildblumen-Mischungen erfolgt oberflächlich. Das Saatgut wird angedrückt aber nicht eingearbeitet.

Um sich das Gießen zu ersparen oder zumindest zu reduzieren, lohnt es sich, eine angekündigte Regenperiode abzuwarten und davor auszusäen. Ansonsten ist es nötig, nach der Aussaat zu bewässern. Bis zur Keimung beziehungsweise bis sechs Wochen nach der Aussaat muss die Fläche dann feucht gehalten werden. Sie sollte nie ganz austrocknen, sodass alle Keimlinge Fuß fassen und loslegen können. Gehen Sie beim Gießen behutsam vor, damit das wertvolle Saatgut nicht weggeschwemmt wird. Am besten verwenden Sie eine Gießkanne oder einen Schlauch mit einer feinen Brause. Die Neuanlage einer Wildblumenwiese oder eines Kräuterrasens im Herbst bietet Vorteile, denn es kann mit häufigeren Niederschlägen und einer erhöhten Taubildung gerechnet werden. Außerdem gibt es in jeder Mischung Kaltkeimer, also Pflanzen die erst nach einer gewissen Kälteperiode im Winter keimen. Wenn Sie im Frühjahr aussäen, dauert es ein ganzes Jahr, bis diese Blumen überhaupt loslegen.

Nun ist die Arbeit erst einmal getan und Sie können sich entspannt zurücklehnen und sich in Geduld üben. Denn bis die Wildblumen zur Blüte kommen, kann es manchmal ganz schön lange dauern. Besonders die mehrjährigen Arten, also die Blumen, die jedes Jahr wieder blühen, lassen sich auch mal bis zu einem Jahr oder länger Zeit, bis sie die ersten Blüten zeigen. Zum Glück sind die im Handel erhältlichen Saatgutmischungen immer so abgestimmt, dass auch schon im ersten Jahr reichlich bunte Blüten erscheinen. Aber die volle Pracht wird die Blumenwiese oder der Kräuterrasen immer erst ab dem zweiten Standjahr entwickeln! Und es bleibt nichts, wie es ist. Manche Blumen werden sich zurückziehen, andere dafür stärker auftreten.

Schutz der Neuanlage

Die frisch angelegte Wildblumenwiese kann vor Starkregen, Austrocknung oder Vogelfraß mit einem licht- und wasserdurchlässigen Gartenvlies oder Heu geschützt werden. Verwenden Sie pro Quadratmeter 0,5 kg Heu. Unkrautsamen sollten natürlich nicht enthalten sein. Das Vlies entfernen Sie, wenn die Pflanzen etwas größer sind, das Heu bleibt einfach auf der Fläche liegen.

EMPFEHLENSWERTE PFLANZEN

Setzen Sie bei der Auswahl der Samen für die neue bunt blühende Grünfläche auf heimische Saatgutmischungen. Die enthaltenen Blumen und Gräser sollten in ihrer ursprünglichen Form, also als Wildpflanzenart, in der Mischung vorkommen, Zuchtformen bzw. gezüchtete Sorten sollten dagegen nicht enthalten sein. Zum einen erschaffen Sie so einen wertvollen Lebensraum für Insekten, Kleinsäuger und Vögel, die oft auf heimische Wildformen spezialisiert sind. Zum anderen sind die Saatgutmischungen mit Wildpflanzen sehr gut an die Bedingungen in unseren Breitengraden angepasst, sie sind meist überaus robust und werden deswegen lange in Ihrem Garten überdauern.

Die richtige Auswahl

Achten Sie bei der Saatgut-Auswahl außerdem auf den richtigen Standort, insbesondere die Lichtverhältnisse sind hier von Bedeutung. Die meisten Wildblumenmischungen sind für sonnige Bereiche geeignet, es sind aber auch spezielle Schattenmischungen im Angebot. Wenn Sie die Möglichkeit haben, kaufen Sie am besten regionales Saatgut, das noch besser an die Bedingungen in der Region angepasst ist, in der Sie leben. Oftmals gibt es bei verschiedenen Arten regional so große genetische Unterschiede, dass die Pflanzen aus der einen Region nicht zu den Bestäubern in anderen Regionen passen. Beispielsweise kann der Blühzeitpunkt so früh im Jahr liegen, dass in der falschen Region der passende Bestäuber noch gar nicht unterwegs ist. (Bezugsquellen und Quellen für weitere Informationen über Regio-Saatgut finden Sie im Anhang auf *Seite 182*.)

Mit Mut zur Unordnung entsteht ein Blumenrasen. Gänseblümchen und andere Arten siedeln sich von selbst an.

Im Handel sind unzählige spezielle Wiesenblumenmischungen im Angebot. Es gibt welche für Schmetterlinge, Bienen, für dämmerungsaktive Insekten, Duftmischungen und noch mehr. Hier sind hauptsächlich Einjährige und oft auch Wildblumen aus anderen Ländern, wie beispielsweise Cosmeen, enthalten. Diese Mischungen blühen im ersten Jahr wunderbar und haben für Blumensträuße und einige Insekten auch ihren Nutzen. Sie werden aber keine langjährige Freude daran haben und auch den spezialisierten Insekten können Sie damit nicht helfen. Mehrjährige Saatgutmischungen aus heimischen Arten sind oftmals zwar teurer als die bunten Insektenwiesen. Die Investition lohnt sich aber, denn die Blumenwiese oder der Kräuterrasen bleiben Ihnen bei richtiger Pflege über Jahre hinweg erhalten! Mischungen mit einjährigen Blumen sind dagegen nur für kurze Zeit, also ein bis höchstens drei Jahre, interessant.

Eine gute Wildblumenwiese und auch ein qualitativ hochwertiger Kräuterrasen enthalten außerdem eine hohe Artenvielfalt mit bunten Stauden sowie ein- und zweijährigen Blumen, die zu unterschiedlichen Zeitpunkten blühen. So gibt es die ganze Saison wertvolle Nahrung für Insekten und Sie können sich von Frühjahr bis Herbst über die fleißigen summenden Besucher freuen. In den Tabellen auf den folgenden Seiten finden Sie Pflanzen für unterschiedliche Standorte und mit verschiedenen Blühzeiten, die in keiner Mischung fehlen sollten.

Pflanzen für den Blumenrasen

	NAMEN	WUCHS	BLÜTE	ÖKOLOGISCHER WERT	BESONDERHEIT
	**Gänseblümchen** *Bellis perennis*	10 cm Blattrosette (∞)	IV–V Weiß bis rosa	Frühe Pollenquelle für Wildbienen	Blüht oft bis in den Herbst, essbare Blüten
	**Weißklee** *Trifolium repens*	10 cm Teppichbildend, Ausläufer (∞)	V–X Weiß	Pollenspender für über 40 Wildbienenarten	Sehr häufig von Bienen besucht, Achtung beim Barfußgehen
	**Duftveilchen** *Viola odorata*	5–10 cm Teppichbildend (∞)	IV–V Violett	Futterpflanze für einige Wildbienen, Schmetterlinge	Intensiver Duft im zeitigen Frühjahr
	**Hornveilchen** *Viola cornuta*	10–15 cm Buschig (∞)	IV–VI Bunt, je nach Sorte	Frühe Futterquelle für Wildbienen	Nicht heimisch, verwildert durch Selbstaussaat
	**Gamander-Ehrenpreis** *Veronica chamaedrys*	10–20 cm Kriechend, polsterbildend (∞)	V–VII Himmelblau	Nahrungspflanze für Fliegen, Wildbienen, kleine Tagfalter	Bildet mehr Blüten am sonnigen Standort
	**Spitzwegerich** *Plantago lanceolata*	20–30 cm Blattrosette, aufrecht (∞)	V–IX Braun-weiß	Pollenquelle während vieler Monate für Wildbienen	Blätter für den gesunden Frühjahrs-Salat

(∞) mehrjährig (·) einjährig (··) zweijährig

Pflanzen für den Kräuterrasen

	NAMEN	WUCHS	BLÜTE	ÖKOLOGISCHER WERT/TIERNUTZEN	BESONDERHEIT
	**Gewöhnliche Schafgarbe** *Achillea millefolium*	20–50 cm Aufrecht (∞)	VII–IX Weiß	Wenig Nektar und Pollen, aber Blüten bis in den Herbst	Spezialisierte Wildbienen als Bestäuber, z. B. Seidenbiene
	**Heidenelke** *Dianthus deltoides*	15–25 cm Niederliegend, polsterbildend (∞)	VI–IX Fuchsia	Blüten für Schmetterlinge, die Tagfalter anlocken	Eher kurzlebig, samt sich aber gerne aus
	**Hornschotenklee** *Lotus corniculatus*	15–25 cm Kriechend, polsterbildend (∞)	V–IX Goldgelb	Wildbienenmagnet, über 50 Arten sammeln den Pollen	Gute Trockenheitstoleranz
	**Gewöhnliches Leimkraut** *Silene vulgaris*	30–40 cm Aufrecht (∞)	V–IX Weiß	Nektar für langrüsselige Bienen und Schmetterlinge	Besondere Blüten durch die aufgeplusterten Kelche
	**Wiesen-Schaumkraut** *Cardamine pratensis*	30–40 cm Aufrecht, Blattrosette (∞)	III–V Blassviolett	Beliebt bei Aurorafalter und anderen Schmetterlingen, Frühblüher	Junge Blätter können in der Küche verwendet werden
	**Gewöhnliche Braunelle** *Prunella vulgaris*	15 cm Polsterbildend (∞)	VI–X Violett	Hummelpflanze, auch bei Tag- und Nachtfaltern beliebt	Besonders lange Blütezeit, für Sonne und Schatten geeignet

(∞) mehrjährig (·) einjährig (··) zweijährig

Wiesenblumen

	NAMEN	WUCHS	BLÜTE	ÖKOLOGISCHER WERT/TIERNUTZEN	BESONDERHEIT
	**Wiesen-Flockenblume** *Centaurea jacea*	60–80 cm Aufrecht (∞)	VII–VIII Rotviolett	Nektar und Pollen für fast alle Insekten, Samen beliebt bei Distelfink & Co.	Sehr gut für Blumensträuße geeignet
	**Wilde Möhre** *Daucus carota*	70–100 cm Aufrecht (··)	VII–IX Weiß	Pollenpflanze für Fliegen, Käfer, Wanzen, Futterpflanze für Schmetterlingsraupen	Zweijährig, samt sich in der Wiese zuverlässig aus
	**Wiesen-Margerite** *Leucanthemum vulgare*	50–70 cm Aufrecht Blattrosette (∞)	VI-IX Weiß-gelb	Pollenpflanze für Wildbienen und Käfer	Bringt die Blumenwiese zum Strahlen
	**Wiesen-Storchschnabel** *Geranium pratense*	50–70 cm Aufrecht (∞)	VI–VII Violett	Pollen und Nektar für Hummeln und Bienen und Schwebfliegen	Große Blüten in einem besonders schönen Blauviolett
	**Wiesen-Pippau** *Crepis biennis*	70–80 cm Aufrecht (··)	V–VII Gelb	Frühe Blüten für kleine Wildbienen und Käfer, Schmetterlinge, z. B. Kleiner Fuchs	Zweijährig, samt sich in der Wiese zuverlässig aus
	**Rundblättrige Glockenblume** *Campanula rotundifolia*	30–50 cm Aufrecht (∞)	VI–IX Violett	Unentbehrlich für spezialisierte Wildbienen wie die Glockenblumen-Scherenbiene	Robuste Pflanze mit zartem Erscheinungsbild

(∞) mehrjährig (·) einjährig (··) zweijährig

DAUERHAFTE BLÜTENFREUDE DURCH DIE RICHTIGE PFLEGE

Auch wenn der Pflegeaufwand bei Blumenwiesen & Co. gering ist, sollte einiges beachtet werden. Wichtig sind der richtige Schnitt zum richtigen Zeitpunkt, Bewässerung und Düngung.

VOR ALLEM anfangs ist eine gute Kontrolle der Neuanlage wichtig. Während es beim Blumenrasen nicht ganz so problematisch ist, sollte beim Kräuterrasen und der Blumenwiese im ersten Jahr nach der Aussaat darauf geachtet werden, dass sich nicht zu viele unerwünschte Unkräuter breitmachen. Indem Sie die Fläche ein- bis mehrmals abmähen, halten Sie den Aufwuchs klein. Bei diesem sogenannten Schröpfschnitt bitte nicht tiefer als 5 cm mähen, sodass die schon gekeimten, erwünschten Wildpflanzen nicht beschädigt werden. Außerdem sollten Sie das Schnittgut mit eventuell vorhandenen Unkrautsamen abräumen.

Das Mahdgut sollte abgetragen werden. Sie können auch Heu machen und es an kleine Nager verfüttern.

DER BLUMENRASEN

Nachdem die bunten Blumen Einzug in den grünen Rasen gehalten haben, können Sie den Rasen fast wie gewohnt pflegen. Allerdings sollte er nicht kürzer als 4–6 cm gemäht werden, sonst verschwinden die Wildblumen wieder. Besonders in trockenen Perioden ist es ratsam, den Rasen etwas länger stehen zu lassen, sodass der Boden nicht so schnell austrocknet. Der Blumenrasen wird weiterhin in der heißen Jahreszeit, wenn nötig, bewässert, er ist – anders als der Kräuterrasen – nicht trockenheitstolerant. Auch gedüngt wird der Blumenrasen wie gewohnt, ich empfehle, organischen Dünger zu verwenden (► *Seite 64*).

DER KRÄUTERRASEN

Wenn der Kräuterrasen einen dichten Bewuchs gebildet hat, kann mit der Pflege des blühenden Rasens begonnen werden. Der Kräuterrasen kann 4–6 Mal pro Jahr gemäht werden, aber bitte nicht tiefer als 5 cm, damit sich die Kräuter schnell wieder erholen. Besonders nützlich für Insekten ist der Kräuterrasen, wenn Sie immer nur einen Teilbereich des Rasens mähen, damit immer Blüten vorhanden sind. Die im Kräuterrasen enthaltenen Gräser sind heimische Wildgräser und tolerieren trockene Witterungsperioden viel besser als die Gräser im Zierrasen. Sie müssen also nur noch bei lang anhaltender Trockenheit ab und zu gießen. Selbst wenn der Kräuterrasen auch mal trocken wird, bei einsetzendem Regen erholt er sich schnell wieder. Düngen sollten Sie Ihren Kräuterrasen nicht, da die hier vorhandenen Kräuter kaum Dünger benötigen, im Gegenteil. Zu viele Nährstoffe verhindern oft den Blütenreichtum und fördern das Blattgrün. Deswegen ist es auch wichtig, das Schnittgut nach dem Mähen abzuräumen, damit keine weiteren Nährstoffe in den Boden eingetragen werden.

DIE BLUMENWIESE

Die Pflege einer Wildblumenwiese ist zwar nicht zeitintensiv, allerdings muss sie richtig durchgeführt werden, damit die bunt blühende Anlage erhalten bleibt. Werden die richtigen Schnitte nicht ausgeführt, wird die Blumenwiese mit der Zeit artenarm und Gräser und einige wenige Blumen gewinnen die Oberhand. Mähen Sie Ihre Blumenwiese zweimal im Jahr, der richtige Zeitpunkt für die erste Mahd ist zur Hauptblüte der Gräser im Juni. Der zweite Schnitt wird dann im Spätsommer Ende August durchgeführt. Falls die Wiese auf einem mageren Standort wächst, mähen Sie nur einmal im Spätsommer ab Ende August. Das Schnittgut sollten Sie in jedem Fall abräumen, denn sonst verrotten die Pflanzenreste und reichern den Boden mit Nährstoffen an. Eine Blumenwiese ist aber auf mageren Standorten blütenreicher und das ist natürlich gerne gesehen. Mit einem Balkenmäher oder einer Sense ist das Mähen besonders naturfreundlich, dann werden nämlich nicht so viele Kleinstlebewesen geschädigt. Bei einer größeren Fläche lohnt es sich, die Wiese in Etappen zu mähen, sodass die Insekten und andere Wiesenbewohner langsam das Weite suchen können. Die abgeschnittenen Pflanzenreste lassen Sie am besten einige Tage liegen. Sie trocknen dann ab und die reifen Samen fallen noch aus. Auf diese Weise ist für den Blumennachwuchs gesorgt. Dann kompostieren Sie das Schnittgut oder – noch besser – nutzen das allerfeinste Blumenheu als Futter und Einstreu für Haustiere oder für Duftkissen, die übrigens auch ein tolles Geschenk sind.

Mit einer Sense oder dem Balkenmäher ist das Mähen besonders schonend für die Wiesenbewohner.

Die echt wilden Ecken

Für fortgeschrittene Naturgärtner empfehle ich die „echt wilde Ecke" als Ergänzung für jeden Garten. Diese wertvolle Kleinstruktur bildet ein ganz besonderes Biotop für außergewöhnliche Gartenbewohner.

Seien Sie mutig und lassen Sie „echt wilde Ecken" in Ihrem Garten wachsen. Selbst in einem kleinen Garten gibt es wenig genutzte Plätze, die perfekt dafür geeignet sind, die wilden Kräuter einfach wachsen und so eine wertvolle kleine Wildnis im Garten entstehen zu lassen. An diesen Stellen im Garten tun Sie einfach gar nichts. Und gerade deswegen wird sich ein kleines Paradies für besondere Tiere entwickeln. Zu schön, um wahr zu sein? Ganz und gar nicht. Hier dürfen sich Brennnesseln, Giersch sowie weitere Wildpflanzen ansiedeln. Und mit diesen wilden Schätzen wächst das perfekte Buffet für Schmetterlingsraupen, sodass Sie sich schon bald über die bunt schillernden Besucher in Ihren Blumenbeeten freuen können. Freunden Sie sich mit den Unkräutern an, denn es sind wertvolle Gewächse für die Artenvielfalt. Sie sind noch nicht überzeugt? Dann lesen Sie mehr über die Pflanzen und Tiere in den Beschreibungen auf der gegenüberliegenden Seite.

WERTVOLLER LEBENSRAUM

Oft sind die echt wilden Ecken zusätzlich mit Büschen und Sträuchern bestückt. Zusammen mit den frei wachsenden Wildpflanzen bieten diese kleinen Wildnisstücke einen wertvollen Lebensraum für Eidechsen und Blindschleichen. Das ist gut für uns, denn auf dem Speiseplan der Echsen stehen unter anderem Schnecken. So helfen uns die tierischen Gartenbewohner, den Schneckenbestand in unserem Garten zu reduzieren. Auch der Igel profitiert von den Leckerbissen, die er in einem naturnah angelegten Garten findet. Er macht sich nachts auf die Suche nach allerlei Käfern und auch Nacktschnecken und findet dann Unterschlupf und Schutz in einer wilden Ecke mit viel Gestrüpp. Ein kleines Superbiotop! Besonders Zaunkönige und Rotkehlchen können Sie mit so einer kleinen Gartenwildnis anlocken und erfreuen.

DIE ORDNUNG DER NATUR

Auch wenn sich der Vorschlag erst mal so anhört, als ob Sie Ihren Garten verwildern lassen sollen, eine echt wilde Ecke muss ganz und gar nicht unaufgeräumt aussehen. Werten Sie die Ecke mit kunstvoll drapiertem Totholz auf. Das ist besonders wertvoll für Insekten und Gartenvögel. Infrage kommen beispielsweise hübsche Wurzeln, aber auch eine Benjeshecke im Mini-Format sieht ordentlich aus. Außerdem können Sie die wilde Ecke mit einer kleinen Trockenmauer begrenzen, dann ist sofort ersichtlich, dass es sich hier um eine gewollte Wildnis handelt. Einen ähnlichen Effekt hat ein selbst gebasteltes Schild, mit dem die wilde Ecke gekennzeichnet wird. Und denken Sie immer daran: Die Ordnung der Natur ist wohlorganisiert, die Abläufe von Werden und Vergehen garantieren den Fortbestand unseres Planeten.

Große Brennnessel

Urtica dioica
HÖHE: *30–150 cm*
BLÜTE: *unscheinbar grün, Juli–September*

Die Brennnessel ist eine wahre Wunderpflanze im Naturgarten. Lediglich an einer übermäßigen Ausbreitung über die Wurzeln sollte sie gehindert werden, dann ist sie für jeden Garten eine echte Bereicherung. Sie ist ein Schlaraffenland für Schmetterlinge, denn sie dient den Raupen von 36 Arten als Futterquelle. Für einige Tagfalter ist sie sogar die einzige Nahrung, dazu gehören bekannte Schmetterlinge wie das Tagpfauenauge, der Kleine Fuchs oder der Admiral. Neben dem Vorteil für die Artenvielfalt bietet die wehrhafte Pflanze auch Möglichkeiten der Nutzung für uns Gärtner: Wir können sie als Dünger oder Mittel gegen Blattläuse verwenden und ihre Samen als heimisches Superfood verzehren.

Blindschleiche

Anguis fragilis
LEBENSRAUM: *Wiese, Waldränder, wilde Ecken*
NAHRUNG: *kleine, wirbellose Tiere*

Der erste Eindruck täuscht: Die Blindschleiche ist keine Schlange, sondern eine Echse. Leicht zu erkennen ist das an den beweglichen Augenlidern, mit denen sie uns zuzwinkert. Eine Schlange kann ihre Augen nicht schließen. Außerdem hat die Blindschleiche sehr glatte glänzende Haut. Blindschleichen sind ausgesprochen friedlich, dennoch sollten Sie darauf verzichten, die Tiere in die Hand zu nehmen, denn mit einem falschen Griff kann das Tier „entzweibrechen". Dabei wird der Schwanz abgeworfen, mit diesem Trick können Blindschleichen einem Fressfeind entkommen. Allerdings funktioniert das nur einmal im Leben. Die Blindschleiche ist durch die Zerstörung ihres Lebensraumes gefährdet.

Giersch

Aegopodium podagraria
HÖHE: *bis 80 cm*
BLÜTE: *weiß, Mai–Juni*

Drei-drei-drei, bist beim Giersch dabei! Mit der Bauernregel lässt sich der Giersch sicher bestimmen, denn sie beschreibt die Merkmale der Pflanze, die den Giersch von allen anderen einheimischen Doldenblütlern abgrenzen. Drei Teile hat das Blatt, das wiederum dreigeteilt ist. Der Stängel ist außerdem dreikantig. Giersch kann als Heilkraut oder Lebensmittel in der Küche sein Gutes tun. Er soll gegen Übersäuerung helfen und Gelenkschmerzen und andere Beschwerden lindern. Außerdem beinhaltet er eine Vielzahl an Vitaminen und Mineralien und seine Blätter werden gerne als Frühjahrskur verwendet. Die weißen Blütenstängel halten sich gut in der Vase und bieten Nahrung für Bienen und Falter.

STAUDENBEETE MIT HEIMISCHEN WILDPFLANZEN

Geeignet für: jeden Standort, auch für sehr kleine Flächen oder Pflanzgefäße

Besonders nützlich für: nektar- und pollensammelnde Insekten, Ästhetik

Beobachtungs-Highlight: Blühkompositionen, blütenbesuchende Insekten

Aufwand bei der Anlage: mittel

Pflegeaufwand: mittel bis hoch

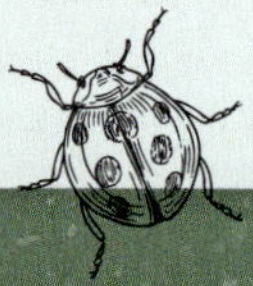

HABEN SIE schon einmal überlegt, wie der Garten zu einem summenden Paradies werden kann? Oder wundern Sie sich, dass es in Ihren vorhandenen Staudenbeeten nicht brummt und flattert? Ich verrate Ihnen in diesem Abschnitt, wie Sie die gewünschten Besucher in den Garten locken und gleichzeitig Beete gestalten, die eine Wohltat für die Sinne sind. Sie werden überrascht sein von farbenfrohen und eleganten Kompositionen und bekommen Pflanzpläne für naturnahe Beete an die Hand. Das Beste ist, dass insektenfreundliche Staudenbeete bereits auf sehr kleinen Flächen angelegt werden können. Sogar auf einem Balkon ist eine Pflanzung mit heimischen Wildpflanzen möglich. Außerdem gibt es für jeden Standort die passenden Pflanzen. Egal ob sonnig oder schattig, trocken oder feucht, ob auf saurem Boden oder kalkhaltigem Untergrund: Es gibt wunderschöne Pflanzkombinationen, die wertvoll für die Tierwelt sind und gleichzeitig das Bild eines gepflegten und ästhetisch gestalteten Staudenbeets abgeben. Erfahren Sie mehr über die Anlage von Staudenbeeten mit heimischen Wildpflanzen!

Die Auswahl an bunt blühenden Arten, die Sie für eine Gartengestaltung einsetzen können, ist beinahe unüberschaubar. Viele dieser Arten stammen ursprünglich aus fernen Ländern und sind durch züchterische Bearbeitung zu prächtigen Sorten mit großen und bunten Blüten geworden. Allerdings sind nur einige wenige dieser Exoten für die heimischen Insekten interessant und viele der außergewöhnlichen Schönheiten sind nicht an unsere Standorte angepasst. Sie benötigen deshalb eine Extraportion Pflege und häufig auch Dünger, damit sie in ihrer vollen Pracht gedeihen. Aus diesem Grund lege ich Ihnen die heimischen Wildstauden ans Herz. Beziehen Sie die Pflanzen in die Gartengestaltung mit ein und kombinieren Sie die bunten Exoten mit den filigranen Schönheiten aus der hiesigen Natur. Damit die eher kleinblütigen heimischen Arten nicht unscheinbar wirken, schlage ich vor, ein Beet oder ein Teilstück des Staudenbeets ausschließlich mit den heimischen Arten zu gestalten, sodass sie konkurrenzlos strahlen können. Es gibt allerdings auch einige nicht heimische Arten, die sich gut mit den Wildblumen kombinieren lassen. Dazu gehören besonders Präriepflanzen aus Nord- und Südamerika wie beispielsweise Sonnenhut *(Echinacea purpurea)*, das Patagonische Eisenkraut *(Verbena bonariensis)* oder die Prachtkerze *(Oenothera lindheimeri* syn. *Gaura lindheimeri)*.

NEUANLAGE EINES WILDPFLANZEN-STAUDENBEETS

Sie haben sich entschieden, ein neues Staudenbeet anzulegen, oder möchten ein vorhandenes Staudenbeet natürlicher gestalten? Bevor Sie mit der Auswahl der Pflanzen beginnen können, ist es wichtig, eine Bestandsaufnahme der äußeren Faktoren zu machen. Je besser die ausgewählten Pflanzen zu ihrem Standort passen, desto weniger Pflege benötigen sie. Dann haben Sie ein Staudenbeet mit Blumen, die Ihrem Garten mit relativ wenig Aufwand über Jahre treu bleiben.

Eine Königskerze ist eine tolle Strukturpflanze für jedes Staudenbeet und Insekten fliegen auf die Blüten.

Gehen Sie nicht andersherum vor und versuchen Sie, durch Zusatz von Sand aus einem lehmigen einen sandigen Boden zu machen oder einen kalkhaltigen Boden anzusäuern. Das ist mit einem riesigen Aufwand verbunden und der Erfolg ist meistens mäßig.

LICHT UND SCHATTEN

Entscheidend für die Pflanzenauswahl ist, wie viele Sonnenstunden der zukünftige Standort hat. An einem sonnigen Standort scheint den ganzen Tag oder zumindest in den wärmsten Stunden des Tages ab Mittag oder frühem Nachmittag die Sonne. Ein halbschattiger oder absonniger Standort hat so gut wie keine direkte Sonneneinstrahlung, liegt aber dennoch eher im lichten Bereich von Gebäuden oder Gehölzen. Den schattigen Standort finden Sie im Vollschatten von Gebäuden oder unter dichten Gehölzen. Beachten Sie bei der Bestimmung der Lichtverhältnisse, dass sich diese im Laufe der Vegetationsperiode ändern. Gehen Sie von den Sonnenstunden während der Vegetationsphase, also bei belaubten Bäumen und Büschen, aus.

Im Schatten können natürliche Staudenbeete mit Frauenmantel und Gilbweiderich erstrahlen.

WASSERVERFÜGBARKEIT

Beim Kauf von Stauden in Gärtnereien und Gartenfachmärkten finden Sie immer eine Angabe, für welchen Feuchtigkeitsbereich sie geeignet sind. Ein trockener Boden liegt vor, wenn die Erde keinerlei Feuchtigkeit speichern kann. Das ist oft bei Sandböden der Fall. Ein frischer Boden fühlt sich feucht an, gibt aber beim Zusammendrücken in der Hand kein Wasser ab, ein sogenannter feuchter Boden jedoch schon. Nasse Böden finden sich meist in der Nähe von Gewässern. Schon wenn man etwas Erde in die Hand nimmt, tritt Wasser aus. Solche Böden können aber auch sehr tonig oder verdichtet sein. Falls Sie nicht wissen, wie Ihr Gartenboden beschaffen ist, nehmen Sie für die Bestimmung etwas Erde in die Hand und fühlen Sie, ob sich der Boden feucht anfühlt. Das müssen Sie zu verschiedenen Zeiten und an verschiedenen Orten tun, um ein Gefühl für die unterschiedlichen Feuchtigkeitsgehalte zu bekommen. Sie können sich auch nach sogenannten Zeigerpflanzen richten. Das sind Pflanzen, die unter bestimmten Bedingungen, z. B. Nässe, Trockenheit, Nährstoffmangel oder Nährstoffüberschuss, besonders gut wachsen und dort dann gehäuft auftreten (siehe unten stehende Tabelle).

Zeigerpflanzen

STANDORT	ZEIGERPFLANZEN
trocken	Kleines Habichtskraut, Gewöhnlicher Reiherschnabel
frisch	Breit-Wegerich, Gewöhnlicher Löwenzahn
feucht	Kriechender Hahnenfuß, Echtes Mädesüß
nass	Binsen-Arten, Seggen-Arten

Staudenbeete am nährstoffarmen Standort entwickeln oft besonders viele Blüten wie hier die Rosenmalve.

PH-WERT DES BODENS

Der pH-Wert beschreibt im Falle des Gartenbodens den Säure- oder Kalkgehalt des vorhandenen Substrats. Die meisten Pflanzen in unseren Gärten mögen einen neutralen bis leicht basischen Boden mit einem pH-Wert von 6–8. Falls Sie einen Gartenboden besitzen, der mehr als leicht sauer ist, also einen pH-Wert niedriger als 6 hat, sollten Sie spezielle Pflanzen für diesen Standort auswählen. Es gibt Spezialisten wie das Heidekraut (*Calluna*), die nur an sauren Standorten gedeihen, und es gibt tolerante Pflanzen, wie die Heidenelke, die auch mit einem niedrigen pH-Wert zurechtkommen. Verwenden Sie einfache Teststreifen aus dem Gartenmarkt, wenn Sie den pH-Wert Ihres Bodens bestimmen möchten.

NÄHRSTOFFGEHALT

Besitzen Sie einen mageren oder einen reichhaltigen, fetten Gartenboden? Für beide Standorte lassen sich die passenden Pflanzen finden. Viele der heimischen Arten kommen sehr gut auf mageren Böden zurecht. Ein Vorteil der nährstoffarmen Standorte liegt darin, dass die Konkurrenz niedrig ist und sich nicht so viele der „Allerweltsarten" wie Löwenzahn oder Vogelmiere in Ihrem Staudenbeet ansiedeln. Außerdem bilden die Wildstauden auf den mageren Standorten oft mehr Blüten, am fetteren Standort wird es grüner: Die Pflanzen entwickeln mehr Blattgrün. Sie können den Nährstoffgehalt mit einem Bodenanalyse-Set bestimmen. Meistens reicht es auch, von der Bodenbeschaffenheit auf den Nährstoffgehalt zu schließen: Ein sandiger Boden ist oft nährstoffarm, ein lehmiger Boden meistens nährstoffreich.

Welchen Boden habe ich?

Wenn Sie nicht sicher sind, welche Beschaffenheit Ihr Gartenboden hat, gibt es ein einfaches Mittel, das herauszufinden. Für den „Krümeltest" versuchen Sie etwas Erde zu einer bleistiftdicken Rolle zwischen den Händen auszuwellen. Gelingt Ihnen das, haben Sie einen Tonboden oder auch lehmigen Boden, der eher nährstoffreich ist. Gelingt Ihnen das Ausrollen nicht, handelt es sich um einen mageren, sandigen Boden.

EIN STAUDENBEET ANLEGEN

Wer wünscht sich nicht ein Blumenbeet, das von Frühling bis zum Herbst durchgehend blüht? Damit das auch gelingt, hilft eine sorgfältige Planung bei der Anlage des Staudenbeets. Sie wissen nun schon, welche Standortbedingungen Sie in Ihrem Garten haben. Jetzt geht es darum, die passenden Pflanzen auszusuchen. Für die Gestaltung spielen außer den Standortansprüchen einer Pflanze auch die Größe, der Blühzeitraum und die Farbe der Blüte eine Rolle.

Platzanspruch

Wenn Sie wissen möchten, wie viel und welchen Platz eine Pflanze benötigt, ist es wichtig, nicht nur die Höhe zu beachten. Pflanzen wachsen auch unterschiedlich in die Breite: Es gibt zum einen horstbildende Stauden, die ziemlich kompakt wachsen. Dazu gehören beispielsweise Rittersporn und Königskerzen. Zum anderen gibt es ausläufertreibende Stauden. Diese bilden ober- oder unterirdische Ausläufer und bedecken mit der Zeit immer größere Flächen. Dabei besteht die Gefahr dass sie andere Pflanzen überwuchern, andererseits sind es natürlich auch sehr gute Bodendecker. Eine klassische ausläufertreibende Staude ist das Immergrün (*Vinca minor, V. major*), von den heimischen Wildstauden gehört z. B. der Kriechende Günsel (*Ajuga reptans*) dazu.

Verteilen Sie die Stauden zunächst auf dem Beet. Beachten Sie dabei Platzanspruch und Höhe der Pflanzen.

Höhenstaffelung

Auch die Höhe einer Staude spielt für den passenden Platz im Blumenbeet eine Rolle. Stauden sollten nach ihrer Wuchshöhe nämlich räumlich gestaffelt werden, erst dann gelingt die Komposition. Es hilft bei der Planung, die zukünftige Pflanzung auf einem Papier zu skizzieren: Verteilen Sie die sogenannten Leitstauden in Zweier- oder Dreiergruppen im Beet. Bei kleinen Beeten ist eine Zweiergruppe oder sogar eine einzelne Leitstaude ausreichend. Typische Leitstauden sind hoch wachsende aufrechte Pflanzen wie Königskerzen, Rosen-Malve oder die Wilde Karde. Um die Leitstauden herum gruppieren Sie nun die Begleitstauden. Bei einem Inselbeet drapieren Sie die niedrigeren Begleitstauden rundherum, bei einem Beet vor einer Wand wird die Höhe von hinten nach vorne heruntergestuft. Als Faustregel gilt: 4–9 Pflanzen pro Quadratmeter. Typische Begleitstauden unter den wilden Schönheiten sind Wiesensalbei, Schafgarbe, Sterndolde und Katzenminze. An den Beetrand und in Lücken kommen Füllstauden und Bodendecker. Hier können Sie je nach gewünschter Höhe Storchschnabelarten oder Bodendecker wie Günsel und Frauenmantel verwenden.

Farben und Blüten

Mit der Auswahl der Blütenfarbe können Sie Ihrem Staudenbeet einen besonderen Charakter verleihen. Ein buntes Blumenbeet in allen Farben hat seinen Reiz, jedoch kann das bewusste Weglassen einer Farbe das Bild angenehm beruhigen. Das bietet sich besonders auch für kleinere Staudenbeete an, Sie haben hier die freie Auswahl, ein Wildblumenbeet in Rottönen, leuchtendem Blau,

Pastellfarben oder in strahlendem Gelb zu gestalten. Bei Kompositionen in Rot sollten Sie darauf achten, auch orange- oder pinkfarbene Pflanzen mit einzubeziehen. Sonst kann ein rotes Beet zu düster wirken. Gelbe Rabatten wirken fröhlich, weiße oder pastellfarbene Blüten wirken kühl und sind auch in dunkleren Bereichen im Garten sehr wertvoll. Blautöne sehen besonders schön vor grünem Laub aus, jedoch gibt es keine allzu große Auswahl an blau blühenden Pflanzen.

Bestücken Sie Ihr Beet mit Pflanzen mit unterschiedlichen Blühzeiten. Das wirkt das ganze Jahr über attraktiv und bietet den heimischen Insekten ein reichhaltiges Nahrungsangebot. (Beachten Sie hierzu auch die Extraseite Blühkalender auf *Seite 84*.)

Gepflanzt werden die Stauden genau so tief wie sie im Topf standen. Nach dem Pflanzen das Wässern nicht vergessen!

AB IN DIE ERDE – PFLANZUNG

Entfernen Sie in Ihrem zukünftigen Staudenbeet vorhandenes Unkraut und lockern Sie den Boden gut auf. Am besten kommen die jungen Stauden an einem bewölkten Tag morgens oder abends ins Beet, dann sind sie keinem großen Hitzestress ausgesetzt. Das ist wichtig, denn gestresste Pflanzen wachsen zum einen schlechter an, zum anderen sind sie anfälliger für Krankheiten und Schädlingsbefall. Verteilen Sie die Töpfe auf dem Beet und überprüfen Sie die Wirkung. Gefällt Ihnen das Bild? Das Pflanzloch sollte etwas größer als der Wurzelballen sein, die Staude genauso tief in die Erde gesetzt werden, wie sie im Topf stand. Nach dem Pflanzen wird die Erde um den Wurzelballen aufgefüllt, angedrückt und die Staude gut angegossen. Dieses sogenannte Einschlämmen ist für das Anwachsen der Jungpflanzen von großer Bedeutung, weil die Wurzeln gleich Bodenkontakt haben.

Kontraste oder Harmonie?

Wenn Sie auf unterschiedliche Farben setzen, können Sie sich zwischen Kontrastfarben oder harmonisierenden Farben entscheiden. Blumenbeete in kontrastreichen Farben wirken besonders auch aus der Ferne sehr interessant, Beete in harmonischen Farben wirken eher verschwommen. Bei näherer Betrachtung entwickeln aber auch solche farblich aufeinander abgestimmten Anlagen einen großen Reiz.

EMPFEHLENSWERTE STAUDEN FÜR SONNIGE STANDORTE

Seien Sie mutig und legen Sie einfach los! Für einen besonders einfachen Einstieg stelle ich Ihnen in der Tabelle auf der gegenüberliegenden Seite passende Pflanzen vor, die anspruchslos, blütenreich und robust sind und an beinahe jedem sonnigen Standort gut gedeihen. Es handelt sich um hervorragende Pflanzen, die ohne großen Aufwand ein kleines Stückchen Natur in Ihren Garten bringen. Sie können die Stauden in bestehende Rabatten pflanzen oder ein Extrabeet für Wildblumen anlegen. Da die filigranen Blüten der heimischen Wildpflanzen in der großblumigen Pracht der konventionellen Pflanzen leicht untergehen können, empfehle ich Ihnen, ein kleines Staudenbeet extra für Wildblumen anzulegen.

Natürlich können Sie auch in einem schattigen Teil des Gartens ein wildes Staudenbeet anlegen. Allerdings werden dann deutlich weniger nektarsuchende Insekten vorbeikommen, denn die meisten Insekten fliegen gerne in der Sonne. Trotzdem sind diese schattigen wilden Ecken genauso wertvoll für ein intaktes Ökosystem. Hier wachsen nämlich ganz bestimmte Arten, die sich teilweise an sonnigen Plätzen gar nicht wohlfühlen. (Eine Tabelle mit den besten Wildblumen für ein Schattenbeet finden Sie auf *Seite 81*.)

PFLANZPLAN FÜR EIN SONNENBEET

Gerne dürfen Sie den nebenstehenden Pflanzplan in Ihrem eigenen Garten umsetzen. Der Plan ist für ein kleines Beet von 2 m Breite und 1 m Tiefe gedacht. Für solch eine kleine Wildblumenecke ist in beinahe jedem Garten Platz. Zögern Sie nicht, den Plan nach Ihren Bedürfnissen anzupassen: Falls Ihnen eine Pflanze oder eine Farbe nicht gefällt, können Sie die Art einfach ersetzen. Achten Sie dann darauf, dass Sie Leitstauden durch Leitstauden und Begleitstauden durch ebensolche ersetzen, um die harmonische Struktur des Beetes zu erhalten. Achten Sie außerdem darauf, eine Pflanze mit ähnlicher Blütezeit zu wählen. In dem Plan ist die Blütezeit so abgestimmt, dass von Frühjahr bis Herbst etwas Buntes im Beet leuchtet.

SCHMETTERLINGSPFLANZEN

Wer liebt sie nicht, die flatternden und schillernden Blütenbesucher? Besonders an sonnigen Plätzen ist es einfach, eine Pflanzenauswahl zu treffen, die Schmetterlinge in den Garten lockt, denn die bunten Falter sammeln ihren Nektar bevorzugt in der Sonne. Verwenden Sie vor allem Arten mit langen Blütenkelchen, wie Karthäusernelke, Natternkopf oder Wiesensalbei. Und auch der Hornklee und die Acker-Witwenblume sind wichtige Schmetterlingspflanzen. Wegen ihrer langen Blütezeit ist die Acker-Witwenblume ein verlässlicher Nektarlieferant für Tagpfauenaugen, Schwalbenschwänze, Weißlingsarten und Ochsenaugen.

Blütenreiche Stauden für sonnige, trockene bis frische Standorte

	NAMEN	WUCHS	BLÜTE	ÖKOLOGISCHER WERT	BESONDERHEITEN
	**Ochsenauge** *Buphthalmum salicifolium*	50 cm Aufrecht (∞)	VI–IX Gelb	Spätsommerliche Futterpflanze für Wildbienen und Schmetterlinge	Wächst auch im Halbschatten
	**Acker-Witwenblume** *Knautia arvensis*	70 cm Locker aufrecht (∞)	VI–VIII Violett	Nektar für Tagfalter	Halbkugelige Blütenköpfe mit bis zu 50 Einzelblüten
	**Schwarze Königskerze** *Verbascum nigrum*	75–120 cm Aufrecht, Blattrosette (∞)	VI–IX Gelb	Pollenpflanze für viele unterschiedliche Insekten	Für die Struktur im Blumenbeet
	**Wiesen-Salbei** *Salvia pratensis*	40–60 cm Aufrecht, Blattrosette (∞)	V–IX Blauviolett	Frühe nektarreiche Blüten vor allem für Hummeln	Anspruchslose Blume für Beet und Wiese
	**Skabiosen-Flockenblume** *Centaurea scabiosa*	40–90 cm Sparrig, Aufrecht (∞)	VI–VIII Purpur	Lockt unterschiedliche Insekten wie Käfer, Bienen, Falter an	Sehr dekorativ mit großen Blüten
	**Moschus-Malve** *Malva moschata*	50–75 cm Aufrecht (∞)	V–IX Rosa	Pollen für Hummeln und Bienen	Besonders große Blüten, duftend

(∞) mehrjährig (·) einjährig (··) zweijährig

EMPFEHLENSWERTE STAUDEN FÜR SCHATTIGE STANDORTE

Es ist zwar einfacher, einen Garten mit viel Sonnenlicht in ein blühendes Paradies zu verwandeln, dennoch lohnt es sich, auch die schattigen Bereiche in wilde Ecken zu verwandeln. Denn auch hier gibt es ausreichend heimische Arten, die sich wohlfühlen. Schatten im Garten kann durch unterschiedliche Gebilde entstehen. Wird er von einem Baum mit lockerer Krone geworfen wird, sprechen wir von lichtem Schatten. Hier dringt immer noch etwas Sonnenlicht auf den Boden. Oftmals scheint sogar die Sonne in den Morgen- oder Abendstunden und im Frühjahr fällt viel Sonnenlicht durch die unbelaubten Zweige. Schatten an der Nordseite von Gebäuden gilt als Vollschatten, obwohl meistens doch noch etwas Sonnenlicht ankommt, nämlich dann, wenn die Sonne an ihrem höchsten Punkt angekommen ist.

Schwierig wird die Situation im Vollschatten von Nadelbäumen, die das ganze Jahr kein Licht hindurchlassen, zudem Flachwurzler sind und den Boden oberflächlich stark austrocknen und mit ihren Nadeln den Boden ansäuern. Eine Bepflanzung mit Wildstauden wird hier beinahe unmöglich.

PFLANZUNG IM SCHATTEN

Je schattiger ein Standort ist, desto schwieriger wird es, passende Pflanzen zu finden. Trotzdem gibt es auch unter Wildpflanzen spezielle Vertreter, lediglich ist die Auswahl etwas kleiner als bei den Sonnenanbetern. Solange Sie einen ausreichend feuchten Standort im Schatten haben, ist eine Bepflanzung gar kein Problem. Falls Sie in Ihrem Garten trockene schattige Bereiche haben, ist eine schöne und ansprechende Staudenkomposition tatsächlich schwierig und ich würde Ihnen empfehlen, sich doch nach einem anderen Plätzchen im Garten für die Wildblumen umzusehen.

STRATEGIEN IM SCHATTEN

Pflanzen, die sich an schattige Bereiche angepasst haben, blühen häufig sehr früh im Jahr, wenn die Bäume noch kein Laub haben. Beispiele dafür sind Bärlauch, Waldmeister oder Winterlinge. Bei diesen Arten ist das Problem, dass sie sehr bald ihren Zyklus beendet haben und sich wieder unter die Erde zurückziehen. Dabei vertrocknen ihre Blätter und sehen oft unansehnlich aus. Deshalb ist es nötig, diese Pflanzen mit anderen zu kombinieren, die auch später im Jahr noch dekorativ sind, wie Farne, Klebriger Salbei oder Wolliger Hahnenfuß.

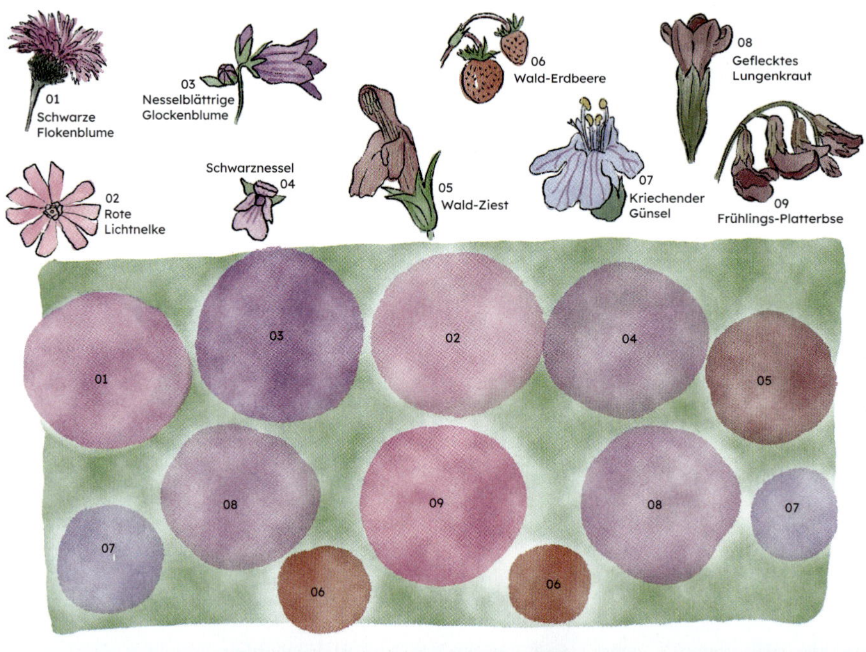

Stauden für schattige, frische Standorte

	NAMEN	WUCHS	BLÜTE	ÖKOLOGISCHER WERT	BESONDERHEITEN
	**Nesselblättrige Glockenblume** *Campanula trachelium*	50–80 cm Aufrecht (∞)	VII–IX Violett	Pollenspender für spezialisierte Wildbienenarten	Heimische Glockenblume für den Schatten
	**Frühlings-Platterbse** *Lathyrus vernus*	20–40 cm Dichte Horste (∞)	III–V Violett	Sehr frühe Nektarquelle für schwere Wildbienen und Hummeln	Blüht in Rotviolett auf und ändert die Farbe im Verblühen
	**Rote Lichtnelke** *Silene dioica*	50–80 cm Aufrecht (∞)	V–IX Fuchsia	Gute Schmetterlingspflanze, auch für Wildbienen	Die Blüten leuchten im Schatten
	**Wald-Ziest** *Stachys sylvatica*	50–80 cm Aufrecht (∞)	VI–IX Violett	Nektar für Hummeln und Schmetterlinge	Ausläuferbildend, zum Verwildern geeignet
	**Schwarze Flockenblume** *Centaurea nigra*	60–80 cm Aufrecht (∞)	VII–IX Violett	Gute Schmetterlingspflanze, auch für Hummeln und Wildbienen	Kommt auch mit trockenem Halbschatten zurecht
	**Kriechender Günsel** *Ajuga reptans*	15 cm Polsterbildend Kriechend (∞)	V–VI Blau	Frühe Nahrungsquelle für Wildbienen und Hummeln	Guter Bodendecker, bildet schnell dichte Polster

(∞) mehrjährig ⊙ einjährig ⊙ zweijährig

DIE RICHTIGE PFLEGE DER STAUDEN

Da Sie mit den wilden Ecken auch Insekten und andere Tiere unterstützen möchten, unterscheidet sich die Pflege der wilden Staudenbeete etwas von der konventioneller Staudenbeete. Bei den wilden Ecken ist „weniger oft mehr".

WÄSSERN, DÜNGEN, Unkraut jäten – im Wildstaudenbeet ist vieles überflüssig, wenn die Pflanzen an den Standort angepasst sind. Das schützt

Lassen Sie die trockenen Stängel der Stauden über den Winter stehen. Das sieht hübsch aus und bietet Vögeln Nahrung.

sie allerdings nicht vor Schneckenfraß. In feuchteren Gärten können Schnecken uns Gärtnern das Leben ganz schön schwer machen. In solchen Fällen empfehle ich gerne insektenfreundliche Stauden zu pflanzen, die häufig von Schnecken verschmäht werden. Setzen Sie auf Wiesenstorchschnabel, Sterndolde, Akelei, Hohe Fetthenne, Wolfsmilcharten und andere giftige Arten wie Maiglöckchen oder Fingerhut. Eine schonendere Art, Schnecken loszuwerden, gibt es nicht!

BEWÄSSERN

Wenn Sie sich an meinen Tipp gehalten und passende Pflanzen für den Standort in Ihrem Garten ausgewählt haben, ist eine regelmäßige Bewässerung nicht nötig. Nach der Neuanlage des Staudenbeets sollten Sie jedoch die frisch gepflanzten Wildblumen bewässern, falls es nicht regnet. Die Pflanzen müssen sich nämlich erst in der Erde verwurzeln, bevor sie dann auch längere Trockenheit überstehen können. Wenn die Wildblumen in sehr trockenen und heißen Sommern schlappmachen, kann ein Wässern sie in der Stresssituation unterstützen. Sie müssen aber nicht gießen, wenn trockene oder hängende Pflanzenteile ihr ästhetisches Empfinden nicht stören. Denn selbst wenn die Wildblumen schwächeln, werden die Stauden nach dem nächsten Regenguss wieder zu neuem Leben erwachen und frisch austreiben. Falls Sie bewässern wollen, sollten Sie in den Morgen- oder Abendstunden gießen, denn dann ist die Verdunstung deutlich geringer als in der Mittagshitze und das kostbare Wasser kommt dort an, wo es gebraucht wird. (Weitere Tipps für umweltschonendes Gießen finden Sie im Praxisteil auf *Seite 44*.)

RICHTIG DÜNGEN

Eine Düngung ist im Wildblumenbeet glücklicherweise nur selten nötig. Auch hier zeigt sich, dass das Gärtnern mit Wildblumen uns sowohl Arbeit als auch Kosten sparen kann. Denn die wilden Schönheiten beglücken uns am mageren Standort mit einer üppigen Blütenfülle. Auf nährstoffreichem Boden fühlen sich andere Arten wohl als auf magerem. Benötigen die Pflanzen Nährstoffe, werden Sie das z. B. an einem kümmerlichen Wuchs schnell merken und können die Pflanzen in der Vegetationsperiode mit organischem Dünger oder etwas Kompost versorgen.

DER RÜCKSCHNITT

Bitte schneiden Sie die Wildblumen nicht im Herbst zurück, sondern lassen Sie die trockenen Stängel über den Winter stehen. Singvögel werden es Ihnen danken, denn in den trockenen Samenständen der Wildblumen finden sie im kalten Winter nahrhafte Leckereien. Sie können sich sicher sein: Wenn Sie eine Karde, eine Flockenblume oder eine Witwenblume ausreifen lassen, werden Distelfinken und Meisen vorbeigeflattert kommen und die Samen aus den Blütenständen picken. Außerdem sind die trockenen Pflanzenteile für unsere heimische Insektenwelt ausgesprochen wichtig. Die hohlen Stängel sind einerseits Überwinterungsplätze, andererseits legen Wildbienen ihre Eier dort ab. Eier oder Larven überwintern und schlüpfen dann im nächsten Frühjahr. Lassen Sie erst ein paar sonnige Tage vergehen, bevor Sie ans Schneiden gehen, dann haben die jungen Bienen die Stängel verlassen.

IMMER MIT DER RUHE

Auch beim Jäten bitte ich Sie, anders als im konventionellen Staudenbeet vorzugehen. In einem Wildblumenbeet gehört es dazu, der Natur ein Stück weit ihren Lauf zu lassen, zu beobachten und zu genießen, dass die richtigen Pflanzen an den richtigen Stellen auftauchen. Deshalb ist es wichtig, Keimlinge wachsen zu lassen, außer Sie können sie definitiv als eine unerwünschte Pflanze identifizieren. So können mit der Zeit schöne dicht bewachsene Wildstaudenbeete entstehen.

Warten Sie beim Jäten erst einmal ab. Junge Bäume wie diesen Ahorn können Sie jedoch sofort entfernen.

Blühkalender – Nektar und Pollen im Jahr

In unseren Gärten, auf Balkon und Terrasse können wir Wildbienen, Schmetterlingen und Co. Nahrungsquellen zur Verfügung stellen. Dabei ist es wichtig, für Pollen und Nektar während der ganzen Saison zu sorgen.

Heimische Wildblumen sind wichtig, um Insekten Nahrung zu bieten und somit ihr Überleben zu sichern. Gerade deshalb sollten möglichst viele insektenfreundliche Pflanzen im Garten vorhanden sein, die in unterschiedlichen Zeiträumen blühen. Haben Sie beispielsweise hauptsächlich Frühblüher in den Blumenbeeten, finden die Insekten im Sommer und im Herbst keine Nahrung mehr. Achten Sie bei der Auswahl von Wildblumen-Saatgut unbedingt auf eine hohe Artenvielfalt, wenn Sie eine Blumenwiese anlegen möchten, die den Wildbienen und Schmetterlingen die ganze Saison hindurch Pollen und Nektar bietet. Besonders der rechtzeitige Schnitt einer Blumenwiese sorgt für eine blütenreiche und bunte Gartenzeit bis weit in den Herbst hinein.

Krokus und Rote Taubnessel blühen im Frühjahr, den Abschluss machen Herbstblüher wie die Gewöhnliche Goldrute.

Blüten für jede Jahreszeit

BLÜHPFLANZE	BLÜTEZEIT	EIGENSCHAFTEN
Elfenkrokus *Crocus tommasinianus*	Frühes Frühjahr Höhe: 10 cm Farbe: lila	Verwildert bereitwillig, bildet blühende Teppiche
Wiesen-Salbei *Salvia pratensis*	Spätes Frühjahr Höhe: 30–60 cm Farbe: lila	Zuverlässige Nachblüte bei Rückschnitt
Gewöhnlicher Hornklee *Lotus corniculatus*	Frühsommer Höhe: 10–30 cm Farbe: gelb	Gute Futterpflanze für Schmetterlingsraupen
Gewöhnlicher Natternkopf *Echium vulgare*	Hochsommer Höhe: 40–80 cm Farbe: blau	Zweijährig, hoher Nektarwert, schöne Blüten
Gewöhnlicher Dost *Origanum vulgare*	Spätsommer Höhe: 20–60 cm Farbe: rosa	Hohe Attraktivität für Schmetterlinge
Gewöhnliche Goldrute *Solidago virgaurea*	Herbst Höhe: 80 cm Farbe: gelb	Blüht bis in den Oktober

Aber auch in Staudenbeeten kann es vom Frühling bis zum Herbst ein reichhaltiges Angebot für die Insekten geben. Das ist gar nicht schwer, wenn Sie für jede Jahreszeit passende Pflanzen aussuchen und diese miteinander kombinieren. Eine Beispielpflanze für jede Jahreszeit finden Sie in der oben stehenden Tabelle. Damit helfen Sie nicht nur den Insekten, die Blütenpracht erfreut auch uns Gärtnerinnen und Gärtner.

ES WIRD DURCHGEBLÜHT!

Eine besondere Rolle nehmen die Frühblüher unter den Pflanzen ein. Zumeist handelt es sich um Zwiebelpflanzen, die sich darauf spezialisiert haben, vor dem Laubaustrieb der Bäume ihre Blüten zu bilden. Das schaffen sie, indem sie ihre Energie in den unterirdischen Organen, den Zwiebeln oder Knollen, speichern. So können sie loslegen, sobald die Tage etwas wärmer werden. Die allerersten Frühlingsboten im Jahr sind Winterlinge, Krokusse und Schneeglöckchen. Mit ihnen im Garten können wir den Frühaufstehern unter den Insekten eine Freude bereiten und uns bei den ersten Blüten über den nahenden Frühling freuen. Vergessen Sie nicht, einen Obstbaum in Ihren Garten zu pflanzen! Die Blüte der Bäume ist ein wahres Fest für alle Insekten im späteren Frühjahr.

Genauso wichtig ist es, darauf zu achten, dass auch noch im Herbst bunt blühende Beete bereitstehen. An sonnigen Herbsttagen stärken sich die zweite Generation der überwinternden Schmetterlinge wie Tagpfauenaugen und einige Wildbienenarten, Schwebfliegen und Wespen. Gerade Spätsommer und Herbst sind für die Nektarliebhaber schwierige Zeiten. Die Wiesen sind bereits gemäht und in den Gärten wird oft schon aufgeräumt. Besser ist es, auf bunt blühende Beete bis zum Frost zu setzen. Dabei helfen Herbstzeitlose, Fetthenne, ungefüllte Herbstastern und die heimische Gewöhnliche Goldrute (*Solidago virgaurea*). Eine besondere Wildbienenart tritt sogar erst im Herbst auf und ist dann auf Efeublüten angewiesen: Die Efeu-Seidenbiene sammelt nach Möglichkeit ausschließlich Pollen des Efeus, der ab Ende August bis Oktober blüht.

DUFTENDE UND NÜTZLICHE KRÄUTERBEETE

Geeignet für: jeden Standort, auch für sehr kleine Flächen oder Pflanzgefäße

Besonders nützlich für: nektar- und pollensammelnde Insekten, eigene Ernte

Beobachtungs-Highlight: Blühkompositionen, blütenbesuchende Insekten

Aufwand bei der Anlage: gering bis hoch

Pflegeaufwand: mittel

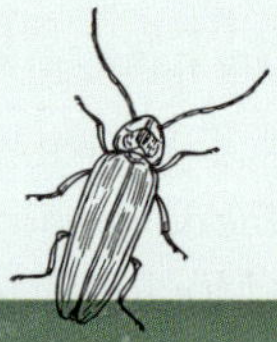

EINE WUNDERBARE Möglichkeit, eine wilde Ecke im Garten zu gestalten, ist ein Kräuterbeet mit heimischen, exotischen und mediterranen Kräutern. Die zumeist duftenden Pflanzen sind fast ausnahmslos sehr gute Insektenpflanzen und halten eine Menge Nektar für die summenden und brummenden Besucher bereit. Kräuter sind aber eigentlich so etwas wie Alleskönner und haben noch viel mehr zu bieten: Wir können die Blätter ernten und als Gewürze, für Tee und sogar als sanfte Heilmittel verwenden. Also nichts wie los, planen Sie eine kleine wilde Ecke für ein Kräuterbeet ein, denn die aromatischen Pflanzen benötigen nicht viel Pflege und bieten sich an, wenn Sie die heimische Insektenwelt unterstützen möchten.

DER PASSENDE STANDORT

Viele der bekannten Küchenkräuter stammen aus dem mediterranen Raum. Sie lieben sonnige und magere Standorte. Das hat für uns den Vorteil, dass sie auch in Ecken wachsen, in denen der Nährstoffgehalt für andere Pflanzen zu gering ist. Außerdem sind Kräuter auch mit einem Topf oder Balkonkasten zufrieden, sie benötigen wirklich nicht viel und beglücken uns dennoch mit aromatischem Kraut und hübschen Blüten. Neben den anspruchslosen gibt es auch Würzkräuter, wie die Petersilie, die lieber etwas mehr Nährstoffe mögen. Entweder Sie pflanzen die nährstoffliebenden Arten an einen passenden Platz oder Sie schaffen in Ihrem Kräuterbeet unterschiedliche Bereiche. Das ist bei einer Kräuterspirale sehr gut möglich. (Die Anleitung zum Bau einer Kräuterspirale finden Sie auf *Seite 92*.) Es gibt auch für schattige Bereiche eine kleine Auswahl an nützlichen Kräutern. Dazu gehören u. a. Bärlauch und Wiesenkerbel.

MEIN KRÄUTERGARTEN

Durch die Vielzahl an aromatischen Pflanzen, die in unseren Breitengraden im Garten wachsen können, gibt es zahlreiche Möglichkeiten, den eigenen Kräutergarten zu gestalten. Sie können ein klassisches Kräuterbeet ebenerdig anlegen oder Sie versetzen das Kräuterbeet eine Etage nach oben und nutzen ein Hochbeet als Kräutergarten. Ebenso können Sie einen Topfgarten mit Kräutern gestalten; dabei kann ein einzelner Topf bepflanzt mit drei unterschiedlichen Kräutern schon der Anfang sein. Oder Sie verwenden mehrere Töpfe in verschiedenen Größen für ein mediterranes Flair. Die Töpfe haben außerdem den Vorteil, dass Sie frostempfindliche Kräuter im Winter in einen geschützten Raum bringen können. Oder wie wäre es, wenn Sie die Töpfe einmal vertikal anordnen und so praktisch die dritte Dimension nutzen? Das bietet sich bei wirklich kleinen Gärten an. Dazu werden die Kräutertöpfe an einer Leiter übereinandergehängt. Auf diese Weise bringen Sie viele Kräuter auf kleinster Fläche unter. Die Königsdisziplin des Kräuterbeets ist aber sicherlich die Kräuterspirale: Durch die hügelige Form entstehen im obersten Bereich sehr trockene und sonnige Standorte, in der Mitte leicht absonnige Plätze und feuchtere und schattigere Bereiche in den tieferen Lagen, wo Schnittlauch und Pfefferminze gedeihen.

Die meisten Kräuter sind Insektenmagneten. Auch der Ysop wird gerne von Hummeln & Co besucht.

Zu guter Letzt können Sie die fein duftenden Kräuter natürlich auch einfach als Lückenfüller im Gemüsebeet oder im Staudenbeet verwenden. Mit ihrer anspruchslosen Art sind die Kräuter dafür bestens geeignet.

Einjährige und Zweijährige

Einjährige Kräuter wachsen eine Vegetationsperiode hindurch, blühen dann und bilden Samen, um danach einzugehen. Sie vollenden also ihren gesamten Lebenszyklus innerhalb eines Jahres. Typische Vertreter sind beispielsweise Dill, Gartenkresse, Kapuzinerkresse, Koriander, Schwarzkümmel. Einige dieser Kräuter sind in ihrer ursprünglichen Heimat langlebiger, werden jedoch in unseren Breitengraden als einjährige Gewürze gezogen, da sie den Winter draußen nicht überstehen.

Die Zweijährigen bilden im ersten Jahr typischerweise eine Blattrosette aus, um dann im zweiten Jahr zu blühen und Samen auszubilden. Danach haben sie ihren Lebenszyklus vollendet und sterben ab. Zu dieser Gruppe gehören Kräuter wie Kümmel, wenn wir den Samen ernten wollen, oder Muskateller-Salbei, der uns im zweiten Jahr mit seinen süß duftenden Blüten betört und dabei unglaublich viele Insekten anlockt.

Ernten Sie so viel wie möglich, das regt ein buschiges Wachstum an. Sie können die Kräuter auch trocknen.

Die Mehrjährigen

Die meisten Küchenkräuter sind mehrjährig. Sie gehören zu den Stauden, das bedeutet, sie wachsen über mehrere Jahre zu immer stattlicheren Pflanzen heran. Einige Arten wie Rosmarin – der allerdings aus botanischer Sicht zu den Halbsträuchern gehört – können sogar bis zu 20 Jahre alt werden! Im Winter ziehen sich viele mehrjährige Kräuter zurück, einige überwintern jedoch auch immergrün und bieten uns dann Blätter zum Würzen das ganze Jahr hindurch.

KRÄUTER AUSWÄHLEN

Abgesehen von den passenden Standortansprüchen sollten Sie bei der Pflanzenauswahl für Ihren ganz persönlichen wilden Kräutergarten darauf achten, dass Sie Kräuter einsetzen, die Sie auch wirklich mögen. Je besser Sie ein Kraut „riechen können", desto mehr Freude werden Sie daran haben. Ein anderer Aspekt bei der Verwendung von Kräutern ist, dass Sie eine Pflanze besonders wegen ihres Nutzens für die Insektenwelt einziehen lassen. Trotzdem sollten Sie auch den Duft der Pflanze mögen. Es ist mitunter sogar unangenehm, wenn man an einem Kraut vorübergeht, eventuell

Ätherische Öle

Viele Küchenkräuter duften und schmecken so lecker, weil sie einen hohen Gehalt an ätherischen Ölen haben. Diese Öle bestehen aus einer Vielzahl chemischer Verbindungen, die in ihrer Gesamtheit die Heil- und Würzkraft der Kräuter ausmachen. Seit über 5.000 Jahren verwenden Menschen ätherische Öle als Duft und Heilstoffe.

mit der Hand darüberstreift und ein schlechter Geruch in die Nase steigt. Und Sie möchten ja gerne durch ein grünes Paradies wandeln und mit allen Sinnen genießen!

Wenn Sie sich nun entschieden haben, welche Pflanzen in Ihrem Kräutergarten wachsen sollen, haben Sie unterschiedliche Möglichkeiten, an diese Pflanzen zu kommen. Sie können die Kräuter aus Samen ziehen, fertige Pflanzen kaufen oder die Kräuter über Stecklinge oder Teilung vermehren. Nicht alle Varianten sind für alle Kräuter geeignet.

Stecklinge

Die meisten mediterranen Kräuter wie Rosmarin, Lavendel, Thymian, Salbei oder Bohnenkraut lassen sich sehr gut über Stecklinge vermehren. Sollten Sie also einen freundlichen Gartennachbarn haben, der schon ein Kräuterbeet besitzt, können Sie sich dort Ihre zukünftigen Bewohner im Kräuterbeet besorgen. Wenn Sie Kräuter durch Stecklinge vermehren möchten, ist der Spätsommer genau die richtige Zeit dafür. Dafür schneiden Sie sogenannte Kopfstecklinge vom oberen Teil der Pflanze, sie sollten maximal 5–10 cm lang sein. Bei großblättrigen Pflanzen wie dem Salbei sollte ein Steckling maximal 2–3 Blattpaare haben. Verwenden Sie Stecklinge möglichst frisch und stecken Sie sie in kleinen Töpfen oder Anzuchtschalen in nährstoffarme Anzuchterde. Auch alte Blumenerde ist geeignet.

Pflanzen teilen

Es gibt einige Kräuter, die sich optimal durch Teilung vermehren lassen. Diese Kräuter bilden von sich aus Ableger, die sich bewurzeln wie z. B. Salbei, oder sie bilden Ausläufer oder Horste und bewachsen so nach und nach eine immer größere Fläche. Zu den ausläufer- und horstbildenden Kräutern gehören Dost, Minze und Schnittlauch. Hier können Sie von kräftigen Pflanzen einfach Teile mit einem Spaten abstechen und als neue Pflanze verpflanzen. Das ist gleichzeitig eine Verjüngungskur für die Mutterpflanze. Bei ablegerbildenden Pflanzen wie dem Salbei wird der Ableger einfach mit einer Rosenschere von der Mutterpflanze getrennt und kann dann als neue Pflanze an einen beliebigen Ort gepflanzt werden. Manche Pflanzen, wie die Pfefferminze, breiten sich aber alleine schon so stark aus, dass sie einenWurzelsperre benötigen oder im Topf kultiviert werden.

Hübsche Schilder werten den Kräutergarten auf, und Sie können auch Besucher zur Kräuterernte schicken.

Aussaat von Kräutern

Insbesondere einjährige Kräuter können Sie direkt am vorgesehenen Platz aussäen, an dem sie auch wachsen sollen. Einjährige Arten lassen sich nämlich nicht gerne verpflanzen. Dazu gehören Dill, Petersilie, Kerbel und Kamille. Basilikum ist ein Sonderfall: Säen Sie Basilikum zu mehreren im Topf aus. Entweder bleiben die Pflanzen im Topf oder kommen später in den Garten. Die meisten Basilikumarten wachsen in unseren Breitengraden einjährig. Auch einige mehrjährige Kräuter wie Dost und Salbei lassen sich einfach aussäen. Allerdings benötigen Sie viel Geduld, denn die meisten Kräuter sind erst nach einem oder mehreren Jahren erntereif. Das Warten lohnt sich nur, wenn Sie mehrere Pflanzen benötigen. Falls nur ein Exemplar benötigt wird, kaufen Sie sich lieber eine Jungpflanze.

Ziehen Sie Kräuter im Haus vor, können Sie bereits ab März damit beginnen. Für eine direkte Aussaat im Freiland sollten Sie bis April warten. Achten Sie bei der Aussaat von Kräutern auf die detaillierte Anweisung auf den Samentütchen.

Kräuter kaufen

Achten Sie beim Kräuterkauf darauf, dass Sie gesunde und kräftige Pflanzen kaufen. In einer Staudengärtnerei in Ihrer Nähe werden Sie bestimmt fündig. Gute Kräuter erkennen Sie an gesunden Blättern ohne Flecken oder Ähnlichem und an einem gesunden Wurzelballen. Der Ballen sollte gut durchwurzelt sein und die meisten Kräuter haben weiße bis rote Wurzeln. Sind die Wurzeln gelblich oder bräunlich, könnte es sich um kranke Wurzeln handeln. Für einen Test können Sie die Wurzel zwischen den Fingern rollen. Wenn sich die äußere Schicht sehr leicht ablöst, ist die Wurzel faul.

TOPF MIT PFLANZPLAN

Fast alle Kräuter sind für den Topfgarten geeignet. Wichtig sind ein ausreichend großer Topf und der passende Platz. Achten Sie beim Kauf von Jungpflanzen auf gesunde, frische Blätter und einen gut durchwurzelten Wurzelballen. Schauen Sie sich das Kraut ruhig ganz genau an. Mediterrane Kräuter wie Salbei, Rosmarin und Thymian lieben eher trockene, sonnige und magere Standorte. Zitronenmelisse, Minze und Petersilie mögen es nährstoffreicher und etwas feuchter. Sie wachsen dafür auch im Halbschatten. Achten Sie bei Ihrem Kräutertopf unbedingt auf eine gute Drainage: Legen Sie über die Abzugslöcher im Topf Tonscherben, Steine oder Ähnliches, damit ein guter Wasserablauf gewährleistet ist. Selbst Kräuter, die gerne etwas feuchter stehen, bekommen faulige Wurzeln, wenn sie dauerhaft im Wasser stehen.

Der Pflanzplan kann für einen Balkonkasten mit 50 cm Länge oder für einen runden Topf mit 40 cm Durchmesser und mindestens 45 cm Höhe angewandt werden. Legen Sie Steine oder Tonscherben über die Abzugslöcher, dann befüllen Sie den Topf mit torffreier Bioerde oder Biokräutererde. Pflanzen Sie die Kräuter wie im Plan vorgeschlagen und Sie werden über mehrere Jahre einen hübschen und für Sie und die Insekten nützlichen Kräutertopf haben.

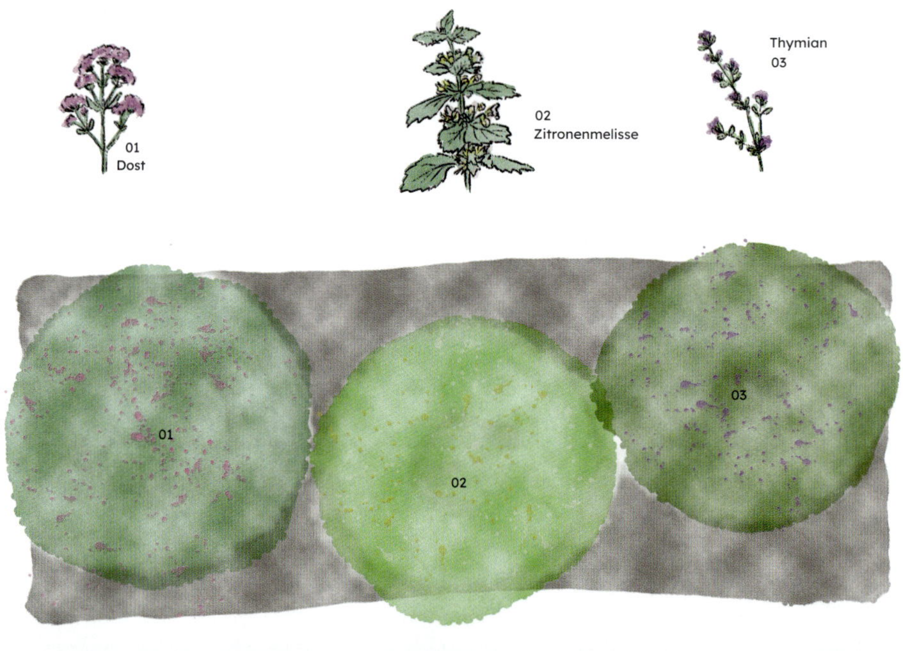

Kräuter für Töpfe an sonnigen Standorten

	NAMEN	WUCHS	BLÜTE	ÖKOLOGISCHER WERT	BESONDERHEITEN
	**Echter Thymian** *Thymus vulgaris*	10–30 cm Niederliegend (∞)	V–X Violett	Sehr lange Blütezeit, lockt Wildbienen an	Gewürz- und Teepflanze, sehr robust
	**Basilikum** *Ocimum basilicum*	20–50 cm Buschig-aufrecht ⊙	VII–IX Weiß-Violett	Beliebt bei Wildbienen, blüht bis in den Spätsommer	Einjährig, je nach Sorte auch lila Blätter
	**Zitronenmelisse** *Melissa officinalis*	40–60 cm Buschig-aufrecht (∞)	VI–VIII Weiß	Lockt Insekten an, Blüte eher spärlich	Wunderbarer Duft, Tee-, Heil- und Gewürzpflanze
	**Oregano** *Origanum vulgare*	20–40 cm Kissenartig (∞)	VII–IX Violett	Gute Nektarpflanze, bei Bienen, Schmetterlingen, Käfern beliebt	Klassisches Pizzagewürz, wächst auch mit wenig Wasser
	**Majoran** *Origanum majorana*	30–50 cm Buschig ⊙	VI–IX Rosa	Weniger blütenreich als Oregano, dennoch gute Insektenpflanze	Süßer als Oregano, etwas blumig
	**Koriander** *Coriandrum sativum*	30–60 cm Aufrecht ⊙	VI–VII Weiß	Wird gut von Bienen und Käfern besucht	Wunderschöne Blütendolden, Blätter und Samen nutzbar

(∞) mehrjährig ⊙ einjährig ⊙⊙ zweijährig

WER WÄCHST WO?

In der nebenstehenden Tabelle finden Sie weitere für den Anbau im Topf oder in der Kräuterspirale besonders gut geeignete und für Insekten wertvolle Küchenkräuter. Sie können hiermit auch Arten aus den Pflanzplänen ersetzen, die Sie nicht im Handel gefunden haben. Im Kräuter-Topfgarten empfehle ich Ihnen, die mehrjährigen und einjährigen Kräuter in separaten Töpfen zu kultivieren, da sie einen unterschiedlichen Lebenszyklus und somit auch Pflegebedarf haben. Auch bei der Kräuterspirale sollten Sie beim Austauschen Kräuter mit gleichen Standortansprüchen auswählen, falls ein Ersatz nötig ist. In dem Pflanzplan finden Sie eine Bepflanzung für ein kleines Kräuterbeet von 1,50 m x 0,75 m.

DIE KRÄUTERSPIRALE

In einer Kräuterspirale ist für jedes Kraut ein Plätzchen. Durch den besonderen Aufbau gibt es Standorte mit unterschiedlicher Himmelsausrichtung, feuchte Plätze an der Basis bis hin zu trockenen oben auf der Spitze. Ergänzen Sie für die Kräuterspirale den Pflanzplan um Arten für feuchtere Standorte wie Minze, Schnittlauch und Zitronenmelisse für die Basis.

Bauanleitung Kräuterspirale

Heben Sie die Fläche für die Kräuterspirale etwa spatentief aus und füllen Sie eine Drainageschicht aus Sand und Schotter ein. Nun wird die Spirale von unten bis zum höchsten Punkt oben, etwa 70 cm hoch, aufgeschichtet. Legen Sie die Natursteine mit einer leichten Neigung nach innen so übereinander, dass ein stabiles Gebilde entsteht. Verfüllen Sie immer wieder schrittweise den aufgebauten Abschnitt mit Substrat. Nehmen Sie dafür je nach Zone Mischungen aus Erde, Sand und Kompost. Es lassen sich vier Feuchtigkeitsbereiche unterscheiden:

- Mediterrane Zone – etwa 50 % Erde und 50 % Sand
- Trockene Zone – etwa 50 % Erde, 30 % Sand, 20 % Kompost
- Frische Zone – etwa 50 % Erde, 20 % Sand, 30 % Kompost
- Feuchte Zone – etwa 50 % Erde und 50 % Kompost

Falls Sie sehr lehmhaltigen Boden haben, können Sie die mediterrane Zone mit Kalksplitt anreichern und dadurch etwas abmagern. Nach dem Bau warten Sie am besten zwei Wochen mit dem Bepflanzen, denn das Substrat wird noch absacken. Danach kann die Kräuterspirale mit den empfohlenen Pflanzen aus nebenstehender Tabelle bestückt werden.

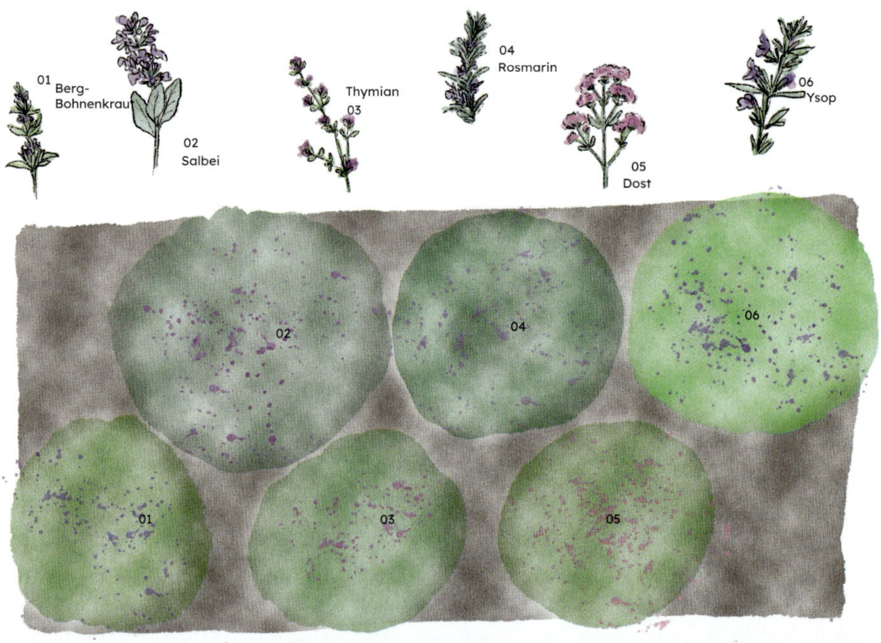

Kräuter für Kräuterbeet und Kräuterspirale an sonnigen Standorten

	NAMEN	WUCHS	BLÜTE	ÖKOLOGISCHER WERT	BESONDERHEITEN
	**Rosmarin** *Rosmarinus officinalis*	60–90 cm Aufrecht, verholzend (∞)	IV–VI Violett	Frühe, insektenfreundliche Blüte im Kräuterbeet	Winterschutz nötig, es gibt winterharte Sorten
	**Salbei** *Salvia officinalis*	30–60 cm Kissenartig, verholzend (∞)	VI–VIII Violett	Beliebt bei Hummeln und großen Wildbienen	Es gibt viele Sorten, bitte blühende Varianten wählen
	**Lavendel** *Lavandula angustifolia*	40–70 cm Aufrecht, verholzend (∞)	VII–IX Violett	Lockt Schmetterlinge und Bienen an	Als Tee für die biologische Schädlingsbekämpfung geeignet
	**Berg-Bohnenkraut** *Satureja montana*	10–20 cm Kissenartig, verholzend (∞)	VIII–IX Blassblau	Nektarpflanze für Wildbienen und Hummeln	Ähnliche Verwendung wie das einjährige Bohnenkraut *Satureja hortensis*
	**Pfefferminze** *Mentha x piperita*	30–50 cm Buschig-aufrecht (∞)	VII–IX Violett	Zieht im Spätsommer viele Schmetterlinge, Wildbienen, Schwebfliegen und mehr an	Achtung, sehr starkwüchsig, Wurzelsperre oder ausreichend Platz geben
	**Ysop** *Hyssopus officinalis*	50–80 cm Aufrecht, verholzend (∞)	VII–VIII Blau	Sehr guter Nektarwert, Pollen wird von wenigen Wildbienen gesammelt	Sehr gut winterhart, strahlendes Blau im Kräuterbeet

(∞) mehrjährig (·) einjährig (··) zweijährig

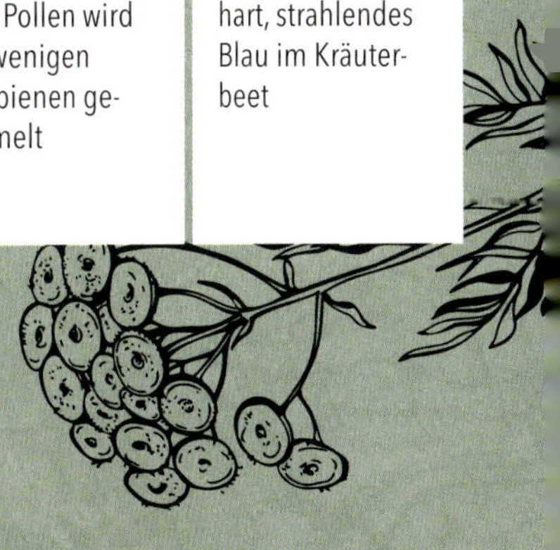

DIE RICHTIGE PFLEGE DER KRÄUTER

Es gibt ein paar einfache Tipps und Tricks, mit denen Sie Ihren Kräutern den richtigen Schnitt verpassen. Durch die richtige Pflege bleiben die aromatischen Pflanzen lange erhalten.

UM SCHÖNE, buschige und kompakte Pflanzen zu erhalten, ist ein Rückschnitt bei den mehrjährigen Kräutern sinnvoll. Im Frühjahr, wenn keine

Achten Sie beim Rückschnitt der mehrjährigen Kräuter darauf nicht in die verholzten Triebe zu schneiden.

Nachtfröste mehr zu erwarten sind und vor dem Neuaustrieb der Pflanzen, also etwa im April oder Mai, bekommen mehrjährige verholzende Kräuter wie Thymian, Rosmarin, Salbei und Lavendel einen Schnitt. Dafür werden die Triebspitzen um ein bis zwei Drittel zurückgeschnitten. Dabei aber keinesfalls in die verholzten, laublosen Triebe schneiden, denn dann treiben die Kräuter nicht mehr neu aus. Bitte schneiden Sie die Kräuter nicht im Herbst zurück, denn die Triebe sind ein guter Winterschutz.

RICHTIG SCHNEIDEN UND DÜNGEN

Bei mehrjährigen Kräutern wie Schnittlauch, Zitronenmelisse oder Minze, die sich im Winter zurückziehen, können Sie genauso wie bei Wildblumenstauden die trockenen Pflanzenteile über den Winter stehen lassen. Dann schneiden Sie die Stängel im zeitigen Frühjahr ganz zurück, um einen gesunden und kräftigen Neuaustrieb zu fördern.

Einjährige Kräuter, wie Dill, Gartenkresse und Borretsch, müssen Sie nicht extra durch einen Schnitt pflegen. Hier reicht es, wenn Sie regelmäßig ernten und möglichst viele der leckeren Blätter verwenden, sodass die Pflanzen zu einem stetigen Neuaustrieb angeregt werden. Am Vegetationsende werden die Kräuter absterben.

Eine Düngung ist bei mediterranen Kräutern, die gerne trocken und auf magerem Boden wachsen, bei einem Standort im Garten nicht nötig. Halten Sie die Kräuter im Topf, sollten Sie nach zwei Jahren oder wenn sich die Blätter hellgrün verfärben, etwas organischen Dünger oder Kompost in den Topf geben. Die nährstoffliebenden Kräuter wie Petersilie und Schnittlauch können eine jährliche Düngergabe vertragen. Bitte verwenden Sie organischen Dünger und tun Sie sich selbst und der Natur etwas Gutes. Auch Schafwolldünger ist gut geeignet und empfehlenswert. Achten Sie beim Kräuteranbau in Topf und Garten darauf, dass die mediterranen Kräuter nicht zu feucht stehen. Wenn es viel Niederschlag gibt und Sie Topfuntersetzer verwenden, ist es wichtig, diese ab und zu auszuleeren.

PFLANZEN SCHÜTZEN

Von Schädlingen und Krankheiten werden Kräuter nur selten befallen. Meist treten sie dann auf, wenn die Pflanze sich am Standort nicht wohlfühlt. Wer ein wenig Zeit zur Verfügung und Spaß am Experimentieren hat, der kann eine Pflanzenstärkungsbrühe z. B. aus Ackerschachtelhalm herstellen und die Kräuter regelmäßig einmal im Monat damit gießen.

GUT GEMULCHT IST HALB GEGOSSEN

Ein gemulchter Boden ist für alle Beete und wilden Ecken ideal. Sie sollten deshalb auch in Ihrem Kräutergarten und der Kräuterecke ans Mulchen denken. Mulch schützt den Boden vor Austrocknung und Erosion. Als Mulchmaterialien eignen sich vor allem:

Grasschnitt fällt in den meisten Gärten an. Bevor er dünn zwischen den Pflanzen verteilt wird, lässt man ihn einige Tage antrocknen, damit Samen ausfallen und nicht später auf dem Beet keimen.

Brennnesseln sollten Sie im Garten unbedingt reichlich zur Verfügung haben. Die Blätter sind ein ausgesprochen hochwertiges Mulchmaterial und können vom Frühjahr bis in den Herbst geschnitten werden. Regenwürmer stehen auf Brennnesseln und finden sich schnell im Beet ein – zum Wohl der Humusqualität.

Strohiges und holziges Material ist eine gute Abdeckung, beispielsweise zwischen größeren, verholzenden Kräutern. Um das Material zu zerkleinern und umzuwandeln, brauchen Mikroorganismen aber zusätzlich Stickstoff. Das müssen Sie beim Ausbringen einer Strohdecke bedenken. Ein stickstoffhaltiger organischer Dünger, z. B. in Form von Hornspänen oder Hornmehl, wird vor dem Mulchen zwischen den Pflanzen verteilt.

Eine hübsche Kräuterspirale erleichtert die Pflege. Je nach Wasserbedarf wachsen die Kräuter weiter oben oder unten.

Tee für den Winter

Sie möchten mal etwas anderes probieren als den üblichen Pfefferminztee oder sind ganz einfach Fan von duftenden Kräutertees? Dann machen Sie Ihren Tee einfach selbst. Ich zeige Ihnen, was Sie dazu brauchen und wie es geht.

Das Herstellen von Kräutertee mit Zutaten aus dem eigenen Garten ist nicht nur einfach, sondern ein kreatives, gesundes und leckeres Hobby. Wahrscheinlich werden Sie bald nicht nur Tees für sich und Ihre Familie herstellen, sondern die Leckereien auch schön verpackt als kleine Geschenke weitergeben. Zu den verwendeten Pflanzen in Kräutertees gehören übrigens nicht nur die klassischen Kräuter, auch Baumblüten oder -blätter und Wildfrüchte können in den dampfenden Getränken verwendet werden. Das Trocknen und Verwenden der Pflanzen aus dem Garten in Tees macht nicht nur Spaß, sondern bietet auch viele weitere Vorteile.

Frische und Qualität: Der Hauptvorteil des Kräuteranbaus im eigenen Garten ist die Qualität. Sie haben die volle Kontrolle über den Anbauprozess und können sicherstellen, dass Ihre Kräuter von höchster Qualität sind und ohne den Einsatz von Pestiziden und Chemikalien kultiviert wurden.

Sammeln und trocknen Sie unterschiedliche Pflanzen während der Saison, um Ihren eigenen Tee zu genießen.

Geschmacksvielfalt: Mit der Vielfalt der geeigneten Pflanzen aus Ihrem Garten können Sie aus einer breiten Palette an Aromen wählen. Dies ermöglicht Ihnen die Zubereitung von Tees in unterschiedlichsten Geschmacksrichtungen.

Gesundheitsvorteile: Kräutertees schmecken nicht nur köstlich, sondern sind auch gesundheitsfördernd. Dabei haben die Kräuter unterschiedliche heilende Eigenschaften. So kann Pfefferminztee bei Verdauungsproblemen helfen, Kamillentee beruhigt die Nerven und Lavendeltee fördert Entspannung und Schlaf.

Nachhaltigkeit: Durch den Anbau Ihrer eigenen Kräuter tragen Sie zur Nachhaltigkeit bei, da Sie auf den Kauf von verpackten Teebeuteln verzichten können. Außerdem entfallen Transport und Herstellungsprozesse. Das reduziert den Verpackungsmüll und den ökologischen Fußabdruck.

SAMMELN, TROCKNEN, MISCHEN

Jetzt geht es los, wir stellen einen eigenen Kräutertee her! Sammeln und trocknen Sie am besten während der Vegetationsperiode, dann haben Sie im Winter einen schönen Vorrat an bunten und duftenden Teezutaten, die Sie zur kreativen Herstellung Ihrer eigenen Mischungen verwenden können.

Sammeln: Lassen Sie sich von Ihrem Garten und der Natur inspirieren. Schnuppern Sie an Ihren Kräutern, wandeln Sie durch den Garten und seien Sie aufmerksam, welche Pflanze Sie anspricht. Sammeln Sie dann geeignete Pflanzenteile entweder in einer Stofftasche oder in einem Korb und achten Sie darauf, dass sie nicht zerdrückt werden.

Einfacher Haustee

Diese Kräuterteemischung eignet sich für alle Gelegenheiten und kann im Alltag getrunken werden. Sie enthält geringe Mengen starker Heilkräuter, die Zutaten finden Sie alle in Ihrem Garten. Die Basis bilden Brombeer-, Himbeer-, oder Erdbeerblätter (50 g). Dazu kommen nach Belieben Brennnesseln, Schafgarbe, Zitronenmelisse, Thymian oder Pfefferminze (30 g). Als bunte Krönung ergänzen Sie 20 g Ringelblumen, Kornblumen, Königskerzenblüten oder Rosenblüten.

Trocknen: Verlesen Sie das Sammelgut, aber waschen Sie es nicht. Dabei würden zu viele wertvolle Inhaltsstoffe ausgespült. Wird in der Natur gesammelt, sollten Sie keine Pflanzen nehmen, die nah an einer Straße oder einem Hundeauslaufplatz stehen. Trocknen Sie die Pflanzen entweder in Sträußen oder ausgebreitet auf einem Tuch oder Gitter an einem möglichst dunklen Ort. Bewahren Sie die vollständig getrockneten Kräuter kühl, trocken und dunkel auf.

Mischen: Ein leckerer Tee kann auch aus einer einzelnen Pflanze aufgebrüht werden, aber es macht Spaß, eigene Mischungen herzustellen und ein wenig mit den Aromen zu experimentieren. Mischen Sie dazu 4–6 Kräuter, wobei ein intensives Kraut wie Pfefferminze dann den Großteil der Mischung ausmacht. Hinzu kommen wirkkräftige Kräuter, z. B. Holunderblüten oder Brennnesselblätter. Zu guter Letzt geben Sie einige getrocknete bunte Blüten von Rosen, Ringelblumen oder Kornblumen in die Mischung. Portionsweise in kleine Leinen- oder Baumwollsäckchen gefüllt, sind die Teebeutel auch schöne Geschenke.

NATURNAHE GEMÜSEBEETE

Geeignet für: sonnigen und nährstoffreichen Standort

Besonders nützlich für: Nützlinge im Gemüsegarten, Pflanzengesundheit, eigene Ernte

Beobachtungs-Highlight: blütenbesuchende Insekten

Aufwand bei der Anlage: gering

Pflegeaufwand: gering

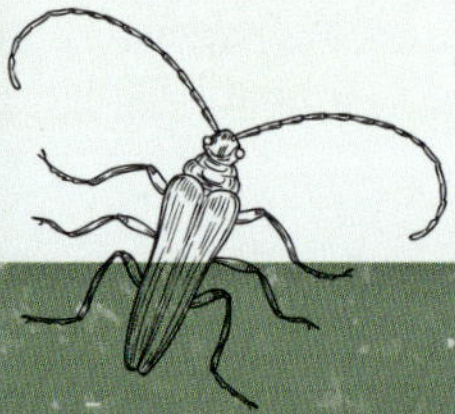

SIND SIE eine passionierte Gemüsegärtnerin? Dann haben Sie die besten Voraussetzungen, um eine wilde Gemüseecke zu schaffen. Damit tun Sie Insekten etwas Gutes und locken gleichzeitig Nützlinge an, die der Gemüsegesundheit zugutekommen und für eine gute Ernte sorgen. Außerdem bieten die insektenfreundlichen Pflanzen selbst einen natürlichen Pflanzenschutz für Gemüse, wenn Sie die richtigen Arten zusammenpflanzen. Also legen wir los und schauen uns genauer an, welche Pflanzen in einen insektenfreundlichen Gemüsegarten passen.

SINNVOLLE MISCHKULTUR

In der Natur werden Flächen immer von unterschiedlichsten Pflanzen besiedelt, es wächst nicht nur eine einzige Art in Monokultur auf einer größeren Fläche. Die natürlichen Vegetationsgemeinschaften bestehen aus Pflanzen, die sich gegenseitig unterstützen und das Wachstum begünstigen. Diese natürliche Art einer Pflanzengemeinschaft können Sie in Ihrem Gemüsegarten nachahmen, indem Sie Nutzpflanzen, die sich gegenseitig begünstigen, in einer Mischkultur anbauen. Dies beugt einer Bodenmüdigkeit im Gemüsebeet vor, da Pflanzen mit unterschiedlichen Nährstoffansprüchen dicht beieinander wachsen. So gedeihen beispielsweise starkzehrende Kohlpflanzen mit Schwachzehrern wie Radieschen oder Erbsen auf einem Beet. Außerdem haben Krankheitserreger es sehr viel schwerer, sich auszubreiten, weil sie meist auf eine Pflanze spezialisiert sind. Es ist also nicht so leicht für Pilze oder Viren, sich flächendeckend auszubreiten. Zusätzlich können in einer Mischkultur Duftstoffe der Nachbarpflanzen Fraßfeinde abhalten und somit einen ganz natürlichen Pflanzenschutz bewirken.

So manche Blumenart eignet sich außerdem hervorragend für eine Mischkultur im Gemüsebeet. Deren Wurzelausscheidungen wehren u. a. Nematoden ab, die die Nutzpflanzen schädigen können. Tagetes und Ringelblumen schützen vor Nematoden, Ringelblumen fördern außerdem das Wachstum von Tomaten, wenn sie zwischen die Pflanzen gesät werden. Wählen Sie nach Möglichkeit ungefüllte Arten, sodass möglichst viele Insekten im Gemüsegarten Nahrung finden. Auch die Kamille gehört zu den insektenfreundlichen Arten, die gleichzeitig die Widerstandskraft der Nutzpflanzen stärkt. An die Ränder der Gemüsebeete gesetzt, hat sie einen positiven Einfluss auf die Resistenz von Hülsenfrüchten, Salat und Tomaten gegen Pilzkrankheiten.

GUTE NACHBARN, SCHLECHTE NACHBARN

Pflanzen hemmen sich gegenseitig im Wachstum oder schwächen die Nachbarpflanze, sodass sie anfälliger für Krankheiten wird. Möchten Sie ganz genau wissen, welche Pflanzen gute oder schlechte Nachbarn sind, finden Sie zahlreiche Tabellen und Grafiken im Internet. Außerdem gibt es entsprechende Fachliteratur über Mischkultur-Beete.

Die pflegeleichten Ringelblumen gelten als natürliche Schädlingsabwehrpflanzen im Gemüsegarten.

FRUCHTFOLGE

Es lohnt sich, im Gemüsegarten eine Fruchtfolge einzuhalten, denn damit beugen Sie der sogenannten Bodenmüdigkeit im Gemüsegarten vor. Nach einem Vierjahresplan werden hierzu unterschiedliche Pflanzen ausgewählt, die auf den Beeten wachsen sollen. Dafür wird der Gemüsegarten in vier gleich große Parzellen aufgeteilt, die dann jeweils im Wechsel mit den folgenden vier Kulturen bepflanzt werden.

- **1. Jahr:** Gründüngung, z. B. mit Lupine
- **2. Jahr:** Starkzehrer, z. B. Tomaten, Kohlgewächse oder Kürbis
- **3. Jahr:** Mittelzehrer, z. B. Möhren, Mangold oder Fenchel
- **4. Jahr:** Schwachzehrer, z. B. Radieschen, Erbsen oder Bohnen

Im fünften Jahr fängt der Kreislauf wieder von vorne an. So haben Sie immer einen gut ausgenutzten Gartenboden, der auch über viele Jahre seine Kraft behält. Diese Art der Gemüsebeete-Planung bietet sich für größere Gemüsegärten an. Außerdem ist die Fruchtfolge im Vergleich zur Mischkultur für Gärtnerinnen geeignet, die lieber eine klare Ordnung in ihrem Gemüsegarten haben. Mithilfe der Fruchtfolge haben Sie außerdem beste Voraussetzungen, insektenfreundlich zu gärtnern und immer wieder neue wilde Ecken einzuplanen. Sie haben jedes Jahr ein ganzes Viertel des Gemüsegartens, auf dem eine insektenfreundliche Gründüngung ausgebracht werden kann.

Bei der Fruchtfolge wachsen jedes Jahr auf einem Viertel des Gartens insektenfreundliche Pflanzen und Gründünger.

Gründünger

Was ist Gründünger eigentlich und wozu brauchen wir ihn im Gemüsegarten, werden Sie sich vielleicht fragen. Der Boden braucht Pflanzen, um gesund und produktiv zu sein, wird von den meisten Gemüsearten aber beansprucht, denn sie ziehen Nährstoffe aus der Erde. Die Gründüngung mit besonderen Pflanzen dient dann dazu, den Boden zu verbessern. Das passiert in erster Linie dadurch, dass die Pflanzen nicht geerntet, sondern im Ganzen in den Boden eingearbeitet werden, dort verrotten und somit neue Nährstoffe liefern. Außerdem können Sie Leguminosen als Gründünger verwenden, z. B. Lupinen oder Klee, die aktiv Stickstoff sammeln und den Boden damit anreichern.

Da wir insbesondere auch die Biodiversität in unserem Garten unterstützen wollen, gibt es spezielle Gründüngerpflanzen, die auch reichlich Nahrung für Insekten bereithalten. Dazu gehört beispielsweise Klee. Er ist ein echter Alleskönner, denn er bindet Stickstoff im Boden und fördert damit das Wachstum anderer Pflanzen. Außerdem ist er eine wichtige Nahrungsquelle für unsere fliegenden Freunde, wie Bienen und Schmetterlinge. Aber nicht nur Klee, auch Lupinen sind echte Schönheiten im Garten und bieten reichlich Nahrung für Bienen und Hummeln. Sie lockern außerdem mit ihren tiefen Wurzeln den Boden auf und machen ihn schön luftig. Senf und Raps dagegen haben die Fähigkeit, Schädlinge abzuwehren und Krankheiten im Boden zu reduzieren. Auch sie haben Blüten,

Wildblumen im Nutzgarten locken Bestäuber an. Johanniskraut können Sie außerdem für Tees verwenden.

die eine wichtige Nahrungsquelle für Insekten sind. Die angelockten Bestäuber werden dann ganz nebenbei auch die Gemüseblüten bestäuben und für eine gute Ernte sorgen.

Die Aussaatzeit für Gründünger hängt von der jeweiligen Pflanzenart ab. Generell wird Gründünger im Garten meistens im Frühling oder Herbst, nach der Ernte, gesät. Als Faustregel können Sie sich merken: Gründünger sollte etwa sechs Wochen vor dem erwarteten ersten Frost im Herbst oder etwa sechs Wochen vor den Eisheiligen Mitte Mai gesät werden. Für die verschiedenen Gründüngungspflanzen gibt es aber unterschiedliche Empfehlungen. Zum Beispiel können Sie im Herbst nur winterharte Gründüngerpflanzen säen, da sie den Winter überstehen und im Frühling wieder sprießen. Phacelia und Buchweizen können dagegen im Frühling und auch noch im Sommer ausgesät werden, da sie schnell wachsen und bald zur Blüte kommen.

Was sind Nützlinge?

Nützlinge sorgen im Garten und auf dem Feld für ein ökologisches Gleichgewicht, indem sie Schädlinge wie Blattläuse auffressen oder parasitieren. Dabei handelt es sich oft um Insekten wie Marienkäfer, Florfliegen, Schwebfliegen und Raubmilben. Aber auch Vögel, Spinnen und Amphibien können als Nützlinge fungieren. Bauen Sie ganz gezielt Pflanzen an, die Nützlinge anziehen und fördern.

BLUMEN FÜR NÜTZLINGE

Blumen im Gemüsegarten sind nicht nur schön anzusehen, sondern auch eine wichtige Nahrungsquelle und Lebensgrundlage für viele nützliche Insekten. In diesem Abschnitt dreht sich alles um die besten Blumen für unsere kleinen, freundlichen Helfer – die Nützlinge.

Ringelblumen sind der absolute Klassiker unter den Blumen für Nützlinge. Die leuchtend orangefarbenen Blüten ziehen nicht nur Bienen und Schmetterlinge an, sondern auch Florfliegen, Schwebfliegen und Marienkäfer. Sie helfen dabei, Blattläuse und andere Schädlinge in Schach zu halten. Zusätzlich unterstützen Ringelblumen auch die Bodenstruktur und fördern das Wachstum von Gemüsepflanzen.

Kapuzinerkresse ist eine wichtige Nahrungsquelle für Schmetterlinge, Bienen und Hummeln. Außerdem sind die leuchtenden Blüten und Blätter ein wahrer Augenschmaus.

Sonnenblumen sind nicht nur bei Menschen beliebt, sondern auch bei nützlichen Insekten. Die großen Blütenstände bieten Wildbienen und Käfern eine reichhaltige Nahrungsquelle und dienen als Zwischenlandeplatz, bevor sich die Insekten wieder dem Kampf gegen Schädlinge widmen.

Eine weitere tolle Blume für Nützlinge ist die Studentenblume. Die leuchtenden Blüten in verschiedenen Farben sehen schön aus, das starke Aroma der Pflanze stößt aber viele Schädlinge ab. Insbesondere Nematoden, die Wurzeln von Gemüsepflanzen angreifen, werden durch Tagetes abgeschreckt.

Blumen im Garten sorgen also nicht nur für eine bunte Vielfalt, sondern spielen auch eine wichtige Rolle im ökologischen Gleichgewicht. Sie ziehen nützliche Insekten und Bestäuber an und helfen uns dabei, Schädlinge auf natürliche Weise zu bekämpfen. Eine bunte Mischung aus Ringelblumen, Kapuzinerkresse und Sonnenblumen ist eine praktische und wunderschöne Ergänzung für Ihren Gemüsegarten.

Kapuzinerkresse ist eine gesunde Salatbeilage und die großen Blüten locken Insekten an.

PFLANZEN MIT HEILWIRKUNG

Wussten Sie, dass es Blumen gibt, die nicht nur schön anzusehen sind, sondern durch spezielle Wurzel- oder Blattausscheidungen auch eine heilende Wirkung auf andere Pflanzen haben? Im Gemüsegarten können diese Blumen dazu beitragen, dass das Wachstum und die Gesundheit der Gemüsepflanzen gefördert werden. Hier sind einige Blumen, die deswegen in keinem Gemüsegarten fehlen sollten:

Ringelblumen: Mit den leuchtend orangefarbenen Blüten sind Ringelblumen eine hervorragende natürliche Abwehr gegen Schädlinge. Sie fördern das Wachstum von Tomaten und Kartoffeln und helfen, den Boden zu lockern.

Johanniskraut: Johanniskraut ist bekannt für seine heilenden Wirkungen auf den menschlichen Körper, aber es kann auch dazu beitragen, dass Gemüsepflanzen gesund bleiben. Es fördert das Wachstum von Tomaten, Paprika und Zucchini.

Kamille: Die bekannte Heilpflanze unterstützt Kohlarten im Wachstum und kann sogar die Widerstandskraft der Gemüsepflanzen gegen Pilzkrankheiten erhöhen. Außerdem soll Kamille die Lauchmotte vertreiben.

Beinwell: Beinwell enthält Allantoin, eine Substanz, die das Zellwachstum fördern und die Widerstandsfähigkeit von Pflanzen gegenüber Krankheiten und Schädlingen erhöhen kann. Die Anwendung von Beinwelljauche kann dazu beitragen, die allgemeine Gesundheit und Vitalität von Pflanzen zu verbessern.

Sie können sich die Heilkräfte der Pflanzen im Gemüsegarten besonders gut zunutze machen indem Sie Pflanzenjauchen herstellen. Diese können Sie sowohl als Dünger als auch zur Bekämpfung von Krankheiten und Schädlingen verwenden.

Insektenfreundliche Pflanzen für den Gemüsegarten auf sonnigem Standort

	NAMEN	WUCHS	BLÜTE	ÖKOLOGISCHER WERT	BESONDERHEITEN
	**Garten-Ringelblume** *Calendula officinalis*	15–50 cm Aufrecht ⊙	VI–X Gelb-orange	Lange Blütezeit, Pollenpflanze für drei Wildbienenarten	Sehr pflegeleichte Blume mit schönen essbaren Blüten
	**Salatrauke** *Eruca sativa*	30–60 cm Aufrecht ⊙	VI–VIII Weiß	Gute Pollenpflanze für nicht spezialisierte Wildbienen	Wunderschön gezeichnete Blüten, Blätter für Salate geeignet
	**Bienenfreund** *Phacelia tanacetifolia*	50–100 cm Aufrecht ⊙	VI–X Violett	Viel Nektar für alle Arten von Insekten	Verbessert Boden und unterdrückt Unkraut, guter Gründünger
	**Kapuzinerkresse** *Tropaeolum majus*	40 cm Rankend oder niederliegend ⊙	VII–IX Gelb, orange, rot	Wird als Notfallblume von Hummeln besucht, Käferpflanze	Farbtupfer im Gemüsegarten, Züchtungen in verschiedenen Farben, Blätter und Blüten essbar
	**Borretsch** *Borago officinalis*	40–70 cm Aufrecht Blattrosette ⊙	VI–IX Blau-rosa	Insbesondere Hummeln sammeln den Nektar	Blätter und Blüten als Gewürz verwenden, gurkenartiger Geschmack
	**Kornblume** *Centaurea cyanus*	50–100 cm Aufrecht ⊙	VI–VIII Blau	Einheimische Art, deswegen gute Pollenpflanze für Wildbienen	Wunderschöne essbare Blüten, auch als Farbtupfer in Tees

(∞) mehrjährig ⊙ einjährig (··) zweijährig

PFLEGE DES INSEKTENFREUNDLICHEN GEMÜSEGARTENS

Herzlichen Glückwunsch zum insektenfreundlichen Gemüsegarten! Jetzt geht es darum, die Pflanzen gut zu pflegen, um eine reiche Ernte und ein gesundes Ökosystem zu gewährleisten.

EINE DER wichtigsten Aspekte bei der Gemüsegartenpflege ist die Bodenbearbeitung. Lockern Sie den Boden regelmäßig mit einer Grabegabel und sorgen Sie so für eine gute Belüftung, die wiederum das Wurzelwachstum positiv beeinflusst. Umgraben oder den Boden tief lockern sollten Sie, so gut es geht, vermeiden, denn dadurch wird das Bodenleben gestört. Ein gesunder Boden ist in Schichten aufgebaut und eine intensive Bodenbearbeitung kann da schon einiges durcheinanderbringen und das Ökosystem stören. Eine gesunde Bodenstruktur ist der Schlüssel zu einem ertragreichen Gemüsegarten. Jede kleine wilde Ecke in Ihrem Gemüsegarten lockt Nützlinge an und ermöglicht Ihnen auch, die Bodenfruchtbarkeit auf eine natürliche und ökologische Weise zu verbessern.

Viele einjährige Nützlingspflanzen wie die Ringelblume säen sich jedes Jahr von selbst aus.

MULCHEN, DÜNGEN, STÄRKEN

Der Gartenboden sollte möglichst immer bedeckt sein. Entweder es wächst Gemüse oder Sie säen einen Gründünger aus. Zwischen den Reihen oder wenn nicht ausreichend Zeit für eine Zwischenkultur mit einer Gründüngungspflanze ist, können Sie in Ihrem Gemüsegarten mulchen. Hierbei werden organische Materialien wie Stroh, Gras oder Laub auf die Beete aufgebracht. Diese schützen den Boden vor Austrocknung und verhindern das Wachstum von Unkräutern. Außerdem bringen sie organisches Material in den Garten, sodass die Nährstoffe im Boden aufgefüllt werden.

Setzen Sie in Ihrem ökologischen Gemüsegarten auf eine natürliche Düngung mit Kompost, Mist oder biologischen Düngemitteln. Sie versorgen die Pflanzen mit den nötigen Nährstoffen und tragen zur Bodenfruchtbarkeit bei. Planen Sie regelmäßig Gründüngungspflanzen ein und mulchen Sie überall dort, wo der Boden nicht bedeckt ist. Das Pflanzenmaterial wird sorgfältig in den Boden eingearbeitet und dient als natürliche Stickstoffquelle. (Mehr Informationen zu den Themen Dünger und Kompost bekommen Sie ab *Seite 46*.)

Bitte verzichten Sie zugunsten der Nützlinge, die Sie in den wilden Ecken fördern, auf chemische Pflanzenschutzmittel und greifen Sie lieber auf natürliche Methoden zurück. Fördern Sie Nützlinge und helfen Sie ihrem Pflanzen bei Bedarf mit speziellen

Jauchen. Jauchen sind Pflanzenstärkungsmittel, die sowohl als Dünger als auch zur Bekämpfung von Schädlingen und Blattkrankheiten eingesetzt werden können. (Rezepte und eine Anleitung zur Herstellung finden Sie auf *Seite 49*.)

IMMER MIT DER RUHE

Die einmal ausgesäten Nützlingspflanzen im Gemüsegarten werden sich zum Teil selbst aussäen. Gerade Ringelblumen und auch Sonnenblumen bleiben Ihnen durch Selbstaussaat erhalten. Auch Kornblumen, die bestäubende Insekten in den Garten locken, säen sich gerne selber im Garten aus. Seien Sie also nicht zu vorschnell beim Unkrautjäten, denn die nützlichen Pflanzen wollen wir uns gerne im Gemüsegarten erhalten. Außerdem geht es ja auch genau darum, kleine wilde Ecken zu erschaffen, sodass sich ein gesundes Ökosystem entwickeln kann. Wenn Sie eine Zeit lang mit den Pflanzen gearbeitet haben, erkennen Sie die Keimlinge von Ringelblumen, Kapuzinerkresse, Sonnenblumen und Co. auf den ersten Blick. Möchten Sie die nützlichen Arten gezielter platzieren, können Sie die Keimlinge auch verpflanzen.

RICHTIG GIESSEN

Gerade im Gemüsegarten gilt beim Bewässern: weniger ist mehr! Denn die Nutzpflanzen gewöhnen sich an reichliche Wassergaben und können sich ebenso daran gewöhnen, mit wenig Wasser auszukommen. Sie wurzeln tiefer und breiter und können dann auch den Morgentau für ihre Versorgung nutzen. Außerdem entwickeln diese robusten Gemüsepflanzen eine Vielzahl an sekundären Pflanzenstoffen. Das trägt dazu bei, dass wir besonders gesundes und schmackhaftes Gemüse ernten können. (Alle Details zu einer ökologischen Bewässerung finden Sie im Praxisteil auf *Seite 44*.)

Lassen Sie ruhig auch mal das Gemüse blühen. Die Kugelblüten von Porree sind wahre Insektenmagneten.

Das eigene Saatgut

Ganz einfach können Sie mit eigenem Saatgut die Artenvielfalt im naturnahen Garten erhöhen. Beim Sammeln, Trocknen und Lagern von eigenem Blumen- oder Gemüsesaatgut wird das Hobby schnell zur Leidenschaft.

Das eigene Saatgut zu gewinnen ist ganz einfach und macht großen Spaß. Außerdem werden wertvolle Ressourcen eingespart. Die aufwendige Saatgutgewinnung in Spezialbetrieben und der Transport entfallen, ebenso wird Ihr Geldbeutel geschont. Zu Beginn empfehle ich Ihnen, insbesondere die Samen von einjährigen Blumen sowie von bestimmten Gemüsesorten zu ernten. Zu den empfehlenswerten Blumen gehören Ringelblume, Kornblume, Schmuckkörbchen (*Cosmea*) und Sonnenblumen. Sie sind allesamt dankbare Einsteigerpflanzen, denn das geerntete Saatgut keimt zuverlässig im nächsten Jahr.

SO GEHEN SIE VOR

Warten Sie, bis die Pflanze verblüht und der Fruchtstand gut abgetrocknet ist. Nicht alle Samen reifen nach, wenn sie zu früh geerntet werden. Anderer-

Das eigene Saatgut ernten macht Spaß. Vergessen Sie nicht die Beschriftung der kleinen Schätze.

seits fallen Samen auch aus, wenn sie reif sind. Es gilt also, den richtigen Zeitpunkt abzuwarten und dann die Körner einzusammeln.

Auch das Saatgut einiger Gemüse, wie Salate und Blattgemüse, Bohnen, Tomaten, Gurken, Kürbisse oder Radieschen, ist gut für den Einstieg geeignet. Bei Salaten und Radieschen lassen Sie einige Pflanzen im Beet und warten Blüte und Fruchtreife ab. Dann können Sie die Samen für das nächste Jahr ernten. Fruchtgemüse macht es uns noch einfacher. Sie können einige Samen, also die Kerne in Tomaten, Gurken, Kürbissen entnehmen und trocknen. Die Früchte sollten sehr reif sein, dann sind die Samen gut entwickelt. Bei Hülsenfrüchten lassen Sie die Schoten an der Pflanze, bis sie trocken werden. Dann kann man Bohnen und Erbsen aus der Hülse pulen und als Saatgut oder Trockenbohnen verwenden. Achten Sie auf samenfestes Gemüse, denn nur damit kann die Nachzucht gelingen (siehe Kasten). (Anbieter finden Sie bei den Bezugsquellen ab *Seite 182*.)

Auch bei verschiedenen Wildstauden gelingt die Samenernte. Es macht großen Spaß die Entwicklung vom Samenkorn bis zur erwachsenen Pflanze zu verfolgen, und es ist ein schönes Erfolgserlebnis, wenn wir eine Staude aus eigenem Nachbau in den Garten pflanzen können. Falls Sie Saatgut in der Natur sammeln, ist Umsicht gefragt: Sammeln Sie niemals einen ganzen Bestand ab und nutzen Sie nur Arten, die nicht geschützt sind. In Naturschutzgebieten darf gar nicht gesammelt werden.

Wenn Sie das Saatgut von Wildblumen geerntet haben, lassen Sie die abgeschnittenen Triebe noch kurz trocknen. Anschließend werden die Samenkörner von den übrigen Pflanzenteilen getrennt. Am besten zerreiben Sie dafür das Erntegut über einem Blatt Papier. Dann können Sie die Spreu von den Samen mit einem Küchensieb trennen. Wie gut das funktioniert, hängt von der Samengröße ab. Wenn Ihnen das neue Hobby mit dem eigenen Saatgut Spaß macht, werden Sie nach und nach Siebe mit unterschiedlichen Maschengrößen sammeln, sodass die Reinigung immer leichter wird.

Das gereinigte Saatgut verpacken Sie dann am besten in Papiertütchen. Diese können Sie auch ganz einfach selber falten oder Sie verwenden Papierumschläge. Vergessen Sie nicht die Beschriftung! Nun geht es daran, die Schätze optimal zu lagern, damit die Keimfähigkeit möglichst lange erhalten bleibt. Denken Sie daran: Auch wenn das trockene Saatgut leblos wirkt, es sind kleine Lebewesen, die Sie in Ihrer Schublade aufbewahren. Die idealen Bedingungen für die Lagerung sind trocken, kühl und dunkel, ein Schraubglas im kühlen Flur oder Schlafzimmer ist für den hausgärtnerischen Bedarf gut geeignet.

Was bedeutet samenfest?

Insbesondere wenn es um Gemüsesaatgut geht, taucht immer wieder der Begriff „samenfest" auf. Das Saatgut von samenfesten Sorten kann ohne Probleme im eigenen Garten gewonnen werden. Bei einer Aussaat wird die gleiche Sorte aus den geernteten Samen wachsen. Samenfeste Sorten sind durch klassische Kreuzung und Selektion auf bestimmte Merkmale hin über mehrere Generationen gezüchtet. So ist über Jahrtausende die Vielfalt unserer Kulturpflanzen entstanden. Im Gegensatz dazu stehen Hybridsorten, die Sie am Kürzel F1 im Sortennamen erkennen.

WUNDERVOLLE WASSERHABITATE

Geeignet für: sonnige bis halbschattige Standorte, nicht direkt unter Bäumen

Besonders nützlich für: ökologische Vielfalt, Wasserorganismen, Entspannung im Garten

Beobachtungs-Highlight: Ökosystem Wasserhabitat, z. B. Libellen

Aufwand bei der Anlage: mittel bis hoch

Pflegeaufwand: hoch

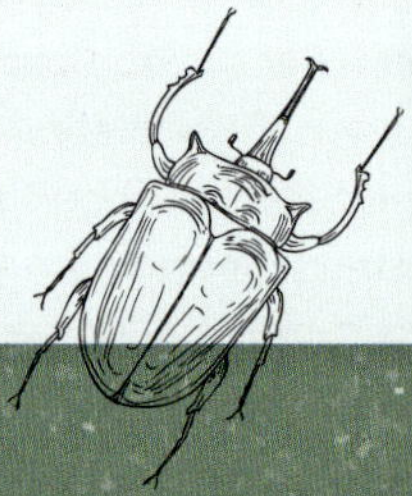

WILLKOMMEN in der wundersamen Welt der Teiche im naturnahen Garten! Sie sind dekoratives Element, vor allem aber entsteht mit einem Teich ein besonderes Ökosystem, das von speziellen Pflanzen, Tieren und Mikroorganismen bevölkert wird. Egal ob klein oder groß, jeder Teich erhöht die Biodiversität. Eine Wasserstelle lockt verschiedene Lurche und Amphibien, Libellen und viele Insekten, die im Wasser leben beziehungsweise auf Wasser angewiesen sind. Hier können Wasserpflanzen wie die Sumpfdotterblume wachsen. Aber nicht nur das. Eine Wasserstelle in Ihrem Garten ist auch eine natürliche Vogel- und Insektentränke. Sie helfen also nicht nur den Wasserbewohnern, sondern unterstützen jedes Leben.

Der Teich im Garten wird Ihnen große Freude bereiten! Sie werden beobachten, wie Tiere und Pflanzen im und am Teich wachsen und gedeihen, und Sie werden erstaunt sein, wie viel Leben sich in und um den Teich herum einfinden wird. Darüber hinaus kann mit einer kleinen oder großen Wasserstelle im Garten auch das Klima bis zu einem gewissen Grad reguliert werden. Das funktioniert so: Wasser speichert Wärme und entzieht der Umgebung Energie. In der Nähe von Wasser ist es deshalb auch immer etwas kühler. Ein ästhetisch gestalteter Teich trägt zu einer angenehmen Atmosphäre im Garten bei und ist ein besonderes Gestaltungselement. Sie können auch mit einem Wasserspiel arbeiten, sodass nicht nur die Augen, sondern auch die Ohren ein besonderes Gartenerlebnis haben. Ein Gartenteich, egal ob im Mini-Format oder als Schwimmteich, bietet also eine tolle Möglichkeit, eine ökologisch wertvolle Ecke zu schaffen und gleichzeitig den Garten optisch ansprechender zu machen.

Bevor Sie sich nun an den Bau eines Teiches machen, sollten Sie sich über einige Dinge im Klaren sein: Legen Sie fest, wie viel Platz für den Teich zur Verfügung steht. Es gibt die Möglichkeit, einen Mini-Teich zu gestalten, der in einem Gefäß von Topfgröße bis Wanne entstehen kann. Sie können aber auch einen großen Teich gestalten, wenn etwas mehr Platz für die wilde Wasserecke vorhanden ist. Der beste Standort für einen Teich ist ein teilweise beschatteter Platz. Das Wasser sollte nicht den ganzen Tag von der Sonne erhitzt werden, sonst kann der Teich im Sommer überhitzen. Für eine Beschattung können Bäume oder Gebäude in der Nähe sorgen. Allerdings sollte der Teich nicht direkt unter Bäumen geplant werden, denn sonst fallen zu viele Blätter ins Wasser und reichern es übermäßig mit Nährstoffen an. Aber auch wenn Sie nur einen vollsonnigen Standort für das neue Wasserhabitat zur Verfügung haben, können Sie einen Teich bedenkenlos planen. Dann wird es nötig sein, in der Nähe Pflanzen zu setzen, die den Teich mit Schatten versorgen.

MINI-TEICHE

Falls Sie wenig Platz für einen Teich haben oder wenig Zeit für Pflege oder Anlage des Wasserhabitats verwenden wollen, ist ein Mini-Teich genau richtig. Selbst kleinste Wasserstellen erhöhen die Artenvielfalt im Garten. Sie werden staunen, welche Insekten und Pflanzen Sie beobachten können.

Die heimische Sumpf-Schwertlilie eignet sich gut zur Uferbefestigung und blüht bereits ab Mai.

Die Vorbereitung

Zuerst benötigen Sie für Ihren Mini-Teich ein wasserdichtes Gefäß. Je nach Look und Haltbarkeit kommen verschiedene Materialien und Größen infrage:

- Zinkwanne oder Zinkeimer sind robust und langlebig und verleihen dem Mini-Teich einen rustikalen Look.
- Kunststoffgefäße, vom Eimer bis zum Maurerkasten, sind eine kostengünstige Option und in vielen Formen und Größen erhältlich.
- Holzfässer passen aufgrund des organischen Materials besonders gut in den Naturgarten. Achten Sie darauf, dass das Holz wettergeschützt ist.

Ihrer Kreativität sind keine Grenzen gesetzt. Und wenn Sie ein Gefäß verwenden möchten, das nicht wasserdicht ist, können Sie es mit Teichfolie auskleiden. Außer einem Gefäß benötigen Sie natürlich Wasserpflanzen. Bevorzugen Sie schwachwüchsige Arten, sonst nimmt eventuell eine einzige Pflanze den ganzen Topf ein. Falls sich die Wasserpflanzen nicht schon in Teichkörben befinden, besorgen Sie sich auch die korbartigen Plastikgefäße, die Sie für die Bepflanzung des Mini-Teichs benötigen. Die Körbe gibt es in verschiedenen Formen, z. B. auch in Nierenform, die sich perfekt in einen runden Mini-Teich einpasst.

Die Fertigstellung

Stellen Sie das Gefäß an den vorgesehenen Standort. Ist es erst einmal mit Wasser gefüllt und bepflanzt, ist es zum Umstellen oft zu schwer. Am besten ist ein Platz, der zwar ausreichend sonnig ist, aber auch etwas Schatten bietet. Befüllen Sie nun die Teichkörbe mit einer Schicht Kies, sodass die Pflanzen mit den Körbchen nicht davonschwimmen. Darauf geben Sie magere Erde, am besten Teicherde, in die hinein die Pflanzen gesetzt werden. Platzieren Sie nun die Körbchen. Bei etwas größeren Mini-Teichen verwendet man größere Steine, die auf die Körbchen gestellt werden. Saubere Ziegelsteine sind beispielsweise gut dafür geeignet. Ragen einige Steine aus dem Wasser, haben Sie eine perfekte Insektentränke geschaffen.

Libellen gehören mit zu den ersten Besuchern, wenn Sie ein neues Wasserhabitat einrichten.

WIE GROSS SOLL DER TEICH WERDEN?

Natürliche Teiche sind in der Regel meist mehrere Quadratmeter groß. Da es hier um wilde Ecken geht, beschäftigen wir uns aber mit der „normalen" Variante. Ein Teich sollte mindestens 10 m^2 groß sein, sodass sich ein natürliches Gleichgewicht einstellen kann. Falls Sie nicht genug Platz für einen Teich in dieser Größe haben, legen Sie eben einen kleineren Teich an. Wird er regelmäßig gereinigt, kann auch auf 2 m^2 Ihr eigenes kleines Wasserparadies entstehen.

Ein größerer Gartenteich ist dennoch sinnvoll, weil sich das Wasser durch die richtige Bepflanzung selbst reinigen kann und der Pflegeaufwand dadurch viel geringer wird. In einem kleineren Teich kann das Wasser durch zu viele Nährstoffe leichter kippen, das heißt, es entwickeln sich vermehrt unerwünschte Algen.

Frauenmantel wächst gerne am feuchten Standort und ist deswegen für die Uferbepflanzung geeignet.

Die minimale Tiefe eines Teiches hängt von verschiedenen Faktoren ab, wie beispielsweise der Größe des Teichs, den Bedürfnissen der Pflanzen und Tiere im Teich und den Wetterbedingungen in Ihrer Region. Im Allgemeinen wird jedoch empfohlen, dass ein Gartenteich mindestens 80 cm tief sein sollte. Eine ausreichende Tiefe ist wichtig, um sicherzustellen, dass sich das Wasser im Teich nicht zu schnell aufheizt und ausreichend Sauerstoff vorhanden ist, um Pflanzen und Tiere im Teich zu unterstützen. Ab einer Tiefe von 80 cm ist auch eine frostfreie Überwinterung beispielsweise für Fische, aber auch andere Tiere gewährleistet. Optimal sind 120 bis 150 cm, denn somit ist eine stabilere Umgebung für Pflanzen und Tiere im Teich gegeben.

Verschiedene Teichzonen

Jeder Teich hat verschiedene Tiefenzonen und je nach der Tiefe des Wassers stellen diese Zonen unterschiedliche Lebensräume für verschiedene Pflanzen und Tiere dar.

Um den Teich herum gibt es die Uferzone. Legen Sie diese leicht feuchte Zone breit genug an, sodass Sie genug Raum haben, interessante Pflanzenarten anzusiedeln, die sonst nicht in Ihrem Garten gedeihen würden, wie beispielsweise die Kuckuckslichtnelke.

Die erste Stufe des Teiches sollte nicht tiefer als 20 cm sein. In dieser Sumpfzone wachsen Pflanzen, die auf dauerhaft feuchtes Substrat angewiesen sind, aber nicht im Wasser stehen wollen. Dazu gehören z. B. Sumpfdotterblume und Blutweiderich. Die flachen Uferzonen sind für viele Tierarten ein wichtiger Lebensraum, da sie hier ideale Bedingungen für die Aufzucht ihrer Jungen vorfinden.

Die zweite Stufe, die sogenannte Flachwasserzone, sollte etwa 50 cm tief angelegt werden. Neben der Sumpfzone bietet sie den idealen Lebensraum für eine Vielzahl von einheimischen Wasserpflanzen. Hier wachsen Sumpfschwertlilie, Froschlöffel, Schwanenblume, Pfeilkraut und viele andere attraktive Arten, die sich gut an die nassen Bedingungen angepasst haben.

In der Tiefwasserzone sollte der Teich die Mindesttiefe von 80 cm oder tiefer besitzen, damit sich das Wasser im Sommer nicht zu sehr aufheizt. Hier wachsen die beliebten und dekorativen Seerosen und ebenso unscheinbare wie wertvolle Unterwassergewächse wie das Tausendblatt, das der Wasserreinigung dient.

In einem artenreichen Naturteich, der als wilde Ecke fungieren soll, sollten Sie auf Fische verzichten. Sie sind sehr gefräßig und werden Eier und Larven von Amphibien und Wasserinsekten fressen. Verzichten Sie also auf Fische und erhöhen Sie die Artenvielfalt in Ihrem Teich enorm! Besonders Goldfische vermehren sich in den Teichen meist sehr gut und lassen dann kaum einem anderen Wasserlebewesen die Chance, in dem Teich zu überleben. Außerdem kann das Algenwachstum durch Fischbesatz gefördert werden, da die Ausscheidungen den Teich überdüngen. Es ist viel einfacher, einen gesunden sich selbst reinigenden Gartenteich zu haben, wenn auf Fische im Teich verzichtet wird. Wenn Sie nicht auf Fische verzichten möchten, dann wählen Sie kleine Fischarten wie Moderlieschen, Stichlinge oder Bitterlinge.

DIE TEICHANLAGE

Am besten starten Sie den Bau Ihres neuen Wasserparadieses in der frostfreien Saison. Herbst und Vorfrühling sind besonders gut geeignet. Beginnen Sie damit, die Grube für den Teich auszuheben. Das können Sie entweder manuell oder mit einem Bagger bewerkstelligen, je nachdem, wie groß der Teich werden soll. Achten Sie schon beim Ausheben darauf, die verschiedenen Zonen zu modellieren. Das Teichufer fällt dabei in Stufen von der Sumpfzone bis zur Tiefwasserzone ab. Die Uferzone wird nicht ausgehoben. Auf die Stufen können die passenden Pflanzen gesetzt werden. Achten Sie bei Folienteichen darauf, dass die Kanten der Stufen nicht zu steil sind, damit sie von den unterschiedlichsten Tieren überwunden werden können und keines beim Trinken ins Wasser fällt und nicht wieder herauskommt. Falls Sie einen Fertigteich gekauft haben, passen Sie die Grube der Form des Beckens an. Den Aushub können Sie nutzen und für die Gartengestaltung verwenden, beispielsweise können Sie Ihre Kräuterspirale mit der Erde befüllen (► *Seite 92*). Einen Teil des Substrats benötigen Sie für die Gestaltung der Sumpf- und Flachwasserzone.

Die eingesetzten Ufer- und Wasserpflanzen werden den neuen Naturteich bald begrünen.

Die Teichfolie einsetzen

Bestimmen Sie die richtigen Maße für Ihre Teichfolie, indem Sie eine Schnur an der breitesten und an der längsten Stelle durch den Teich legen. Dann messen Sie die Länge der Schnur und rechnen zu den Maßen 1 m dazu, sodass es 50 cm Überlappung an beiden Seiten gibt. Lassen Sie beim Einlegen der Folie etwas oben überstehen, damit kein Wasser in das umliegende Erdreich verschwinden kann. Als Materialien eignen sich Kautschukfolien (EPDM) und PVC-Folien. Kautschukfolien haben eine deutlich längere Haltbarkeit und lassen sich besser verarbeiten. Außerdem enthalten sie keine schädlichen Weichmacher, die ins Wasser entweichen können. Falls möglich, entscheiden Sie sich also für eine EPDM-Folie, die allerdings höhere Anschaffungskosten verursacht. Auf jeden Fall sollte die Teichfolie mindestens 1 mm dick sein, sodass auch starke Wurzeln der Wasserpflanzen oder umstehender Gehölze, die von unten zum Wasser

Selbst ein Mini-Teich in einer flachen Schale erhöht die Artenvielfalt im Garten und lockt Tiere an.

wachsen wollen, ihr nichts anhaben können. Legen Sie die Folie möglichst faltenfrei in der ausgehobenen Mulde aus. Anschließend kann die tiefe Zone auch schon mit etwas Wasser befüllt werden, sodass die Folie sich setzen kann.

Den Teich gestalten

Die Sumpf- und Flachwasserzone wird nun mit Natursteinen, Ästen, Baumstümpfen, Kies oder Sand ausgestattet. Das ergibt ein schönes natürliches Bild und nicht schwimmende Tiere wie Igel oder Mäuse haben einen sicheren Zugang zum Wasser. Vergessen Sie auch das Pflanzensubstrat, den Aushub, in der Ufer- und Flachwasserzone nicht. In dieses Substrat werden nun die passenden Pflanzen gesetzt. Pflanzen, die sich sehr stark ausbreiten, können in Pflanzkörben bleiben, die beim Kauf meist dabei sind. Jetzt können Sie Ihren Teich komplett mit Wasser befüllen. Falls möglich, verwenden Sie Regen- oder Brunnenwasser, aber auch Leitungswasser ist in Ordnung. Ist ein Naturteich in der näheren Umgebung vorhanden, können Sie Ihren Teich mit zwei Eimern Wasser beimpfen, also mit nützlichen Organismen anreichern, ohne dass diese sich erst nach und nach einfinden müssen. Die enthaltenen Mikroorganismen beginnen dann schnell mit ihrer Arbeit. Möglicherweise ist das Wasser anfänglich trüb, es wird sich aber mit der Zeit klären, wenn sich das biologische Gleichgewicht eingestellt hat. Auch im Laufe der Zeit kann sich das Wasser ab und an eintrüben. Kein Grund zur Panik, die Mikroorganismen, Pflanzen und Tiere bringen das wieder ins Lot! Deswegen benötigt ihr natürlicher Gartenteich auch keine Pumpe; es bleibt natürlich Ihnen überlassen, ob Sie ein Wasserspiel integrieren. Das Plätschern hat eine beruhigende Wirkung und der zugeführte Sauerstoff unterstützt das biologische Gleichgewicht.

Der Natur freien Lauf lassen

Zum Schluss kommt der beste und angenehmste Teil: Lassen Sie Ihren Teich sich selbst entwickeln und gestalten! Warten Sie ab, welche Lebewesen, egal ob Pflanzen oder Tiere, in der wilden Wasserecke einziehen. Verlassen Sie sich darauf, dass der neue Gartenteich sich bald beleben wird. Als erste dauerhafte Besucher können Sie Wasserläufer und Libellen begrüßen, später werden Sie möglicherweise Wasserschnecken, Unken, Frösche oder kleine Krebse entdecken.

PFLANZEN FÜR DIE UFER- UND SUMPFZONE

Um eine gesunde und abwechslungsreiche Bepflanzung im Gartenteich zu gewährleisten, ist es wichtig, auf eine ausgewogene Verteilung der Pflanzen zu achten. Hierzu empfiehlt es sich, die unterschiedlichen Tiefenzonen des Teichs zu berücksichtigen und Pflanzen auszuwählen, die gut an die jeweiligen Bedingungen angepasst sind. So können Sie sicherstellen, dass der Gartenteich nicht nur schön aussieht, sondern auch ein wichtiger Lebensraum für viele verschiedene Tier- und Pflanzenarten ist.

Heimische Uferpflanzen sind ideal für den natürlichen Gartenteich, da sie perfekt an das lokale Klima und die Bodenbedingungen angepasst sind. Dazu gehören beispielsweise der Gewöhnliche Wasserdost, das Mädesüß, die Bachnelkenwurz, der Gilbweiderich und der Blutweiderich sowie das Zottige Weidenröschen. Diese heimischen Uferpflanzen bilden nicht nur eine wunderschöne Bepflanzung für den Teich, sondern sie bieten auch einen Lebensraum und Nahrung für viele verschiedene Arten von Tieren, wie z. B. Schmetterlinge, unterschiedliche Wildbienenarten und natürlich die schillernden Libellen. Wenn Sie heimische Pflanzen an Ihrem Gartenteich verwenden, werden Sie eine natürliche Umgebung schaffen, die sich harmonisch in den umgebenden Garten integriert. Einige Arten finden Sie im Porträt in der Tabelle auf der folgenden Seite. Es gibt selbstverständlich viele weitere empfehlenswerte Uferpflanzen, die Sie rund um Ihren Teich pflanzen können. (Weitere Informationen hierzu finden Sie in den Literaturempfehlungen im Anhang.)

Der Blutweiderich ist eine prächtige Uferpflanze, die auch Schmetterlinge an den Teich lockt.

Ökologisch wertvoll

Die Ufervegetation ist ein wichtiger Bestandteil eines natürlichen Gartenteichs und bietet nicht nur optische Vorteile. Eine gut gestaltete Uferzone trägt außerdem dazu bei, die Wasserqualität zu erhöhen. Pflanzen absorbieren überschüssige Nährstoffe und reduzieren so das Wachstum von Algen. Die Wurzeln der Pflanzen helfen auch, Sedimente und Schadstoffe aus dem Wasser zu filtern und zu entfernen. Sie stabilisieren den Uferbereich und können ein Abrutschen des Substrats verhindern. Darüber hinaus bieten Uferpflanzen und Wasserpflanzen Lebensraum für viele verschiedene Arten von Tieren und Insekten. Unter anderem Vögel, Frösche und Libellen nutzen die Pflanzen als Schutz und Nahrung und tragen zur biologischen Vielfalt des Teiches bei.

Neben ihren ökologischen Vorteilen können Uferpflanzen auch ästhetische Vorteile bieten. Eine gut gestaltete Uferzone kann den Teich visuell ansprechender machen und dazu beitragen, dass er sich harmonisch in die umgebende Landschaft einfügt. Mithilfe der Pflanzen können Sie eine natürliche Atmosphäre und einen Ort der Ruhe und Entspannung schaffen. Bepflanzen Sie das Teichufer und die Sumpfzone mit ausgewählten heimischen Wildpflanzen und erfreuen Sie sich an Ihrer neuen wilden Ecke.

Teichpflanzen für Ufer- und Sumpfzone in Sonne und Halbschatten

	NAMEN	WUCHS	BLÜTE	ÖKOLOGISCHER WERT	BESONDERHEITEN
	**Sumpf-Vergissmeinnicht** *Myosotis palustris*	20–40 cm Buschig ⊚	V–IX Blau	Lange Blütezeit am Teich, lockt Wildbienen und Falter an	Vermehrt sich durch Selbstaussaat
	**Sumpf-Ziest** *Stachys palustris*	50–70 cm Aufrecht ⊚	VI–VIII Violett	Gute Nektarpflanze am Teichufer, Pollenquelle für einige Wildbienen	Breitet sich gerne aus, für genügend Platz sorgen
	**Bertramsgarbe** *Achillea ptarmica*	50–70 cm Aufrecht ⊚	VII–IX Weiß	Gute Blume für Wildbienen, Schwebfliegen, kleine Käfer	Kommt auch mit gelegentlicher Trockenheit zurecht
	**Kuckucks-Lichtnelke** *Lychnis flos-cuculi*	40–60 cm Aufrecht, Blattrosette ⊚	V–VI Rosa	Schmetterlingsblume für den Teichrand, frühe Nektarquelle für einige Wildbienen	Besondere Blütenform, auch dekorativ in der Vase, sonniger Standort
	**Echtes Mädesüß** *Filipendula ulmaria*	70–120 cm Aufrecht, Blattrosette ⊚	VI–VIII Weiß	Futterpflanze des Mädesüß-Perlmuttfalters, Pollenpflanze für Wildbienen	Blumig-herber Duft nach Honig oder Mandel
	**Gewöhnlicher Blutweiderich** *Lythrum salicaria*	80–150 cm Aufrecht ⊚	VI–IX Fuchsia	Lockt Schwebfliegen, Wildbienen und vor allem Schmetterlinge an den Teich	Prächtige Staude, die an keinem Teich fehlen sollte, auch im Wassertopf möglich

⊚ mehrjährig ⊙ einjährig ⊙ zweijährig

PFLANZEN FÜR FLACH- UND TIEFWASSERZONE

Auch für die Tief- und Flachwasserzone gibt es die passenden heimischen Pflanzen. Diese Wasserpflanzen sind nicht nur hübsch anzusehen, sondern spielen auch eine wichtige Rolle im ökologischen Gleichgewicht des Gartenteichs. Sie produzieren Sauerstoff und bieten Unterschlupf und Nahrung für Fische und Wasserinsekten. Ein Teich, der gut bestückt mit Wasserpflanzen ist, ist ein lebendiger Teich!

Es gibt verschiedene Arten von Wasserpflanzen, die in Ihrem neuen Wasserparadies gedeihen können. Die meisten wachsen in der Flachwasserzone und sorgen für eine natürliche Grenze zwischen Land und Wasser. Schwanenblume, Sumpfschwertlilie oder der kleine Rohrkolben zählen dazu. Diese Pflanzen sind äußerst dekorativ und verleihen dem Teich einen natürlichen wilden Charme. Darüber hinaus bieten Pflanzen der Flachwasserzone auch Schatten und Versteckmöglichkeiten für kleinere Tiere. Unterwasserpflanzen wie das Ährige Tausendblatt (*Myriophyllum spicatum*), zeigt lediglich im Sommer dünne Triebe über der Wasseroberfläche, die blassrosa Blüten tragen. Viele Unterwasserpflanzen wie z. B. verschiedene heimische Laichkrautarten sind sehr gute Sauerstofflieferanten und deswegen wichtig für die Gesunderhaltung des Teichs. Allerdings wuchern einige Laichkrautarten stark, sie sind eher für große Teiche geeignet.

Denken Sie daran, dass auch quakende Frösche in den Teich einziehen werden und sprechen Sie mit den Nachbarn.

Von See- und Teichrosen

In der Tiefwasserzone wächst zudem die Königin der Teichblumen, die Seerose. Die klassische Schwimmpflanze sollte unbedingt auch einen Platz finden. Die Wildform (*Nymphaea alba*) blüht weiß und benötigt eine Wassertiefe von mindestens 1,50 m. Sie breitet sich allerdings gerne aus. Gärtnereien bieten hingegen unterschiedliche Zuchtformen an, die weiß, gelb oder rosafarben blühen. Hier werden Sie fündig, wenn Sie auf der Suche nach einer passenden Seerose für Ihre wilde Wasserecke sind. Achten Sie beim Kauf auf den Anspruch der gewählten Seerose an die Wassertiefe. Einheimisch ist auch *Nuphar lutea*, die Gelbe Teichrose. Allerdings benötigt auch diese Bewohnerin der Tiefwasserzone sehr viel Platz. Eine gute Alternative für kleine Teiche ist daher *Nuphar pumila*, die Kleine Teichrose. Sie hat ebenso wie die Gelbe Teichrose fast kugelige gelbe Blüten, gedeiht aber bereits ab einer Wassertiefe von 50 cm.

All diese Pflanzen sind in der Lage, das ökologische Gleichgewicht des Gartenteichs zu fördern, indem sie Sauerstoff produzieren und überschüssige Nährstoffe aufnehmen, die das Algenwachstum anregen. Sie sind auch ästhetisch ansprechend und tragen dazu bei, Ihren Gartenteich zu einem schönen und lebendigen Teil Ihres natürlichen Gartens zu machen. Es ist wichtig, die richtigen Pflanzen für die Größe und Tiefe Ihrer wilden Wasserecke auszusuchen. Wenn Sie sich unsicher sind, welches die richtigen Pflanzen sind, lassen Sie sich im Fachhandel von einem Experten beraten.

Teichpflanzen für die Wasserzone auf sonnigem Standort

	NAMEN	WUCHS	BLÜTE	ÖKOLOGISCHER WERT	BESONDERHEITEN
	**Schwanenblume** *Butomus umbellatus*	60–120 cm Aufrecht, Horstig ∞	VI–VIII Rosa	Nektar für Fliegen, Schwebfliegen, Bienen und Hummeln	10–40 cm Wassertiefe, zauberhafte filigrane Blüten
	**Sumpfschwertlilie** *Iris pseudacorus*	50–80 cm Aufrecht ∞	V–VII Gelb	Häufig besucht von Hummeln und Schwebfliegen	20 cm Wassertiefe, auffallend große Blüten, bildet Ausläufer
	**Sumpfdotterblume** *Caltha palustris*	30–40 cm Buschig ∞	III–V Gelb	Sehr frühe Pollenquelle für Käfer und Wildbienen	0–5 cm Wassertiefe, sehr frühe Blüte am Teichrand, auch für Halbschatten
	**Wasser-Minze** *Mentha aquatica*	40–60 cm Aufrecht ∞	VII–IX Violett	Spätsommerliche Nahrungspflanze für Schmetterlinge, Bienen, Fliegen und mehr	0–10 cm Wassertiefe, bildet Ausläufer, Blätter für Tee
	**Kleiner Rohrkolben** *Typha minima*	40–60 cm Aufrecht ∞	VI–VII Braun	Beliebter Schlüpfplatz für Libellen, Baumaterial für Wasserkäfer und Vögel	10–20 cm Wassertiefe, auch für Wassertöpfe geeignet, Strukturgeber
	**Seerose** *Nymphea alba*	bis 150 cm Schwimmend ∞	VI–VIII Weiß	Bietet Verstecke für Wassertiere, guter Landeplatz für Insekten	Für Tiefenzone, wuchert sehr stark, eventuell auf Zuchtformen zurückgreifen

∞ mehrjährig ⊙ einjährig ⊙⊙ zweijährig

DIE PFLEGE VON GARTENTEICHEN

An einem sonnigen Tag am neuen Gartenteich zu sitzen und das Schwirren der Libellen zu beobachten ist Genuss pur. Damit Ihr Teich dauerhaft schön bleibt, braucht er gute Pflege.

DAS WICHTIGSTE vorweg: Die Pflege Ihres Gartenteichs beginnt bereits beim Anlegen. Richtig angelegt ersparen Sie sich tatsächlich eine Menge

Im gut angelegten Teich stellt sich ein natürliches Gleichgewicht ein und Sie können die Beine hochlegen.

an Pflegearbeit. Achten Sie darauf, dass genügend Wasserpflanzen im Teich wachsen. Wie auf den vorhergehenden Seiten beschrieben, tragen sie in hohem Maße zu einer guten Wasserqualität bei. Außerdem beugen Sie mit schattenspendenden Wildsträuchern oder größeren Stauden, die mit etwas Abstand zum Teich bereits wachsen oder angepflanzt werden, einem übermäßigen Algenwachstum vor. Der Abstand ist nützlich, weil so weniger Laub ins Wasser fällt. Falls das aus Platzgründen nicht möglich ist, können Sie den Teich im Herbst mit einem speziellen Netz abdecken, sodass Sie nicht laufend herabfallendes Herbstlaub entfernen müssen.

Normalerweise sollten dem Wasser durch die Bepflanzung ausreichend Nährstoffe entzogen werden, sodass sich weniger Algen entwickeln und sich ein natürliches Gleichgewicht einstellt. Das Wasser im Naturteich muss übrigens nicht immer glasklar sein, es kann sich auch von Zeit zu Zeit eintrüben. Besonders im ersten Jahr nach der Anlage, wenn die Wasser- und Uferpflanzen noch nicht sehr groß gewachsen sind, wird es noch einen Nährstoffüberschuss geben. Spätestens ab dem dritten Jahr sollte sich jedoch in dem natürlich bepflanzten Gartenteich ein selbstreinigender Effekt einstellen. Das hängt unter anderem mit den natürlichen Reinigungsprozessen durch Mikroorganismen zusammen. Außerdem nehmen die Wasserpflanzen so viele Nährstoffe auf, dass die Algen sich nicht ungehemmt vermehren können. Bleiben Sie also entspannt und warten Sie ab, wie sich nach und nach ein biologisches Gleichgewicht einstellt und die Reinigung des Wassers wie von selbst geschieht.

WICHTIGE ARBEITEN

Allerdings ist ein kleiner Gartenteich kein natürlicher See und es kann sein, dass wir die Reinigung des Wassers unterstützen müssen. Lichten Sie deshalb stark wachsende Pflanzen regelmäßig aus, damit sie nicht den kompletten Teich zuwuchern. Diese Pflegemaßnahme sollten Sie am besten im Winter, zwischen Dezember und Februar, vornehmen. Dann können Sie sicher sein, dass Sie kaum einen der Teichbewohner stören. Sie können auch regelmäßig, praktisch im Vorbeigehen, abgestorbene Pflanzenteile absammeln, denn auf diese Weise gelangt nicht zu viel organisches Material in den Teich.

In regelmäßigen Abständen, aber nicht notwendigerweise jährlich, sollten Sie abgesunkenes Material und Schlamm entfernen. Je nach Teich und Standort kann diese Pflegemaßnahme nur alle 8–10 Jahre oder jedes Jahr nötig sein, das kommt darauf an, wie viel organisches Material in den Teich fällt. Führen Sie die Reinigungsmaßnahme zwischen Ende September und Anfang November durch. Reinigen Sie den Boden des Teichs möglichst von Hand und in Etappen. Dann können sich Tiere und Wasserpflanzen an die Veränderungen anpassen. Verwenden Sie eine Wathose oder schöpfen Sie den Schlamm vom Ufer aus mit einem Kescher ab, das hängt von der Beschaffenheit Ihres Teiches ab. Bei größeren Teichen kann es sinnvoll sein, einen Teichsauger anzuschaffen, allerdings ist die Reinigung von Hand immer schonender für die Bewohner des Wasserbiotops.

Im Winter sollten Sie bei länger anhaltenden frostigen Temperaturen einen Teil der Wasseroberfläche eisfrei halten, um die Sauerstoffversorgung von im Teich überwinternden Fröschen und Fischen zu gewährleisten.

Falls der Wasserspiegel in einem sehr heißen und trockenen Sommer zu stark absinkt, sollten Sie Wasser nachfüllen. Tritt das Problem allerdings öfter auf, kann es notwendig sein, eine zusätzlich Kapillarsperre um den Teich anzulegen. Die Kapillarsperre verhindert, dass das umliegende Erdreich wie ein Schwamm Wasser aus dem Teich saugt. Falls die herausstehende Teichfolie, wie auf *Seite 112* beschrieben, nicht ausreichend sperrt, sollten Sie mit einem speziellen Teichrandsystem unbedingt nachbessern.

Falls zu viele Blätter in den Teich fallen, können Sie diese mit einem Kescher abschöpfen.

Was schwimmt denn da?

Rund um die Wasserstelle im Garten werden sich faszinierende Gäste einfinden. Es macht Freude, diese schillernden oder unauffälligen Lebewesen zu beobachten. Erfahren Sie mehr über den Lebensraum Wasser!

Ein Naturgarten ist ein Refugium für die Artenvielfalt und ein Ort, an dem die Natur in ihrer ganzen Pracht gedeihen kann. Wasserhabitate spielen in einem solchen Garten eine entscheidende Rolle, da sie nicht nur ästhetische Elemente bilden, sondern auch einzigartige Lebensräume für besondere Bewohner schaffen. Zu den wohl auffälligsten Tieren gehören die Libellen, faszinierende Fluginsekten, deren Larven im Wasser leben. Libellen werden zu den ersten Besucher gehören, die sie durch ein Wasserhabitat im Garten anlocken. Wasserläufer und Wasserschnecken sind meist fester Bestandteil von Wasserhabitaten. Erfahren Sie mehr über diese Tierchen auf der gegenüberliegenden Seite.

DAS REICH DER AMPHIBIEN

Außerdem werden Amphibien den Teich besiedeln. Bei uns in Deutschland sind nur noch 21 Arten heimisch. Zu den Amphibien gehören Molche, die als Jungtiere und zur Paarungszeit im Wasser leben, den Rest der Zeit aber an Land verbringen. Dafür entwickeln sie sowohl sehr unterschiedliche Färbungen, die „Landtracht" und die „Wassertracht", als auch Schwimmhilfen wie Flossensäume, die sich an Land wieder zurückbilden. Interessante Lebewesen mit Eigenschaften aus der Urzeit! Durch die Zerstörung der natürlichen Habitate sind Molche zunehmend in ihren Beständen gefährdet. Wollen Sie Molche in Ihrem Gartenteich ansiedeln, sollten Sie auf Fische verzichten. Die Fische fressen nämlich Laich und Kaulquappen der Amphibien.

Auch Frösche und Kröten gehören zu den Amphibien, die Sie in und am Gartenteich beobachten können. Die Froschlurche legen ihre Eier im Wasser ab, woraus sich die bekannten Kaulquappen entwickeln. Den Laich von Fröschen und Kröten können Sie leicht unterscheiden: Froschlaich treibt in Ballen an der Wasseroberfläche, Krötenlaich zieht sich in Schnüren durch das Wasser.

FLIEGEN UND VÖGEL AN WASSERSTELLEN

Verschiedene Fliegenarten finden sich ebenfalls ausschließlich in Wassernähe. Eintagsfliegen gehören entstehungsgeschichtlich zu den ältesten Insekten, die Larven einiger Arten leben in stehenden Gewässern. Langbeinfliegen sind schillernd grüne Jäger, die auf dem Wasser laufen können und dort kleinere Insekten erbeuten. Die Larven der Köcherfliegen leben ebenfalls im Wasser, sie spinnen einen Köcher und bekleben ihn mit Pflanzenteilen oder Steinchen. Es entstehen kunstvolle Gebilde, in denen die Larven leben.

Auch besondere Vögel werden durch das Wasser angelockt: Mit etwas Glück werden Sie einen blau schillernden Eisvogel oder eine Wasseramsel zu Gesicht bekommen.

Wasserschnecken

TYPEN: *Schlammschnecke, Posthornschnecke*
NAHRUNG: *Algen, abgestorbene Pflanzenteile*

Wasserschnecken sind wichtige Bewohner von Gartenteichen, denn sie helfen, das Wasser sauber zu halten. Mit ihren Raspelzungen machen sie sich über abgestorbene Pflanzenteile und lästige Algen her. Die Wasserschnecken haben keine Kiemen, sondern Wasserlungen und können kurz an Land überleben. Sie müssen immer wieder auftauchen, um zu atmen. Aber keine Sorge: Sie bleiben im Teich und werden sich nicht über die umliegenden Gemüse- oder Blumenbeete hermachen. Einige Schnecken können sogar direkt unterseitig der Wasseroberfläche entlangkriechen. Bei Störung pressen sie Luft aus dem Gehäuse und fallen wie ein Stein zu Boden. Aus dem Schneckenlaich schlüpfen nach 14 Tagen fertige Jungschnecken, wenn er nicht zuvor von anderen Tieren gefressen wird.

Wasserwanzen

TYPEN: *Rückenschwimmer, Wasserläufer*
NAHRUNG: *kleine Insekten*

Wasserläufer gehören zu den häufigen Wasserinsekten, sind aber deswegen nicht weniger lustig zu beobachten. Sie können tatsächlich auf dem Wasser laufen! Dafür nutzen sie die Oberflächenspannung des Wassers, mit den besonders vielen Härchen auf ihren Fußgliedern wirkt das Laufen federleicht. Wenn sie erschreckt werden, können sie auch einen ordentlichen Satz machen und bis zu 0,5 m weit springen. Ihre Beute besteht aus Insekten, die ins Wasser gefallen sind. Die Vibrationen der Beute werden durch das Wasser übertragen und die flinken Wasserläufer greifen sich die Tiere mit dem vorderen Beinpaar. Auch Rückenschwimmer erbeuten Insekten. Sie schwimmen allerdings unter der Wasseroberfläche und atmen mit der Spitze ihres Hinterleibs.

Libellen

TYPEN: *Schlanklibellen, Edellibellen, Segellibellen u.a.*
NAHRUNG: *Insekten*

Libellen lebten schon vor 300 Millionen Jahren auf der Erde und gehören nach wie vor zu den besten Fliegern, denn sie können ihre beiden Flügelpaare unabhängig voneinander bewegen. Sie können abrupt die Richtung wechseln, in der Luft stehen oder – je nach Art – sogar rückwärtsfliegen. Die bunt schillernden und imposanten Fluginsekten leben allerdings nur einige Wochen, die Zeit vorher verbringen sie als Libellenlarve in den Gewässern. Die Larven ernähren sich von kleineren Larven, Eiern und Kleinstlebewesen. Die schlupfbereite Larve klettert an einem senkrechten Pflanzenstängel empor und setzt sich dort fest. Hier beginnt die letzte Häutung, bei der die fertige Libelle aus dem Larvenkörper schlüpft.

NATURELEMENTE TROCKENMAUERN, STEINHAUFEN UND STEINGARTEN

Geeignet für: sonnige Standorte

Besonders nützlich für: Wildbienen, Zauneidechsen, besondere Pflanzenarten

Beobachtungs-Highlight: Sonnenbad der Zauneidechsen

Aufwand bei der Anlage: mittel bis hoch

Pflegeaufwand: gering

DER GESTALTUNG mit Steinen kommt im naturnahen Garten eine besondere Rolle zu. Mit diesem natürlichen Material können Sie wilde Ecken in jeder Größe und Form erschaffen und bieten damit vielen Arten einen wichtigen Lebensraum. Die Trockenmauer ist dabei insbesondere auch Habitat für Tiere, wobei der Schwerpunkt beim Steingarten auf dem Lebensraum für besondere Pflanzen liegt. Stein- und Kiesgärten liegen auch wegen zunehmender Trockenheit, die uns der Klimawandel beschert, voll im Trend. Sie beherbergen vor allem trockenheitstolerante und an den Standort gut angepasste Pflanzen. Die Steine speichern tagsüber Wärme und geben diese nachts wieder ab, wodurch ein wärmeres Mikroklima entsteht. Hier können wärmeliebende Pflanzen wachsen, die sonst in Ihrem Garten nicht gedeihen würden.

WAS SIND EIGENTLICH TROCKENMAUERN?

Eine Trockenmauer ist ein vielseitiges und naturnahes Gestaltungselement für Ihren Garten. Sie dient zur Befestigung eines Hangs, als Beetbegrenzung, als Grundstücksgrenze oder ist ästhetisches Beiwerk. Ihrer Fantasie sind hier keine Grenzen gesetzt! Trockenmauern zeichnen sich dadurch aus, dass sie ohne den Einsatz von Mörtel, allein durch das Gewicht der Steine, stabil sind. Das bedarf etwas Übung und Geduld beim Aufbau. (Auf *Seite 126* finden Sie eine Anleitung zum Bau einer Trockenmauer.) Wenn Ihnen die Errichtung einer Trockensteinmauer zu kompliziert erscheint, können Sie auch mit einem einfachen Steinhaufen die Vielfalt in Ihrem Garten unterstützen. Sie erschaffen sowohl mit der Trockenmauer als auch mit einem Steinhaufen einen Lebensraum für besondere Wildbienen, Eidechsen, Kleinsäuger und Pflanzen, die es gerne trocken und warm mögen.

Trockenmauern waren früher häufig zu sehen. Eine wichtige Funktion waren die Sicherung von Hängen und Böschungen sowie die Terrassierung in der Landwirtschaft und im Weinbau. Die Mauern verhinderten das Abrutschen des Erdreichs und schufen so neue Anbauflächen. Außerdem waren sie Einfriedungen von Weiden. Gebietsweise wurden Steine, die bei der Feldarbeit gestört haben, abgelesen und zu Steinhaufen aufgeschichtet. All diese Strukturen verschwinden nach und nach aus unserer Kulturlandschaft. Steinhaufen und Trockenmauern bieten jedoch einen wichtigen und wertvollen Lebensraum, der besondere Tier- und Pflanzenarten beherbergt. Viele Tiere, wie Wildbienen, Schmetterlinge, Käfer und Spinnen, finden in den Hohlräumen und Spalten der Mauern Unterschlupf und Nistplätze. Kleine Säugetiere, Reptilien und Amphibien können ebenfalls von den Mauern profitieren, die sie als Verstecke oder Sonnenplätze nutzen. Deswegen ist es gut und wichtig, wenn wir in unseren Gärten eine kleine Ecke für einen Steinhaufen oder eine Trockenmauer bereithalten. Lassen Sie sich überraschen, welche besonderen Gäste sich im Garten einfinden, und bepflanzen Sie die steinerne Struktur mit ausgefallenen Pflanzen, die genau diesen Lebensraum brauchen.

Die Heidenelke ist eine ausdauernd blühende Pflanze für alle mageren Standorte wie Mauerkronen.

Dabei können Sie ganz nebenbei vielfältige Zwecke erfüllen und als Stützmauer in Hanglagen eingesetzt, als Hochbeete oder als Begrenzung eines Sitzplatzes genutzt werden.

Bei der Gestaltung von Trockenmauern sind Ihrer Kreativität keine Grenzen gesetzt. Jede Form und Größe ist möglich, und auch die Verwendung von unterschiedlichen Steinarten ist kein Problem. Sie können sogar vorhandenes Recyclingmaterial nehmen, solange es nicht mit Schadstoffen belastet ist. Bauen Sie Ihre Trockenmauer aus alten Dachziegeln, Backsteinen, Betonplatten oder was Ihnen sonst noch über den Weg läuft. Falls Sie Material für die Trockenmauer kaufen, achten Sie bitte auf Steine aus der Region. Sie fügen sich meist schön in den Garten ein und außerdem trägt der Transport dieses schweren Materials aus Übersee nicht zu einer guten CO_2-Bilanz bei.

NÜTZLICHE STEINGÄRTEN

Mit einem natürlichen und insektenfreundlichen Stein- oder Kiesgarten können verschiedene Anlagen gemeint sein. Keinesfalls geht es hier um artenarme Schottergärten, die in letzter Zeit für Aufsehen und Entrüstung sorgen. Viele Pflanzengesellschaften wachsen auf durchlässigen und nährstoffarmen Böden und haben sich an die besonderen Standorte angepasst. Es findet sich eine große Auswahl an wunderbaren bunt blühenden Wildblumen für diesen Lebensbereich. Andererseits haben es die üblichen Verdächtigen wie Löwenzahn, Vogelmiere und Co., die es gerne nährstoffreich mögen, schwer, an solch einem Standort Fuß zu fassen. Das bietet einen riesigen Vorteil für uns Gärtnerinnen und Gärtner: In einem gut gestalteten Steingarten müssen wir deutlich weniger Unkraut jäten als in einer klassischen Blumenrabatte. Und das ist noch nicht alles, denn die Pflanzengesellschaften dieser durchlässigen Böden sind trockenheitstolerant. Das bedeutet für uns viel weniger Gießen und das passt gut in einen Garten in Zeiten des Klimawandels.

Im Kiesbeet wachsen besondere Pflanzen wie die Zwerg-Glockenblume, und Unkraut muss wenig gejätet werden.

Anlage eines Steingartenbeets

Sie können Ihren Steingarten z. B. als alpines Steinbeet gestalten. Dafür arbeiten Sie mit größeren Steinen, die zu einer „Felsformation" aufgeschichtet werden. Bei vorhandenem Gefälle kann ein kleiner Hügel aufgeschüttet werden oder Sie legen in der Ebene einen Steingarten an. Die Zwischenräume zwischen den Steinen werden mit einem Substrat mit hohem mineralischen Anteil und beispielsweise Schotter aufgefüllt. Bringen Sie keine nährstoffreiche Erde in das Steinbeet ein, sonst können sich Unkräuter breitmachen und die erwünschten Steingartenpflanzen verdrängen. Richten Sie Ihren Steingarten Richtung Süden, Südwesten oder Südosten aus, denn die besonderen Pflanzen, die hier wachsen, mögen viel Sonne. Die meisten Arten, die sich im Steingarten wohlfühlen, sind richtige Zwerge unter den Pflanzen, die langsam wachsen. Damit der Steingarten trotz der niedrig bleibenden Pflanzen in voller Pracht erstrahlt, ist es wichtig, dass Sie die Steine ganz nach Ihrem Geschmack aufschichten. Das steinige

Die heimische Goldrute ist eine Augen- und Bienenweide im Steingarten und blüht bis in den Herbst.

Material macht einen Großteil der Ästhetik des alpinen Gartens aus.

Anlage eines Kiesbeetes

Ein Kiesbeet besteht aus einer Mischung aus Steinen und nährstoffarmer Erde. Es macht auch als erhöhtes Beet ein gutes Bild und kann in jeder Form und Größe angelegt werden. Wenn Sie möchten, können Sie eine Seite des Beetes als Trockenmauer gestalten. Diese muss allerdings ein bisschen Gewicht aushalten und sollte auf einem stabilen Fundament gebaut werden. Schichten Sie die Steine besonders sorgfältig, wenn Sie die Trockenmauer als Begrenzung für ein Steinbeet verwenden möchten. Verwenden Sie auch für das Steinbeet möglichst regionale Gesteine. Quarze, Basalt, Granit, Kalkstein oder Schiefer sind sowohl für Trockenmauern als auch für alle Arten von Steinbeeten gut geeignet.

Steinbeete benötigen ein 40 cm tiefes Schotterfundament, ansonsten wurzeln auch die nährstoffliebenden Pflanzen nach kurzer Zeit wieder im Steinbeet. Das Hochlegen von Kiesbeeten ist auch aus diesem Grund besonders einfach. Dadurch kann ein gut entwässerndes und nährstoffarmes Substrat von Grund auf aufgefüllt werden. Möchten Sie ein ebenerdiges Beet gestalten, heben Sie das vorhandene Substrat 40 cm tief aus und füllen dann die Fläche mit grobem Schotter oder Bruchstein auf. Verwenden Sie den Aushub für die Gestaltung eines Hügels in Ihrem Garten oder für Ihre Kräuterspirale. Falls Sie einen Garten besitzen, der einen sandigen oder sogar schotterhaltigen Boden hat, gelten diese Hinweise für Sie nicht und Sie können einfach loslegen und die Steine aufschichten.

Wer sonnt sich denn da?

In Deutschland sind vier Echsenarten heimisch, alle sind bedroht und brauchen unseren Schutz. Die Smaragdeidechse kommt genauso wie die Mauereidechse nur regional vor. Viel wahrscheinlicher ist es, dass Sie in Ihrem Garten die Zauneidechse beim Sonnenbad beobachten können. Die kleinere Waldeidechse siedelt auch in naturnahen Gärten und könnte ebenso bald Ihr Gast sein.

BAUANLEITUNG: TROCKENMAUER

Benötigtes Material und Werkzeug auf einen Blick

- Steine in verschiedenen Größen
- Kies oder Schotter als Füllmaterial
- Rüttel- oder Handstampfer, großer Gummihammer
- Schub- oder Sackkarre, Maurerschnur
- Holzpflöcke oder Schnureisen, Spaten

Bevor Sie mit dem Bau der Trockenmauer beginnen, machen Sie sich am besten einen Plan. Überlegen Sie sich, wo die Mauer in Ihrem naturnahen Garten stehen soll, und kümmern Sie sich um ausreichend Material. Dabei ist es auch wichtig, die gewünschte Höhe der Mauer zu kennen. Die Berechnung der benötigten Menge an Steinen in Kubikmetern ist relativ unkompliziert. Selbstverständlich geht das nicht haargenau, aber Sie werden einen ungefähren Wert erhalten. Schlagen Sie etwa 10 % an Materialbedarf auf, da die Natursteine nicht immer genau ineinanderpassen. Am einfachsten ist der Bau, wenn Sie möglichst flache Steine oder solche mit ebenen Oberflächen zur Verfügung haben. Der Bau mit unregelmäßig geformten Steinen erfordert mehr Geduld und es ist auch komplizierter, ein stabiles Gebilde zu errichten. Außer den Steinen sollten Sie geeignetes Füllmaterial besorgen, dafür verwenden Sie Kies oder Schotter. Sie können Ihre Mauer frei stehend, also beidseitig errichten oder eine einseitige Stützmauer an einem Hang oder einem Hochbeet hochziehen.

Wenn die Steine nicht stabil aufeinander liegen, können Sie Fugen mit kleinen Steinen auffüllen.

Das Fundament

Wenn Sie sich für einen Platz und die gewünschten Ausmaße der Mauer entschieden haben, markieren Sie die Größe des Fundaments mit Holzpflöcken oder Schnureisen und einer geeigneten Schnur. Das Fundament sollte halb so breit wie die endgültige Höhe der Mauer angelegt werden. In dem abgesteckten Areal heben Sie nun einen Graben von ca. 20 cm Tiefe aus. Verdichten Sie nun die Erde in dem ausgehobenen Graben und füllen Sie ihn bis 10 cm unter der Erdoberfläche mit Kies oder Schotter auf. Verdichten Sie auch den Kies. Jetzt werden die Fundamentsteine gesetzt. Verwenden Sie dafür möglichst große Steine, das wird Ihrer Mauer eine hohe Stabilität verleihen. Benutzen Sie den Gummihammer, um auf die Steine zu klopfen und sie dadurch auf dem Fundament zu stabilisieren. Die Steine sollten gerade ausgerichtet sein und eine möglichst ebene Fläche bilden. Verwenden Sie nicht alle großen Steine für das Fundament, denn Sie benötigen auch welche für die Mauerkrone.

Die Sichtmauer

Jetzt beginnt der kreative Teil und es werden nach und nach die passenden Steine so stabil wie mög-

Eine Mauerkrone ist nicht nötig, auch einfache Mauern aus großen Steinen sehen gut aus und sind stabil.

lich aufeinandergelegt. Die Steine werden mit der größten Fläche nach unten und mit der längsten Seitenfläche nach vorne ausgerichtet. Tendenziell werden die Steine nach oben hin immer kleiner, es ist jedoch gut, bei frei stehenden Mauern zwischendurch sogenannte Binder zu setzen, das sind große Steine, die die beiden Steinmauern verzahnen und über zwei Drittel der Mauerbreite reichen. Auch bei einer Stützmauer werden Binder verwendet, die aus der Sichtmauer in die Hinterfütterung der Mauer reichen. Bringen Sie immer wieder die Steine mit dem Gummihammer in Position, sodass Sie einen möglichst dichten Fugenschluss erreichen. Inwendig wird das Mauerwerk mit Füllsteinen ausgemauert, mit Splitt werden alle Ritzen verfüllt. Achten Sie darauf, dass alle Steine stabil aufeinanderliegen und nicht mehr wackeln. Gegebenenfalls füllen Sie große Fugen mit kleinen Steinen oder Splitt auf. Sowohl die Stützmauer als auch eine frei stehende Trockenmauer sollten mit einer Neigung von ca. 10 % erbaut werden. Dazu werden die Steine auf jeder Ebene leicht zurückversetzt, was die Stabilität enorm erhöht. Achten Sie während des Mauerns insbesondere auf ein korrektes Fugenbild. Es wird so gemauert, dass die senkrechten Fugen versetzt angeordnet sind und keine Kreuzfugen entstehen. Nur dann kann die nötige Stabilität erreicht werden. Bei einer Stützmauer verfüllen Sie zusätzlich eine Schicht zwischen Erdreich und Mauer mit Kies oder Schotter.

Die Mauerkrone

Wenn die Mauer ihre endgültige Höhe erreicht hat, wird die Krone mit Decksteinen fixiert. Dadurch entsteht die sogenannte Mauerkrone, eine entscheidende Komponente der Trockenmauer. Sie trägt nicht nur zur Stabilität der Mauer bei, sondern beeinflusst auch deren Erscheinungsbild. Sie beschweren die Mauer und verleihen ihr dadurch Stabilität. Am besten geeignet sind große flache Steine, die Sie möglichst waagerecht auf die letzte Reihe Ihres Mauerwerks legen. In manchen Gegenden ist es Tradition, die Mauer mit einer Reihe Kappensteine abzuschließen. Sie werden leicht schräg aufrecht nebeneinandergestellt. Die Kappensteine sind meist dünn und man braucht tatsächlich sehr viele davon. Beginnen Sie die Reihe am besten mit einem großen und schweren Stein, gegen den Sie die dünnen Steinplatten in einem Winkel von etwa 15° lehnen.

PFLANZEN FÜR TROCKEN-MAUERN UND STEINBEETE

Nachdem Sie Ihr Steinbeet oder die Trockenmauer fertiggestellt haben, können Sie die neue steinerne wilde Ecke mit Besonderheiten aus der Pflanzenwelt bestücken. Verteilen Sie die Pflanzen erst auf Ihrem neuen Beet oder der Mauer, dann können Sie ein schönes Gesamtbild erschaffen. Anschließend werden die ausgewählten Pflanzen in passende Lücken gesetzt. Falls nötig, können Sie ein etwas größeres Pflanzloch ausheben und mit nährstoffarmem Substrat, beispielsweise mit Kakteenerde, auffüllen, in das Sie dann die Pflanze setzen. So können die neuen grünen Bewohner von Anfang an gut Fuß fassen.

Steingarten- und Trockenmauerpflanzen, die sich an diesem besonderen Standort in der prallen Sonne und ohne viele Nährstoffe wohlfühlen, kommen in der Natur an extremen Standorten wie auf Trockenrasen und Felsenheiden, aber auch in Kiesgruben und Steinbrüchen vor. Dort wachsen beispielsweise die Rundblättrige Glockenblume, unterschiedliche Nelkenarten, Thymian oder Katzenminze. Im alpinen Steinbeet hingegen spielen die großen Steine optisch eine wichtige Rolle. In den Lücken der Steinlandschaft wachsen besondere Pflanzen wie Thymian, Steinbrech, Küchenschelle, Sedumarten sowie Gräser und Kleingehölze. All diese Pflanzen stammen von Standorten in der Natur, an denen sie mit hoher Sonneneinstrahlung, Trockenheit, steinigen Böden und oftmals auch starken Winden zurechtkommen müssen. Alpine Stauden gedeihen beispielsweise in Höhen oberhalb der Baumgrenze und haben sich perfekt an die raue Umgebung angepasst. Diese kleinen Überlebenskünstler haben es geschafft, den Extremstandorten zu trotzen. Sie haben dafür unterschiedliche Strategien entwickelt.

Trockenmauern sind ideale Begrenzungen für ein höher gelegenes Beet mit trockenheitsliebenden Pflanzen.

Angepasst an widrige Umstände

Typische Anpassungen dieser Pflanzen sind ein niedriger und kompakter Wuchs und ein sehr ausgeprägtes Wurzelsystem wie beim Sand-Thymian. Außerdem besitzen trockenheitsangepasste Pflanzen besondere Blätter, woran Sie oftmals eine Pflanze für den Steingarten auf einen Blick erkennen können. Weißliche oder graue Blätter reflektieren die Sonnenstrahlen, genauso wie stark behaarte. Ein schönes Beispiel dafür ist die Küchenschelle (*Pulsatilla vulgaris*). Die Blätter können auch nadelförmig sein, sodass es möglichst wenig Oberfläche für eine Verdunstung gibt, wie bei der Graslilie oder der Grasnelke. Eine andere Blattanpassung der Steingartenpflanzen sind dicke und fleischige Blätter, die als Wasserspeicher dienen. Diese Blätter kommen bei allen Sedumarten und bei Hauswurzen vor und sehen in ihrer Geometrie oft besonders hübsch aus. Eine weitere Anpassung ist die zeitliche Vermeidung der großen Trockenheit, deswegen gehören auch einige Zwiebelblumen zu den passenden Pflanzen im Steingarten. Tulpe, Kiel-Lauch und Iris ziehen sich möglichst bald unter die Erde zurück und sind somit vor den widrigen Wetterbedingungen geschützt.

Pflanzen für Trockenmauern und Steinbeete auf sonnigem Standort

	NAMEN	WUCHS	BLÜTE	ÖKOLOGISCHER WERT	BESONDERHEITEN
	**Weißer Mauerpfeffer** *Sedum album*	5–10 cm Kriechend, polsterbildend (∞)	VI–VIII weiß	Einzige Nahrungspflanze für Raupen des Apollofalters, nektarreiche Blüte	Karger Standort unerlässlich für Apollofalter-Raupe
	**Karthäuser-Nelke** *Dianthus carthusianorum*	25–50 cm Aufrecht, Blattrosette (∞)	VI–IX Fuchsia	Nektar in langen Kelchen, besonders gut für Schmetterlinge	Ein leuchtender Farbtupfer, anspruchslose Pflanze
	**Polster-Seifenkraut** *Saponaria ocymoides*	10–20 cm Polsterbildend (∞)	V–VII Rosa	Frühe Blüte mit Nektar und Pollen für nicht spezialisierte Wildbienen	Weiße Form 'Snow Tip' auch empfehlenswert
	**Gelbes Sonnenröschen** *Helianthemum nummularium*	5–15 cm Kriechend, polsterbildend (∞)	V–IX Gelb	Gute Pollenquelle, sehr lange Blütezeit	Blüten öffnen sich ab 20 °C, wenn die meisten Bestäuber fliegen
	**Goldhaar-Aster** *Aster linosyris*	40–60 cm Aufrecht (∞)	VII–X Gelb	Nektarreiche Blüten im Herbst für Schmetterlinge und Wildbienen	Sieht mit filigranen Blättern auch ohne Blüten gut aus
	**Grasnelke** *Armeria maritima*	20–40 cm Aufrecht, Blattrosette (∞)	V–IX Rosa	Beliebt bei Bienen, Hummeln, Schwebfliegen und Schmetterlingen	Empfehlenswerte Sorten 'Düsseldorfer Stolz' in Pink oder 'Alba' in Weiß

(∞) mehrjährig ⊙ einjährig ⊙ zweijährig

PFLEGE VON TROCKENMAUER UND STEINBEET

Der große Vorteil an den besonderen Standorten Trockenmauer und Steinbeet ist der geringe Pflegeaufwand. Was dennoch regelmäßig zu tun ist, erfahren Sie auf den folgenden Seiten.

AN EINEM STANDORT wie den Steinbeeten oder Trockenmauern wachsen die Überlebenskünstler der Pflanzenwelt. Vielleicht wundern Sie sich daher, dass eine Bewässerung überhaupt nötig sein soll, denn wir haben ja extra Pflanzen, die an trockene extreme Standorte angepasst sind, verwendet. Trockenmauer- und Steinbeetpflanzen sind zwar trockenheitstolerant, aber in den ersten Monaten nach der Bepflanzung benötigen sie dennoch eine regelmäßige Bewässerung, um sich zu etablieren. Gießen Sie die Pflanzen anfangs also ausreichend, besonders auch während trockener Wetterperioden.

Auch an einem frischeren Standort ist eine Trockenmauer eine Bereicherung für die Artenvielfalt.

JÄTEN UND SCHNEIDEN

Besonders im ersten Jahr nach der Anlage ist es wichtig, dass Sie regelmäßig Unkraut jäten, sodass sich die erwünschten trockenheitsliebenden Pflanzen an dem neuen Standort breitmachen können. Haben sich die grünen Bewohner erst einmal etabliert, gibt es immer weniger Platz für ungeliebte Kräuter. So oder so wird sich das Jäten in Grenzen halten, denn nicht alle Unkräuter können an den trockenen Standorten überleben. So ist es eher unwahrscheinlich, dass Sie sich damit beschäftigen müssen, Löwenzahn oder Vogelmiere zu entfernen, die nährstoffreiche Standorte bevorzugen. Stattdessen werden sich Wildstauden wie Grasnelke, Mauerpfeffer, Kronwicke oder die Wilde Karde vermehren.

Viele der Arten, die wir für unsere Trockenstandorte ausgewählt haben, kommen natürlicherweise als Pionierpflanzen auf sogenannten Ruderalstandorten vor. Dazu gehören beispielsweise Königskerzen, Karden, Wegwarten und die insektenfreundlichen Disteln. Sie erhalten im Gegensatz zu vielen anderen Blumen keinen sommerlichen Rückschnitt, da sie meist kein zweites Mal blühen. Anders verhält es sich mit den Pflanzenarten, die natürlicherweise aus dem Trockenrasen stammen. Dazu gehören verschiedene Nelkenarten, Glockenblumen, Skabiosen oder Kräuter wie der Thymian. Schneiden Sie diese Pflanzen am besten kurz bevor sie verblüht sind, zurück, dann blühen sie manchmal schon nach wenigen Wochen noch einmal. Die zweite Blüte ist zwar nicht so üppig wie die erste, doch sind die Blüten im späten Sommer oder frühen Herbst wichtige Farbtupfer und Nahrungsquellen im Garten. Einige der ausgewählten Pflanzen können sich durch Aussaat übermäßig vermehren. Es handelt sich häufig um Pionierpflanzen, die frei gewordene Plätze in der Natur schnell besiedeln und dazu meist viele Samen ausbilden. Wenn Ihnen eine dieser Pflanzen aufgrund ihrer starken Aussaat zu lästig wird, schneiden Sie sie einfach vor der Samenreife ab. Ansonsten lassen Sie die reifen Samenstände und die trockenen Stängel über den Winter stehen. Gartenvögel werden sich über die Samen freuen und Insekten können die trockenen Pflanzen als Winterquartier oder Brutstätte nutzen.

GUT GEBAUT SPART ARBEIT

Trockenmauern oder Steinhaufen sind in der Regel sehr langlebig und erfordern nur wenig Wartung. Trockenmauern halten ihre Stabilität über viele Jahre hinweg aufrecht, es kann jedoch immer mal vorkommen, dass durch eine mechanische Störung einzelne kleine Füllsteine herausfallen und ersetzt werden müssen. Achten Sie bereits beim Bau auf eine stabile Konstruktion, das erspart Ihnen weitere Pflege in den kommenden Jahren und erhöht die Sicherheit. Ein Steinbeet kann sich je nach Standort mit der Zeit durch eine entstehende Humusauflage in der Vegetation verändern.

Je mehr Sie den Ruderalstandort in Ihrem Garten als Weg oder Sitzplatz nutzen, desto länger wird sich die gewünschte Vegetation erhalten. Falls der Bewuchs im Steinbeet Ihnen aber nach mehreren Jahren nicht mehr zusagt, weil sich Gräser oder Kräuter aus nährstoffreichen Standorten zu sehr ausgebreitet haben, können Sie eine Radikalkur vornehmen. Dafür sensen Sie den Bestand kurz und tragen entweder den Humusanteil ab oder Sie vermischen den Boden mit Kies oder Splitt. So können Sie den Standort erneut abmagern. Die passenden Pflanzen werden sich dann auch wieder einstellen.

Die Heidenelke wird durch einen Rückschnitt zu neuer Blüte angeregt, andere Pflanzen vertragen keinen Schnitt.

Sandarium

Ein Großteil der Wildbienen gehört zu den Erdnistern und kann mit dem klassischen Insektenhotel nichts anfangen. Mit einem Sandarium kommt die Hilfe auch bei dieser Gruppe an!

Über die Hälfte aller einheimischen Wildbienenarten sind Erdnister. Sie benötigen für die Aufzucht ihres Nachwuchses lockere, sandige und trockene Böden mit wenig Bewuchs. Zu den Wildbienen, die im Boden nisten, gehören Sandbienen, Schmalbienen und Seidenbienen. Sie sind oftmals bedroht, weil sie keine geeigneten freien Flächen finden. Daher möchte ich Ihnen ein tolles kleines Bauprojekt für den Garten vorstellen, das zur natürlichen Gestaltung des Gartens beiträgt und weitere Wildbienen anlockt. Ein Sandarium ist ein kleiner Bereich im Garten, der speziell für bodennistende Wildbienen gestaltet wird.

Wildbienen,wie zum Beispiel einige Pelzbienen oder Sandbienen, legen ihre Brutzellen im Boden an.

Bodenbrütende Wildbienen

NAME	AUSSEHEN	EIGENSCHAFTEN
Dunkelfransige Hosenbiene *Dasypoda hirtipes*	12–15 mm groß, bräunlich-rötliche Haare an den Beinen	Fliegt zwischen Juni und September auf Korbblütengewächsen
Efeu-Seidenbiene *Colletes hederae*	9–14 mm groß, breitere gelbe Binden und kleiner als Honigbiene	Sammelt ausschließlich (oligolektisch) Pollen an Efeu
Filzbindige Seidenbiene *Colletes fodiens*	9–11 mm groß, ähnlich wie Efeu-Seidenbiene	Sammelt Pollen hauptsächlich auf Rainfarn
Fuchsrote Lockensandbiene *Andrena fulva*	12–14 mm groß, kräftig-orangener Pelz	Sammelt an zehn verschiedenen Pflanzenfamilien
Gewöhnliche Schmalbiene *Lasioglossum calceatum*	8–10 mm groß, helle Binden auf schwarzem Leib	Überwintert und fliegt schon ab März
Glockenblumen-Sägehornbiene *Melitta haemorrhoidalis*	11–13 mm groß, gelbbraun behaart	Sammelt ausschließlich an Glockenblumen

BAUANLEITUNG

Wählen Sie einen sonnigen und trockenen Standort in Ihrem Garten mit einer Größe von mindestens 40 x 40 cm oder größer. Dort heben Sie eine 50 cm tiefe Mulde aus. Alternativ können Sie auch eine Umrandung, z. B. eine Trockenmauer, 50 cm hoch aufschichten. Die Mulde oder das ummauerte Beet werden nun mit ungewaschenem Sand aufgefüllt. Am besten geeignet ist Sand aus einem Steinbruch, Spielplatzsand eignet sich nicht. Er rutscht zu sehr und die Nistgänge werden verschüttet. Sie können auch etwas unkrautfreie Erde unter den Sand mischen, damit der Sand die optimalen Bedingungen für die Wildbienen bietet. Das Sand-Erde-Gemisch wird obenauf zusätzlich angehäuft und die Erhebung mit Natursteinen eingefasst. So gibt es für jeden Wildbienen-Geschmack den richtigen Nistplatz, denn einige Arten nisten lieber auf der Freifläche, andere werden sich Stellen zwischen den Steinen suchen. Sogar Eidechsen werden das Sandarium lieben und es besonders gerne für ein Sonnenbad nutzen.

GESTALTUNG

Gestalten Sie das Wildbienenhotel der etwas anderen Art mit Totholz oder Steinen. Eine schöne, kreative oder witzige Beschilderung macht jedem kritischen Gartenbesucher sofort klar, dass es sich um einen gewollten Sandhaufen handelt und nicht um einen Rest Sand von der letzten Baustelle. Pflanzen Sie passende Wildblumen an den Rand des Sandariums. Sie dürfen nicht wuchern und müssen gut mit Trockenheit zurechtkommen, geeignet sind z. B. Grasnelke oder Mauerpfeffer. Unerwünschter Bewuchs sollte regelmäßig entfernt werden, denn die Wildbienen benötigen den offenen Boden. Damit das Sandarium nicht als Katzenklo endet, sollten Sie locker Brombeerranken oder Rosenschnitt obenauf verteilen. Es kann einige Zeit dauern, bis die Wildbienen das Sandarium entdecken und sich dort niederlassen. Aber wenn sie es erst einmal gefunden haben, wird es sicher immer gut besucht sein. Viel Spaß beim Bauen und Beobachten der Tiere. Das Sandarium wird Ihnen die wundervolle Welt der Wildbienen näherbringen.

WERTVOLLE STREUOBSTWIESE UND BEERENSTRÄUCHER

Geeignet für: sonnige bis halbschattige Standorte, je nach Obstsorte

Besonders nützlich für: Wildbienen, Honigbienen, eigene Ernte

Beobachtungs-Highlight: Obstbaumblüte, Beerenernte

Aufwand bei der Anlage: gering bis mittel

Pflegeaufwand: mittel bis hoch

DIE FÜLLE und die Wärme des Sommers genießen und nach Bedarf Obst aus dem eigenen Garten ernten, das ist möglich, wenn Sie einen natürlichen Obst- und Naschgarten anlegen. Achten Sie dabei auf die richtige Sortenwahl und die richtige Bepflanzung unter den Obstbäumen und Sträuchern, dann fühlen sich auch alle möglichen summenden und zwitschernden Gartengäste willkommen. Gestalten Sie eine kleine Streuobstwiese oder einen Beerengarten und erschaffen Sie so ein zusätzliches Biotop für eine noch größere Artenvielfalt in Ihrem Gartenparadies. Streuobstwiesen oder Beerensträucher mit einem natürlichen Unterwuchs sind wichtige Lebensräume für besondere Tierarten. Hier fühlen sich viele Insekten, Vögel und Kleinsäuger wohl.

WAS IST DENN EINE STREUOBSTWIESE?

Streuobstwiesen sind ursprünglich landwirtschaftliche Flächen, auf denen Obstbäume in Kombination mit Grünland angebaut wurden. Traditionell bestehen diese Streuobstwiesen aus einer Vielzahl von Obstbaumsorten, darunter Äpfel, Birnen, Kirschen, Pflaumen und andere regionale Obstarten. Bei den Obstbäumen einer Streuobstwiese handelt es sich um sogenannte hochstämmige Obstbäume, das bedeutet, die Krone beginnt erst auf einer Höhe von ca. 180 cm. Die Bäume stehen so weit auseinander, dass jeder Baum eine große Krone entwickeln kann. Das Grünland darunter kann als Weide oder Mähwiese genutzt werden. Diese besondere Pflege trug schon immer zu einer hohen Pflanzenvielfalt auf einer Streuobstwiese bei. Streuobstwiesen sind wahre Hotspots der Biodiversität. Über 5000 Tier- und Pflanzenarten leben dort. Heutzutage sind viele der Streuobstwiesen aus der Landschaft verschwunden, da der Ertrag einer Obstplantage deutlich höher ist. Darunter leidet die Artenvielfalt. Deswegen ist es gut, eine Streuobstwiese im Garten nachzuahmen.

Nutzen für die Artenvielfalt

Die Struktur der Streuobstwiese bietet für eine Vielzahl von Tierarten die passenden Lebensbedingungen. Die Obstbäume selbst dienen Vögeln als Nistplätze und bieten Schutz vor Raubtieren. Besonders alte Bäume, die über Baumhöhlen verfügen, sind beliebte Quartiere. Hier brüten Kleiber, Grünspecht, Wendehals und viele weitere Singvögel. Außerdem bieten die Obstbäume bestäubenden Insekten Nahrung. Die Blüten sind eine sehr wichtige Nahrungsquelle im Frühling für Wildbienen und Schmetterlinge. Durch die Vielfalt der Obstbaumsorten sorgen die Streuobstwiesen für eine stabile Nahrungsgrundlage, auch wenn vielleicht die eine oder andere Art witterungsbedingt als Nektarspender ausfällt. Ein weiterer wichtiger Beitrag der Streuobstwiesen zur Artenvielfalt ist, dass sie traditionellerweise eine große Anzahl an alten Obstsorten beherbergen. Diese Sorten sind oft widerstandsfähig gegenüber Krankheiten und Schädlingen und ihr Erhalt ist wichtig, um die genetische Vielfalt der Obstsorten zu bewahren. (Mehr über alte Sorten von Nutzpflanzen erfahren Sie auf der Sonderseite auf *Seite 144*.)

Die Obstblüte ist ein wahres Fest für alle frühfliegenden Insekten wie die dicken Hummeln.

OBSTBÄUME IM GARTEN

Selbstverständlich ist in einem kleinen Garten kein Platz für eine große Streuobstwiese. Dennoch ist es wunderbar, wenn sich ein Plätzchen für einen oder mehrere Obstbäume findet. Sie bereichern damit nicht nur die Artenvielfalt in Ihrem Garten, sondern können auch gesundes, ökologisch angebautes Obst ernten. Ein Obstbaum ist aber nicht nur Nutzpflanze, er hat einen besonderen ästhetischen Wert und sorgt für ländlichen Charme und Natürlichkeit im Garten. Blühende Obstbäume sind wahre Augenweiden und ein Genuss für die Sinne im Frühling. Die Obstbaumblüte und das dazugehörige Summen lassen unsere Herzen höherschlagen, denn nun ist klar: Der Frühling ist wirklich angekommen! Obstbäume sind auch bestens für Familiengärten geeignet. Kinder lernen am Baum den Kreislauf der Natur im Jahresverlauf kennen, sie können gesundes Obst naschen und die Entwicklung von der Blüte über die Bestäubung zum reifen Obst miterleben. Ein Obstbaum im Garten bietet also nicht nur eine Fülle von Nutzen für die Natur und die Umwelt, sondern auch für Ihre eigene Lebensqualität. Er ist eine Möglichkeit, sich mit der Natur zu verbinden, gesundes Obst zu ernten und einen Beitrag zur Erhaltung der Artenvielfalt zu leisten.

Auch die Blüten der Beerensträucher sind beliebte Futterquellen für Wildbienen wie Hummeln.

Wie groß darf es sein?

Je nach Größe Ihres Gartens können Sie den passenden Obstbaum auswählen. Dabei kommt es nicht nur auf die Sorte an, sondern vor allem, auf welcher Unterlage veredelt wurde. Es gibt schwach, mittelstark und stark wachsende Unterlagen, sodass Bäume im Handel erhältlich sind, die verschiedene Größen erreichen. Schwach wachsend ist auf jeden Fall Spalier- und Spindelobst mit einer Lebensdauer von 20–30 Jahren. Für diese Arten ist tatsächlich in jedem Garten Platz, es gibt sogar inzwischen Züchtungen, die im Topf wachsen und Früchte tragen. Sie werden nur 2–3 m hoch. Alle schwach wachsenden Formen von Obstbäumen tragen relativ schnell Früchte, einige müssen mit einem Stab gestützt werden. Zu den mittelstark wachsenden Obstbäumen gehören die Halbstämme mit einer Lebensdauer von 30–40 Jahren. Sie erreichen eine Stammhöhe von 80–150 cm und benötigen dementsprechend auch schon ca. 20 m² Platz. Die Königsklasse unter den Obstbäumen sind die stark wachsenden Hochstämme, die als Solitärbaum oder auf einer Streuobstwiese zum Einsatz kommen und eine Lebensdauer von 50–100 Jahren haben. Ihr Raumbedarf beträgt allerdings ausgewachsen 70–100 m² und die Ernte kann sehr reichlich ausfallen. Überlegen Sie also genau, wie viel Platz Sie für Ihren Obstgarten haben und ob Sie Lust darauf haben, Ernte zu lagern oder zu verarbeiten.

DIE MINI-STREUOBSTWIESE: DER BEERENGARTEN

Im kleinen Garten können Sie eine Obstwiese gestalten, indem Sie unterschiedliche Beerensträucher mit einer artenreichen Blühmischung unter-

Die Ernte von eigenem Obst ist oft überreichlich und wir können Vorräte anlegen.

pflanzen, denn hier gilt das gleiche Prinzip wie auf der Streuobstwiese: Sowohl die Blüten der Beerensträucher als auch die Blüten der darunter wachsenden Blumen sind beliebte und wichtige Nahrungsquellen für Insekten. Für eine Mini-Streuobstwiese geeignet sind Rote, Weiße und Schwarze Johannisbeeren, Himbeersträucher, Stachelbeeren und bestimmte Brombeerarten und -sorten. Außerdem können Sie Ihren Obst- und Naschgarten in die Höhe erweitern, sodass auch der kleine Garten genug Raum für die leckere Ernte bietet. Infrage kommen hier Hochbeete, Töpfe, die auf der Terrasse stehen, oder eine Hauswand, an der Spalier-Obstbäume, Weinreben oder Beerensträucher wachsen. Die wichtige Funktion als Brutplatz für die höhlenbrütenden heimischen Vögel kann eine solche Variante des Obstgartens natürlich nicht übernehmen. Sie können jedoch geeignete Nistkästen aufhängen und somit zumindest diejenigen Höhlenbrüter, die solche Hilfen annehmen, unterstützen.

Was wächst drum herum?

Unter Ihren Obstbäumen oder um die Beerensträucher herum können Sie eine klassische Wiesenmischung aussäen. Diese Blumenwiese sollte bunt blühende Arten wie die Wiesen-Margerite Schlüsselblumen, Glockenblumen, den Hahnenfuß, Kleearten und viele weitere Blumen beherbergen, die zahlreiche Insekten zur Bestäubung anlocken. Damit die Wiese artenreich bleibt, muss sie zweimal im Jahr gemäht werden, wobei das Mahdgut idealerweise abgeräumt wird. An manchen Standorten ist sogar nur eine einmalige Mahd ausreichend. (Mehr zu der Pflege einer Blumenwiese finden Sie auf *Seite 68*.)

Exotische Obstsorten

Auch wenn in den natürlichen Garten überwiegend heimische Nutzpflanzen gehören, gewinnen exotische Obstsorten aus wärmeren Regionen in Zeiten des Klimawandels zunehmend an Bedeutung. Dazu gehören beispielsweise Feige, Kiwi, Granatapfel und Andenbeere. Pflanzen Sie die Exoten an wind- und frostgeschützte Orte oder kultivieren Sie sie im Topf, wenn Sie in einer klimatisch ungünstigen Region wohnen.

Beerensträucher und besonders Obstbäume stehen viele Jahre lang am selben Platz, eine Pflanzung muss also gut überlegt sein. Wählen Sie für Obstbäume und Johannis- oder Stachelbeeren einen sonnigen Platz, Himbeeren und Brombeeren gedeihen auch im lichten Halbschatten.

OBSTBÄUME PFLANZEN

Die beste Jahreszeit für die Pflanzung von Obstbäumen ist der Spätherbst. Wenn Sie in Ihrer Gegend mit frühen Frösten rechnen müssen, ist der Oktober der geeignete Monat oder eine Frühjahrspflanzung ratsam. In milderen Regionen können Sie im November pflanzen. Heben Sie das Pflanzloch ausreichend groß aus, am besten 40–60 cm tief. Sie können den Baum unterdessen in einen Eimer mit Wasser stellen, damit sich die Wurzeln vollsaugen können. Geben Sie derweil etwas reife Komposterde in das Loch und vermengen Sie sie mit der Erde. Schlagen Sie einen Pfahl in den Boden, er sollte nicht bis in die Krone reichen und eine Handbreit vom Stamm entfernt sein. Stellen Sie nun den gewässerten Obstbaum in das vorbereitete Pflanzloch und füllen Sie das Loch mit dem Aushub. Achten Sie darauf, dass der Baum gerade steht, und sorgen Sie durch leichtes Rütteln immer wieder dafür, dass die Erde in alle Zwischenräume fällt.

Obstbäume dürfen nicht zu tief gepflanzt werden, das ist wichtig, sonst könnte die Veredelungsstelle unter der Erde liegen. Drücken Sie die Erde zum Schluss um den Baum herum etwas fest und bewässern Sie ordentlich. Dieses Einschlämmen bewirkt, dass alle Wurzeln Bodenkontakt bekommen. Gießen Sie bei trockener Witterung in der Anfangszeit regelmäßig. Nun binden Sie noch den Stamm mit einer lockeren Acht am Pfahl fest und bedecken die Baumscheibe mit Mulch in Form von Grasschnitt oder Laub. Voilà, das Bäumchen kann zu einem Baum heranwachsen!

Für Beerensträucher wie die Stachelbeere ist in jedem Garten Platz und die Pflege ist einfach.

JOHANNIS- UND STACHELBEEREN PFLANZEN

Auch für die Sträucher mit den leckeren, vitaminreichen Beeren ist die Pflanzung im Herbst optimal. Dann bilden die Beerensträucher bis zum Frühjahr kräftige Wurzeln aus und werden bereits im ersten Jahr viele Früchte tragen. Pflanzen, die nicht wurzelnackt sind, sondern im Container verkauft werden, können prinzipiell aber auch das ganze Jahr gepflanzt werden. Achten Sie auf eine ausreichende Bewässerung, wenn die Sträucher erst im Frühjahr in den Boden kommen. Wählen Sie einen Standort mit gut durchlässiger humoser Erde. Heben Sie nun ein Pflanzloch aus, das deutlich größer als der Wurzelballen Ihrer Sträucher ist, und füllen Sie es mit reifem Kompost oder guter Pflanzerde so weit auf, dass die neuen Beerensträucher genauso tief in der Erde stehen, wie sie auch im Topf standen. Bei wurzelnackten Pflanzen achten Sie darauf, dass eine mögliche Veredelungsstelle nicht unter der Erde liegt. Eine Veredelungsstelle können Sie an dem Wulst an der Rinde erkennen. Das

Wer Platz sparen möchte, kann die Obstbäume am Spalier pflanzen. Dafür gibt es spezielle Züchtungen.

ist die Stelle, an der die Unterlage und die aufgesetzten Edelreiser verwachsen sind. Halten Sie bei Roten und Weißen Johannisbeeren sowie bei Stachelbeeren einen Pflanzabstand von 1,50 m, bei Schwarzen Johannisbeeren einen Abstand von 2 m ein. Schwarze Johannisbeeren wachsen robust und kräftig und vertragen auch etwas mehr Schatten als Rote oder Weiße Johannisbeeren.

HIMBEEREN UND BROMBEEREN PFLANZEN

Sowohl Himbeeren als auch Brombeeren sind gut an einem stützenden Rankgerüst aufgehoben. Für Brombeeren muss dieses Gerüst besonders stabil sein, für Himbeeren reicht ein einfaches Spalier oder Sie kommen einfach an den Gartenzaun. Brombeeren entwickeln kräftigere Triebe und müssen deswegen besser im Zaum gehalten werden. Das Spalier für die Himbeeren kann aus zwei Pfählen bestehen, zwischen denen Sie Drähte spannen. Entweder spannen Sie jeweils einen Doppeldraht, dann können die Himbeeren dazwischen hindurchgefädelt werden, oder Sie spannen einen einfachen Draht und binden die Himbeeren daran fest. Beste Pflanzzeit für Himbeeren ist der Herbst von September bis Oktober sowie das zeitige Frühjahr. Als Pflanzabstand können Sie 40–60 cm rechnen.

Brombeeren kommen am besten in den Frühlingsmonaten März und April in die Erde. Höchstwahrscheinlich ist eine Pflanze schon ausreichend, denn der Pflanzenabstand sollte mindestens 3 m betragen. Wählen Sie für einen kleinen Garten und überhaupt ruhig eine Sorte ohne Stacheln. Die Zeiten, in denen stachellose Brombeeren einen schlechteren Geschmack hatten, sind vorbei. Bei den Himbeeren können Sie zwischen Sommer- und Herbsthimbeeren wählen. Auch diese Sträucher mit den leckeren Beeren haben von Natur aus Stacheln. Es gibt aber auch viele Sorten, die mit nur wenigen Stacheln besetzt sind. Herbsthimbeeren tragen vom Spätsommer bis in den Herbst hinein reife Früchte und sind für Anfänger gut geeignet. Sie sind pflegeleicht und die Beeren werden kaum von Würmern befallen. Am besten kombinieren Sie die zwei Arten, denn Sommerhimbeeren können bereits im Juli geerntet werden. Wenn Sie beide Varianten in Ihrem Beerengarten haben, können Sie also über fünf Monate lang leckere Himbeeren naschen.

BEERENSTRÄUCHER UND OBSTBÄUME FÜR KLEINE GÄRTEN

Besonders in kleineren Gärten, in denen nur wenige Obststräucher oder -bäume wachsen können, ist die Auswahl der richtigen Pflanzen entscheidend. Zum einen sollten Sie auf eine gute Qualität der eingekauften Pflanzenware achten, zum anderen ist die Auswahl der richtigen Sorten unerlässlich. Deswegen finden Sie in nebenstehender Tabelle Obstsorten, die zu meinen Favoriten für kleine Gärten gehören. Entscheiden Sie sich für ein oder zwei Pflanzen und beginnen Sie mit der Pflanzung Ihres kleinen natürlichen Naschgartens. Selbstverständlich gibt es noch viele weitere Obstarten, die für ein nachhaltiges Gärtnern zu empfehlen sind. Auf jeden Fall sollten Sie bei der Wahl auf krankheitsresistente Sorten zurückgreifen, sodass Sie in Ihrem natürlichen Paradies weiterhin ohne Pflanzenschutzmittel arbeiten können. Häufig sind auch alte Sorten empfehlenswert, die vielfach mit einer ausgezeichneten Gesundheit gesegnet sind. (Lesen Sie mehr über alte Sorten und ihre Vorteile auf *Seite 144*.) Erkundigen Sie sich außerdem in der Gärtnerei oder Baumschule um die Ecke nach regionalen Sorten. Diese Besonderheiten sind oft sehr gut an Ihren Standort angepasst.

Im eigenen Garten können Sie besondere Obstsorten wie Quitten pflanzen, die es nicht überall zu kaufen gibt.

Ernten übers Jahr

Wenn Sie etwas mehr Platz für den natürlichen Obstgarten zur Verfügung haben, sollten Sie bei der Pflanzenauswahl darauf achten, dass Sie am laufenden Band ernten und von Frühjahr bis Herbst immer reife Früchte im Garten vorfinden. So können Sie Ihren Speiseplan rund um das Jahr mit eigenem Obst bereichern. Die Ernte von frischen Naschereien ist von Mai bis Oktober möglich, wenn Sie außerdem auf Wildobst wie Hagebutten oder Schlehen zurückgreifen, sogar bis in den Dezember. Den Beginn machen die Erdbeeren im Mai. Die buschigen Monatserdbeeren können Sie beispielsweise einfach an den Rand eines Blumenbeetes setzen. Sie sind dekorativ und im Vorbeigehen kann eine Beere genascht werden. Im Juni geht es mit den Beerensträuchern weiter, im Juli beginnt dann die Hochsaison der Obsternte mit Steinfrüchten wie Pfirsich, Zwetschgen und Aprikosen. Im Herbst reifen schließlich die Kernobstsorten wie Äpfel, Birnen oder Quitten und bilden den Abschluss der Obstsaison im Garten. Den Rest des Jahres können Sie sich mit Lagerobst oder eingefrorenen und eingekochten Leckereien aus dem eigenen Garten versorgen. Besonders gut zu lagern sind Äpfel, Walnüsse, Haselnüsse und Birnen. Äpfel sind die absoluten Spitzenreiter und können bei der Auswahl der richtigen Sorten bis zur Ernte der ersten Klaräpfel im August gelagert werden und uns das ganze Jahr mit Vitaminen versorgen. Alle Beeren lassen sich sehr gut für Kuchen, Smoothies oder Rote Grütze einfrieren. Außerdem lässt sich aus fast allen Obstsorten Marmelade, Gelee oder Kompott kochen. Damit können Sie den Sommer und Herbst in Gläser packen und die erfrischende Süße aus dem eigenen Obstgarten das ganze Jahr genießen.

Bäume und Beerensträucher für die bunte Wiese

	NAMEN	WUCHS UND BODEN	BLÜTE	ÖKOLOGISCHER WERT	BESONDERHEITEN
	**Himbeere** *Rubus idaeus*	60–150 cm Aufrecht Bildet Ruten Sonniger bis halbschattiger Standort Frischer Boden	V–VIII Weiß	Frühe Blüten der Sommerhimbeeren werden gerne von Wildbienen aufgesucht	Mehr als 1000 Sorten, Blütezeit variiert je nach Sorte
	**Schwarze Johannisbeere** *Ribes nigrum*	80–150 cm Kugeliger Strauch Sonniger bis halbschattiger Standort Frischer Boden	IV–V Grünlich	Wird von Wildbienen und Honigbienen bestäubt	Bei zu vielen Früchten einfach für Vögel und Kleinsäuger hängen lassen
	**Apfel** *Malus domestica*	200–800 cm Baum Sonniger Standort Frischer Boden	IV–V Weiß-rosa	Sehr gute Insektenweide, Lebensraum für viele Tiere, Fallobst für Vögel und Kleinsäuger	Sehr unterschiedliche Wuchseigenschaften je nach Sorte und Unterlage, auf die veredelt wurde
	**Süßkirsche** *Prunus avium*	400–600 cm Baum Sonniger bis halbschattiger Standort Frischer Boden	IV–V Weiß	Obstbaum mit sehr vielen Blüten als gute Nektar- und Pollenquelle für Insekten	Abgesehen vom Wildobst die erste Obstblüte im Jahr, Blühdauer von 1–2 Wochen
	**Zwetschge** *Prunus domestica*	400–1000 cm Baum Sonniger bis halbschattiger Standort Frischer Boden	IV–V Weiß	Viele frühe Blüten sind eine gute Insektenweide, Fallobst für Schmetterlinge, Wespen, Bienen, Kleinsäuger	Die Kirschpflaume ist nicht ganz so schmackhaft, ist als Frühblüher im März aber sehr wertvoll
	**Birne** *Pyrus communis*	400–1000 cm Baum Sonniger Standort Frischer Boden	IV–V Weiß	Obstblüte für Insekten, Früchte für Vögel, Schmetterlinge und Insekten	Blühen nach Kirschen und Pflaumen, vor den Äpfeln, Tafelbirnen wärmebedürftiger als Äpfel

(∞) mehrjährig (·) einjährig (··) zweijährig

PFLEGEMASSNAHMEN IM OBSTGARTEN

Pflegen Sie Ihren Obstgarten mit Liebe, Sorgfalt und nachhaltigen Methoden, dann bleibt er Ihnen lange erhalten und liefert reichlich Früchte.

SIE HABEN die richtigen Sorten gewählt und für eine artenreiche Bepflanzung rund um Obstbäume und Sträucher gesorgt, sodass die Pflanzen bestens gegen Krankheiten und Schädlinge gewappnet

Die Obstbaumkrone braucht Luft und Licht, daher ist ein fachmännischer Schnitt ab und zu hilfreich.

sind. An dieser Stelle sollten für Sie keine Pflegearbeiten in Ihrem Obstgarten anfallen. Falls Ihnen Blattläuse oder andere Schädlinge dennoch zu schaffen machen, informieren Sie sich über giftfreie Methoden für den Biogarten mit denen Schädlinge oder Krankheiten bekämpft werden können (siehe auch *Seite 48*). Damit tun Sie nicht nur Ihrer Gesundheit einen Gefallen, sondern machen es Nützlingen möglich, sich im Obstgarten zu verbreiten. Doch der Obstgarten soll nicht nur die Artenvielfalt in Ihrem Garten bereichern, sondern auch vitaminreiche Leckereien abwerfen.

FÜR EINE REICHE ERNTE

Für eine reiche Beerenobsternte ist es wichtig, dass Sie die Wiese um die Obststräucher herum kurz halten. Dadurch bekommen die Sträucher ausreichend Licht und das führt zu einem gesunden Wachstum. Die Sonne tut ihr Übriges und sorgt für süße Früchte. Sie können auch den Bewuchs um die Sträucher herum entfernen. Dann ist eine Mulchschicht nützlich, denn der Boden um die Beerensträucher sollte nicht ständig bearbeitet werden. Es handelt sich bei diesen Pflanzen um Flachwurzler und eine zu häufige Bodenbearbeitung würde den feinen Wurzeln nachhaltig schaden. Eine Mulchschicht können Sie entweder aus Grasschnitt, Laub oder auch Blattresten aus dem Gemüsegarten aufbringen. Auch Rindenmulch, der den Boden leicht ansäuern kann, ist für die ursprünglichen Waldrandbewohner als Mulch geeignet. 12 cm hoch darf die Schicht schon sein, das hält den Boden feucht und die langsame Zersetzung des Materials sorgt für stetigen Nährstoffnachschub im Boden Ihres Obstgartens. Falls Sie nicht ausreichend Mulchmaterial haben, können Sie auch eine Mulchscheibe aus Schafwollfilz verwenden. Diese ist im Handel in unterschiedlichen Größen erhältlich, sie ist ökologisch und hat ähnliche Eigenschaften wie eine Schicht aus organischen Gartenabfällen. Auch sie hält die Feuchtigkeit und gibt nach und nach Dünger in den Boden ab.

Um die Obstbäume herum sollten Sie ebenfalls im ersten Jahr nach der Anpflanzung das Gras und die Blumen etwas in Schach halten, damit die jungen Bäume gut einwurzeln können, ohne in Konkurrenz mit anderen Pflanzen um Wasser und Nährstoffe zu kämpfen. In den folgenden Jahren ist es für die kräftigen Pflanzen kein Problem, wenn eine Blumenwiese um ihren Stamm wächst. Im Gegenteil: die angelockten Nützlinge und Bestäuber sorgen für eine gesunde und reiche Obsternte.

DÜNGEN UND SCHNEIDEN

Wenn Sie in Ihrem Beerengarten ständig für eine dicke Mulchschicht sorgen, ist meist kein zusätzliches Düngen nötig. Bei Obstbäumen hängt alles vom Boden ab. Ein magerer nährstoffarmer Boden sollte regelmäßig mit organischem Material wie Kompost oder Mist angereichert werden. Falls Sie einen sehr nahrhaften und fetten Gartenboden ihr Eigen nennen, können Sie auf eine Düngung verzichten. Der Obstbaum sorgt mit seinem weitverzweigten Wurzelsystem für sich selbst. Ähnliches gilt für die Bewässerung: Natürlich müssen Obststräucher und Bäume ausreichend mit Wasser versorgt sein. Dennoch empfehle ich Ihnen, möglichst sparsam zu gießen, sodass die Pflanze selbst kräftige Wurzelsysteme entwickelt und in die Tiefe wächst, um sich mit Wasser zu versorgen.

Für den richtigen Schnitt bei Beerensträuchern folgen Sie den Anweisungen Ihrer Gärtnerei. Diese Pflegemaßnahmen sind von Sorte zu Sorte unterschiedlich, aber wenig kompliziert. Der Obstbaumschnitt ist ein Thema für sich und kann hier nur kurz behandelt werden. Allgemein gilt, dass die Baumkrone Luft und Licht braucht, weswegen die nach innen wachsenden Äste entfernt werden. Dabei wird immer dicht oberhalb eines nach außen weisenden Auges geschnitten, denn dort wird der Zweig weiterwachsen. Mein Tipp ist: Sorgen Sie für gute Wachstumsbedingungen, dann wird ein Schnitt nur selten nötig sein.

Junge Obstbäume können Sie mit einem Kalkanstrich versehen, Das schützt vor Frostrissen im Winter.

Gute alte Sorten

Die Auswahl an Obstgehölzen für den Garten ist beinahe unüberschaubar. Gerade bei den traditionellen Obstsorten gibt es besondere Leckereien und Arten, die nicht im Lebensmittelhandel erhältlich sind.

Alte Obstsorten, auch als historische oder traditionelle Obstsorten bezeichnet, sind Obstsorten, die seit vielen Jahrzehnten oder sogar Jahrhunderten kultiviert werden. Sie sind teilweise in Vergessenheit geraten, da sie in der modernen Landwirtschaft und im Handel von neueren, kommerziell erfolgreichen Sorten verdrängt wurden. Bei der Zucht der modernen Obstsorten ging es vor allem um eine gute Transport- und Lagerfähigkeit. Der gute Geschmack oder das besondere Aussehen rückten in den Hintergrund. Es gibt jedoch viele berühmte alte Obstsorten, deren Erhalt wichtig ist und die unsere Geschmackssinne und die Vielfalt im Garten bereichern. Dazu gehören beispielsweise die Birnensorte 'Williams Christ', eine Sorte die bereits im 18. Jahrhundert in England gezüchtet wurde. Auch der Rheinische Bohnapfel ist für seine schöne rote Farbe und das süß-säuerliche Aroma bekannt. Er hat seine Wurzeln seit dem 18. Jahrhundert im Rheinland.

DIE GENETISCHE VIELFALT ERHALTEN

Wie gravierend die Einschränkung in der Vielfalt tatsächlich ist, macht das Beispiel der Äpfel klar: Heutzutage bietet der Einzelhandel durchschnittlich 4–5 Apfelsorten an, dazu gehören Elstar, Braeburn und Jonagold. Weltweit wird die Vielfalt jedoch auf über 30.000 Sorten geschätzt, etwa 2000 davon gibt es in Deutschland. Was für ein Reichtum an Geschmack, Farbgebung und Nutzen! Alte Obstsorten tragen zur Erhaltung der genetischen Vielfalt bei. Ihr Genpool ist eine wichtige Ressource für die zukünftige Anpassungsfähigkeit von Obstbäumen an sich ändernde Umweltbedingungen. Da alte Sorten oft über viele Generationen hinweg entstanden sind, sind sie oftmals besser an lokale klimatische Bedingungen und Bodentypen angepasst als moderne Sorten. Außerdem zeichnen sie sich durch einen einzigartigen Geschmack und besondere Form und Farbe aus. Der Anbau von alten Obstsorten trägt deshalb zur Vielfalt in Ihrem Garten bei. Denn es gibt historische Obstsorten, wie Quitten und Mispeln, die ganz verschwinden, wenn wir sie nicht in unsere Gärten holen. Einige davon sind ein wichtiger Teil des kulturellen Erbes einer Region. Der Erhalt alter Obstsorten wird von verschiedenen Organisationen, wie dem Verein zur Erhaltung und Förderung alter Obstsorten, und Netzwerken gefördert, die sich mit viel Engagement für den Schutz und die Wiederbelebung dieser Sorten einsetzen. Ihre Arbeit umfasst den Anbau und die Pflege alter Obstbäume in Obstgärten und Baumschulen, die Erforschung und Dokumentation sowie Bildungs- und Aufklärungsarbeit, um das Bewusstsein für die Bedeutung der alten Sorten zu schärfen. (Bezugsquellen für alte Sorten finden Sie auf *Seite 182*.)

Goldparmäne

Eine der ältesten bekannten Apfelsorten, die vermutlich bereits um 1510 in Frankreich entstanden ist, ist die Goldparmäne. Später gelangte die Sorte nach England und von dort um 1850 nach Deutschland. Durch die weite Reise und das hohe Alter der Sorte sind verschiedene Synonyme bekannt. Unter anderem wird der leckere Apfel als Pearmain, King of the Pippins, Reine de Renettes oder Goldrenette bezeichnet. Ihre Früchte sind ab Mitte September pflückreif und genussreif ab Oktober. Bis Ende Januar können die hübschen gelben Äpfel mit den feinen roten Streifen gelagert werden und überzeugen uns mit einem süßfruchtigen-aromatischen Geschmack mit einer Note von Nussaromen.

Große Grüne Reneklode

Die Große Grüne Reneklode ist eine alte Pflaumensorte unbekannter Herkunft, die vermutlich in Syrien entstanden ist. Von dort wurde sie über Italien nach Frankreich gebracht, wo sie seit Beginn des 16. Jahrhunderts als Reine Claude bekannt ist. Die Namensgeberin ist Königin Claudia, eine Tochter König Ludwigs des XII. Die runden, grünen Pflaumen erreichen eine Größe von bis zu 5 cm im Durchmesser. Die Pflaume mit dem süßen, aromatischen Geschmack ist bestens für den Frischverzehr geeignet. Aber auch beim Kochen verliert sich der gute Geschmack nicht und die Grüne Reneklode kann auch für Kompott oder Marmelade verwendet werden. Reif ist die besondere Pflaume ab Anfang September.

Gellerts Butterbirne

Eine große feinsäuerliche Birne mit leicht würzigem Geschmack, die wahrscheinlich 1820 von van Mons ausgesät und veredelt wurde, ist die Gellerts Butterbirne. Die Verbreitung fand dann allerdings erst nach dem Tod des bedeutenden Pomologen aus Frankreich durch Oberdieck und Leroy statt. Leroy gab der Birne den Namen Beurre Hardy, ein Name, der heute noch in Frankreich verwendet wird. Die Sorte hat eine unempfindliche Blüte, die reifen Birnen können ab Mitte September gepflückt werden. Lagerfähig ist Gellerts Butterbirne kaum, spätestens im Oktober sollten die leckeren Früchte verzehrt werden. Die Butterbirne zählt zu den köstlichsten Herbstbirnen, die in Mitteleuropa beheimatet sind.

BIOTOP: HECKEN UND STRÄUCHER

Geeignet für: jeden Standort

Besonders nützlich für: Singvögel, Kleinsäuger, Insekten

Beobachtungs-Highlight: Herbstfärbung, Hagebuttenkleid, Blüten und Früchte

Aufwand bei der Anlage: mittel bis hoch

Pflegeaufwand: gering

HECKEN SIND in vielen Gärten zu finden, da sie lebendige Abgrenzungen zu den Nachbargrundstücken sein können. Sie sind nicht nur eine ästhetische Bereicherung, Hecken und Sträucher sorgen auch für ein günstiges Kleinklima im Garten. Sie fangen Staub und Schadstoffe ein und verbessern dadurch die Luftqualität. Sie können sogar den Lärm einer vorbeiführenden Straße abfangen und schützen den Garten vor Wind. Außerdem tragen Hecken und Sträucher zu einer Abkühlung in ihrer Umgebung bei. Das wird auch in den privaten Gärten in Zeiten des Klimawandels zunehmend wichtiger werden. Und Kinder lieben die schattigen Abenteuerspielplätze rund um die Sträucher und nutzen diesen Lebensraum gerne für fantasievolle Spiele. Vor allem aber nutzen Vögel und Kleinsäuger die dichten Hecken als sicheren Nistplatz oder Versteck und – bei der richtigen Pflanzenauswahl – als Futterplätze.

EIN BESONDERER LEBENSRAUM

Hecken und Sträucher sind in unseren Gärten weit verbreitet, häufig mangelt es den Pflanzungen jedoch an Artenvielfalt. Vor allem die nicht heimischen Arten wie Thuja, Kirschlorbeer oder Glanzmispel sind vertreten, obwohl es so tolle Alternativen gibt. Außerdem werden gerne blühende Ziersträucher verwendet, die jedoch keine oder bei heimischen Tieren unbeliebte Früchte bilden. Dazu gehören beispielsweise die Forsythie, der gefüllte Schneeball oder Zierkirschen. Doch gerade die Früchte der heimischen Sträucher wie Hagebutten oder die Beeren des Gemeinen Schneeballs sind ausgesprochen wichtig, wenn Sie die Artenvielfalt in Ihrem Garten unterstützen möchten.

BUNTES BUFFET

Eine Vielzahl an Vögeln wie Rotkehlchen, Amseln oder die Gartengrasmücke werden durch heimische Gehölze angelockt. Die Beeren des Schwarzen Holunders sind beispielsweise für über 60 Vogelarten eine Nahrungsquelle. Besonders auch Zugvögel, die eine Menge Energie für den Flug in den Süden brauchen, werden sich gerne in Ihrem Garten bedienen. Darüber hinaus bevorzugen z. B. Grasmücke und Amseln dicht verzweigte Hecken als Brutplätze. Gehölze mit quirlig stehenden Ästen sind nämlich eine stabile Grundlage für den Nestbau. Kleinsäuger wie der Siebenschläfer oder die niedliche Haselmaus sind ebenfalls auf die leckeren Früchte der einheimischen Sträucher angewiesen. Doch nicht nur für Vögel und kleine Säugetiere ist die Strauchpflanzung ein attraktiver Lebensraum. Mit einem bunten Angebot an heimischen Heckenpflanzen und Sträuchern, können Sie außerdem ein wahres Paradies für Insekten schaffen. Nicht nur die Blüten der Gehölze bieten Nektar und Pollen für die summenden Gartenbesucher, auch die Blätter können wichtige Nahrungsquellen, z. B. für besondere Schmetterlingsraupen und Insektenlarven, sein. Wertvoll ist dabei auch die Fülle an Blüten und Blättern eines einzigen Strauchs. Während an heimischen Stauden jeweils nur ein paar wenige Blüten vorkommen, kann ein Strauch oder eine ganze Hecke ein wahres Blüten- und Blättermeer sein.

Wildsträucher bieten Lebensraum und sind bestens für eine Begrenzung des Gartens geeignet.

Ein weiterer Bestandteil dieses besonderen Lebensraums ist weniger auffällig, aber ebenso wichtig: In der Laub- und Streuschicht unter den Hecken und einzelnen Sträuchern tummeln sich zahlreiche Insekten, die wiederum Vögeln und Kleinsäugern als Nahrung dienen. Auch Nützlinge wie der Marienkäfer überwintern in der Laubschicht und Igel können dort den einen und anderen Leckerbissen finden. Wer sich Igel im Garten wünscht, kommt um Sträucher beziehungsweise Hecken sowieso nicht herum. Die gern gesehenen Stacheltiere suchen hier nicht nur Nahrung, sie bauen sich auch Schlafplätze und Nester für die Aufzucht der Jungen unter den Büschen.

Haben Sie die Vorteile der heimischen Sträucher überzeugt? Dann lesen Sie weiter und informieren Sie sich über die Möglichkeiten, mit Arten wie Wildrose, Holunder oder Pfaffenhütchen den Garten zu bereichern und zu gestalten. Sie werden Ihre Freude daran haben.

Auch Zuchtrosen mit ungefüllten Blüten wie die Sorte 'Mozart' finden in der Hecke ihren Platz.

STRÄUCHER ZUM GESTALTEN

Sträucher sind besonders gut geeignet für eine attraktive Gartengestaltung. Durch ihre Höhe können sie Gartenräume gliedern und dienen als Strukturbildner, passen jedoch gleichzeitig auch in kleinere Gärten. Nicht in jedem Garten ist Platz für einen ausgewachsenen Baum. Ein paar Sträucher oder eine kleine Hecke gehen aber meistens. Nicht nur zur Blütezeit sind sie äußerst attraktiv sondern die Früchte ergeben im Herbst auch ein schönes Gartenbild. Darüber hinaus ist die Blattfärbung der heimischen Sträucher im Herbst für unsere Gärten besonders wertvoll und setzt viele schöne Farbtupfer in der oftmals grauen Jahreszeit.

Hecken als Begrenzungen

Anstelle eines Zauns können Sie um Ihren Garten herum auch eine Hecke pflanzen, um Ihr Grundstück zu begrenzen und Sicht- sowie Lärmschutz zu gewährleisten. Das Motto ist hierbei: Je vielfältiger, umso besser. Bei der Pflanzenauswahl achten Sie am besten auf die unterschiedlichen Blühzeiten und wann die Früchte gebildet werden. So ist beinahe das ganze Jahr etwas attraktiv, und zwar nicht nur für Sie, sondern auch für die Tierwelt.

Sie können zwischen einer frei wachsenden Naturhecke oder einer geschnittenen Hecke wählen. Schnitthecken sollen schön dicht wachsen und bieten somit einen ausgezeichneten Schutz. Bedenken Sie aber auch, dass der Pflegeaufwand bedeutend höher ist, da die Hecke ein- bis zweimal pro Jahr geschnitten werden muss. Für eine dicht wachsende geschnittene Hecke sind heimische Arten wie Eibe, Hain- oder Rotbuche, Liguster oder Feldahorn geeignet. Achten Sie bei der Auswahl auch darauf, dass die Arten zu Ihrem Gartenstandort passen.

Eine frei wachsende Naturhecke benötigt deutlich mehr Platz, aber der Pflegeaufwand ist sehr gering und es steht eine breitere Auswahl an heimischen Pflanzen zur Verfügung. (Passende Pflanzen für kleine und große Gärten finden Sie auf den *Seiten 153* und *155*.) Eine natürliche Wildhecke können Sie übrigens auch zweireihig pflanzen. Dafür

Wildhecken sind gut für die räumliche Gestaltung des Gartens geeignet und sehen auch im Herbst gut aus.

benötigen Sie allerdings einen großen Garten, der Vorteil liegt jedoch auf der Hand: Durch die zweireihige Pflanzung ist die Hecke auch im Winter nach dem Laubabwurf ein dichter Sicht- und Lärmschutz.

STRÄUCHER EINZELN ODER IN GRUPPEN PFLANZEN

Bunte Blätter, leuchtende Blüten und eine Prise Naturzauber – das sind die Zutaten für die attraktive Gartengestaltung mit prächtigen Sträuchern. Heimische Sträucher gibt es von niedrig und bis hoch und ausladend. Sie sind somit, anders als Bäume, für jede Gartengröße geeignet. Durch die Höhe können sie den Blick einfangen und einen Blickpunkt in Ihrem Garten schaffen. Das kann kleinen Gärten eine Wirkung von Weite geben. Und auch in einem Beet kann ein einzeln gepflanzter Strauch ein attraktiver Blickfang sein. Pflanzen Sie dafür den Strauch in die Mitte oder an den hinteren Rand des Beetes, sodass ein schöner Hintergrund für die anderen Pflanzen vorhanden ist.

Wenn Sie in Ihrem Garten keinen Platz für eine große Naturhecke haben, können Sie vielleicht ein kleines Gebüsch mit ausgewählten Arten integrieren. Wie hoch und breit Sie diese kleine Wildnis gestalten, hängt ganz von Ihren Vorlieben und den ausgewählten Pflanzenarten ab. Auch mit einer kleineren Gruppe von heimischen Gehölzen haben Sie die Vorteile einer natürlichen Hecke im Garten und können einen ganz neuen Lebensraum gestalten. Besonders in ungenutzten, oftmals auch schattigen Ecken, findet sich meist ein Platz für natürliche Gehölze. Legen Sie los! Vögel, Insekten und kleine Säugetiere werden es Ihnen danken.

Beliebte Wildfrüchte

Nicht nur für Vögel sind die Früchte von Sträuchern attraktiv, sie können auch in der Küche verwertet werden. Wildobst ist zwar meistens nicht so ertragreich, aber die Früchte sind besonders gesund und vitaminreich. Teilweise können die Beeren und Hagebutten roh gegessen werden, teilweise müssen die Früchte zu Saft oder Gelee verarbeitet werden, um genießbar zu sein. Holunder zählt zu diesen Kandidaten.

PFLANZUNG VON HECKEN UND STRÄUCHERN

Wenn Sie sich entschieden haben, welche Art von Strauchpflanzung Sie in Ihrem Garten vornehmen möchten, können Sie die ausgewählten Arten im Fachhandel besorgen. Örtliche Baumschulen sind dafür eine gute Adresse, denn Pflanzen von dort sind meist besonders gut an die lokalen Bedingungen angepasst. Falls es keine passende Baumschule in Ihrer Nähe gibt, können Sie auf Baumschulen, die ihre Ware verschicken, zurückgreifen. (Geeignete Bezugsquellen finden Sie auf *Seite 182*.)

Rechnen Sie für eine artenreiche, gemischte Wildhecke 2–4 Pflanzen pro laufendem Meter, je nachdem, wie dicht die Hecke werden soll. Für eine frei wachsende Naturhecke müssen Sie einen Abstand von 1,50–2 m pro Strauch einhalten. Das ist wichtig, damit jedes Gehölz sich ausbreiten und entfalten kann, die Hecke aber trotzdem dicht wächst. Ihr Portemonnaie wird sich freuen, denn die heimischen Sträucher sind nicht so teuer.

Zu Beginn kann eine Wildhecke noch etwas dünn wirken, aber die Sträucher entwickeln sich und brauchen Platz.

Zeit zum Pflanzen

Die beste Jahreszeit für eine Heckenpflanzung ist der Herbst. In der kühlen feuchten Jahreszeit und über den Winter können sich die Pflanzen fest verwurzeln und kommen dann gut über ihr erstes Standjahr. Alternativ wird im Frühjahr gepflanzt, wenn der Boden nicht mehr gefroren ist. Der Klimawandel hat allerdings immer häufiger trockene, warme Frühjahre im Gepäck. Frisch gepflanzten Sträuchern macht das zu schaffen und es muss häufig gegossen werden. Im ersten Standjahr sollten Sie auch in heißen trockenen Sommern an die Wasserversorgung denken und die neuen Büsche ab und zu wässern. Die Pflanzzeiten gelten übrigens für die sogenannten wurzelnackten Pflanzen. Das sind Pflanzen, die Sie ohne Topf und Ballen kaufen. Diese Heckenware ist günstiger als getopfte Pflanzen und der Transport ist viel einfacher, da sie nicht sehr viel Platz in Anspruch nehmen. Sträucher im Topf können Sie das ganze Jahr über pflanzen. Achten Sie aber in jedem Fall auf eine ausreichende Bewässerung. Gut geeignet für einzelne Sträucher ist eine mobile Tröpfchenbewässerung. (Mehr Infos zur richtigen und nachhaltigen Bewässerung im Garten finden Sie auf *Seite 44*.)

Passt der Standort?

Bevor Ihre Sträucher in die Erde kommen, sichern Sie sich noch einmal ab, ob die Standortbedingungen passen, denn auch Sträucher und Gehölze möchten am passenden Platz wachsen. Es gibt Pflanzen für die Sonne, für den Halbschatten und den Schatten sowie wahre Allrounder, die fast überall wachsen. Zur letzten Gruppe gehört beispielsweise der Schwarze Holunder, ein anspruchsloser Strauch, dessen Blüten und Früchte auch wir gerne ernten. Darüber hinaus gibt es Arten, die sich auf trockenen Standorten wohlfühlen, und andere, die eher einen feuchten Boden bevorzugen. Wählen Sie Ihre Pflanzen gut aus, dann werden die Hecke oder einzelne Sträucher gut gedeihen.

Beim Pflanzen der Wildsträucher können Sie die Erde leicht mit den Füßen andrücken.

An die Arbeit – es wird gepflanzt

Wenn Sie die Pflanzen nun in die Erde bringen möchten, heben Sie mit dem Spaten ein Pflanzloch aus. Dieses Loch sollte etwas größer und tiefer sein, als es für die Wurzeln nötig wäre. Setzen Sie die Wurzeln hinein und füllen Sie mit Erde auf, sodass die Wurzeln Bodenkontakt haben und sich schnell in der Erde ausbreiten können. Für eine Heckenpflanzung können Sie direkt einen Graben ausheben. Dieser sollte 50 cm breit und zwei Spatenlängen tief sein. Setzen Sie die Gehölze ein, füllen Sie das Pflanzloch oder den Graben mit Erde auf und drücken Sie die Erde leicht an. Dann gießen Sie die neue Pflanzung mit viel Wasser an, sodass die Wurzeln einen guten Kontakt zur Erde bekommen. Falls Sie wurzelnackte Pflanzen gekauft haben und nicht sofort pflanzen können, ist es möglich, die Ware einzuschlagen. Dafür heben Sie die Erde locker aus und legen die Pflanzen mit den Wurzeln hinein. Das verhindert, dass die feinen Wurzeln austrocknen.

Hurra! Es wächst

Achtung, es wächst! Die frisch gepflanzten kleinen Büsche können große Ausmaße annehmen. Mitunter werden sie höher und breiter, als man das angenommen hat. Für die Abgrenzung zu einem Nachbargrundstück müssen Sie aber auf Nummer sicher gehen. Halten Sie ausreichend Abstand, insbesondere wenn die Hecke frei wachsen soll. Ansonsten kommen Sie eventuell schnell in die Lage, die Naturhecke, die eigentlich wenig Pflege benötigt, jährlich zu schneiden, damit sich der Nachbar nicht ärgert. Für eine mittelhohe Hecke halten Sie etwa 1,50 m Abstand zum Zaun. Die Grenzabstände für Bäume, Sträucher und Hecken sind von Bundesland zu Bundesland verschieden, informieren Sie sich am besten über die jeweils landesspezifischen Vorschriften.

KLEINE STRÄUCHER FÜR DIE BUNTE NATURHECKE

Auch wenn Ihr Garten eher klein ist, können Sie einen attraktiven heimischen Strauch in die Bepflanzung integrieren. Sie gestalten damit einen wertvollen Lebensraum, der vielleicht sogar einem brütenden Vogelpaar einen Platz für sein Nest bietet. Empfehlenswert ist z. B. die Berberitze, die viele Vorteile der heimischer Gehölze in sich vereint: Sie

Richtig kalkuliert!

Zwei Pflanzen pro Meter – klingt einleuchtend und umsetzbar. Allerdings schwankt die Angabe, je nachdem, ob die Hecke frei steht oder durch ein Bauwerk begrenzt ist. Im zweiten Fall beginnt die Pflanzung erst bei 25 cm, es wachsen also tatsächlich zwei Pflanzen auf einem Meter. Ohne Begrenzung benötigen wir hingegen drei Pflanzen auf dem ersten Meter.

ist ein beliebtes Versteck für Vögel, ihre Früchte sind attraktiv für unterschiedliche Vogelarten, wie Rotkehlchen, und die Blüten halten reichlich Nektar für Bienen und Hummeln bereit. Im Herbst zeigen die Pflanzen zudem eine attraktive Blattfärbung, die zusammen mit den Beeren ein schönes Bild ergibt. Auch wir können die reifen Beeren essen. Die gesunden Früchte haben einen herben und säuerlichen Geschmack, daher auch der verbreitete Name „Sauerdorn". Aber Vorsicht! Der Rest der Pflanze ist giftig, lediglich die Beeren sind zum Verzehr geeignet.

WELCHE PFLANZE DARF ES DENN SEIN?

Viele weitere Gehölze sind für den eher kleinen Garten geeignet. Sobald Sie sich für die Art der Pflanzung entschieden haben, müssen Sie zusätzlich die Standortbedingungen überprüfen. Auch Heckenpflanzen gibt es für sonnige, halbschattige oder schattige Standorte. Außerdem besteht ein entscheidender Unterschied zwischen den Arten, denn die einen sind immergrün, die anderen laubabwerfend. Insbesondere, wenn Sie auch einen Sichtschutz im Winter brauchen, sollten Sie auf immergrüne Pflanzen zurückgreifen. Allerdings sind die laubabwerfenden Pflanzen viel attraktiver für die heimische Tierwelt. Falls Sie immergrüne Pflanzen wählen, entscheiden Sie sich am besten für die Eibe, den Feuerdorn oder immergrüne Berberitzen. Diese Gehölze produzieren immerhin Früchte, die bei Vögeln sehr beliebt sind. Eine gute Alternative ist auch die heimische Hainbuche. In Form geschnitten kann sie eine dichte Begrenzung zu Nachbars Garten darstellen, denn obwohl ihre Blätter wie bei jedem heimischen Laubbaum im Herbst vertrocknen, verbleiben die Blätter im trockenen Zustand über den Winter an der Pflanze. Somit bietet sie auch einen Sichtschutz in der kalten Jahreszeit.

Pflanzplan für einen kleinen Garten

Hier finden Sie eine attraktive Beispielpflanzung für einen sonnigen, eher trockenen Platz im Garten. Sie benötigen für die ausgewachsene Hecke ungefähr 10 m² Platz, also eine Fläche von 4 x 2,5 m. Falls die Hecke besser wächst als gedacht, können die Pflanzen zurückgeschnitten werden. Die Hecke bietet u. a. attraktive Blüten für Insekten im Frühling und leckere Früchte für Vögel und kleine Säugetiere im Herbst. Lassen Sie das Laub möglichst unter der Pflanzung liegen, so bieten Sie einen weiteren Lebensraum für zahlreiche Insekten und darüber hinaus eine wichtige Nahrungsquelle für Spitzmaus, Igel und Co.

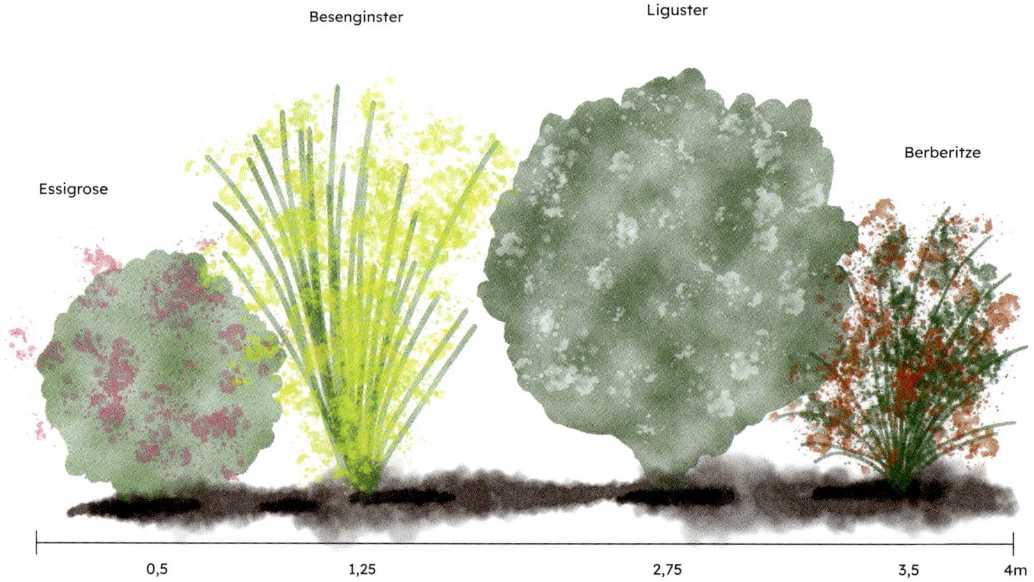

Kleine Heckensträucher für den trockenen bis frischen Standort

	NAMEN	WUCHS	BLÜTE	ÖKOLOGISCHER WERT	BESONDERHEITEN
	**Kriechrose** *Rosa arvensis*	50–200 cm Kriechend Halbkugelig Sonnig bis halbschattig (∞)	VII Weiß	Raupenfutterpflanze, Pollenpflanze für Insekten, Hagebutten für Vögel	Kann, wenn sich die Gelegenheit bietet, auch klettern
	**Essigrose** *Rosa gallica*	80–120 cm Aufrecht Ausläuferbildend Sonniger bis halbschattiger Standort (∞)	VI–VII Fuchsia	Raupenfutterpflanze, Pollenpflanze für Insekten, Hagebutten für Vögel	Nach Bedarf Ausläufer in Schach halten, alte Heil- und Duftpflanze
	**Berberitze** *Berberis vulgaris*	100–250 cm Aufrecht Halbschattiger Standort (∞)	V–VI Gelb	Raupenfutterpflanze, Blüten für Schmetterlinge, Früchte für Vögel	Sehr schöne Herbstfärbung mit orangenem Laub und roten Früchten
	**Besenginster** *Cytisus scoparius*	150–200 cm Aufrecht Sonniger Standort (∞)	V–VI Gelb	Futterpflanze für 57 Schmetterlingsraupen, sehr beliebte Blüten bei Wildbienen	Stark duftende Blütenfülle, Zierformen in unterschiedlichen Rottönen im Handel
	**Faulbaum** *Rhamnus frangula*	200–300 cm Aufrecht Sonniger, halbschattiger bis schattiger Standort (∞)	V–IX Weiß	Unscheinbare Blüten, die bei Insekten beliebt sind, Raupenfutterpflanze und Früchte für Vögel	Längste Blütezeit unter den heimischen Gehölzen, sollte in keinem Garten fehlen
	**Liguster** *Ligustrum vulgare*	150–250 cm Aufrecht Sonniger, halbschattiger bis schattiger Standort (∞)	VI–VII Weiß	Tierfreundliche Heckenpflanze für Raupen von Nachtfaltern, Schmetterlinge, Wildbienen, Vögel	Guter Duft, kommt nur zur Blüte, wenn er nicht als Formhecke geschnitten wird

(∞) mehrjährig (·) einjährig (··) zweijährig

GROSSE STRÄUCHER FÜR DIE NATURHECKE

Wenn Sie in Ihrem Garten eine natürliche Hecke mit all ihren Vorteilen für Mensch und Natur etablieren möchten, sind Sie mit einem größeren Garten ganz klar im Vorteil. Die meisten der attraktiven Gehölze benötigen einfach viel Platz. Entscheiden Sie sich ganz nach Ihrem Geschmack für eine Gruppenpflanzung oder eine Heckenpflanzung in Reihe, je nachdem, welchen Zweck die neuen Sträucher in der Gartengestaltung erfüllen sollen.

NAHRUNG DAS GANZE JAHR

Mit der Auswahl der richtigen Pflanzen können Sie dafür sorgen, dass beinahe das ganze Jahr über Nahrung für Insekten oder Vögel zur Verfügung steht. Das macht Ihre Hecke zu einem besonderen Beobachtungs-Highlight. Sie können die allerersten summenden Besucher im Frühjahr willkommen heißen und im Winter die Gartenvögel am reich gedeckten Heckentisch beobachten. Achten Sie bei der Pflanzung auf Arten mit unterschiedlichen Blüh- und Fruchtzeitpunkten und starten Sie den Blütenreigen mit der Kornelkirsche, die bereits ab März goldgelb blüht und die ersten Hummeln und Bienen anlockt. Auch unsere wintermüden Augen freuen sich über den leuchtend gelben Farbtupfer im Frühjahr, eine wunderbare Alternative zu der für einheimische Insekten wertlosen Forsythie. Auch verschiedene Weidenarten sind immer eine gute Wahl, denn auch ihre Blüte lockt sehr früh im Jahr summende Besucher in den Garten. Für eine Blüte bis in den frühen Sommer sorgen dann diverse Wildrosen, wilde Obstsorten und Weißdorn. Wer mit Beeren und Hagebutten Vögel und andere Tiere anlocken möchte, sollte unbedingt einen Schwarzen Holunder oder eine Eberesche integrieren, denn diese Gehölze bieten bereits ab August köstliche Früchte.

Pflanzvorschlag für große Gärten

Eine gelungene Kombination aus Heckenpflanzen stellt sicher, dass zu möglichst vielen Zeitpunkten im Frühjahr Nektar und Pollen für Wildbienen und andere Insekten bereitstehen. Außerdem gibt es Früchte mit unterschiedlichem Reifezeitpunkt, die als Nahrungsquelle beliebt sind. Mehrere Heckenpflanzen erfreuen darüber hinaus mit einer wunderschönen Blattfärbung im Herbst. Lassen Sie die Hecke nach Möglichkeit frei wachsen, dann benötigen Sie in etwa 30 m² Platz, also eine Fläche von 10 x 3 m. Die Pflanzung ist für einen sonnigen, eher trockenen Standort geeignet.

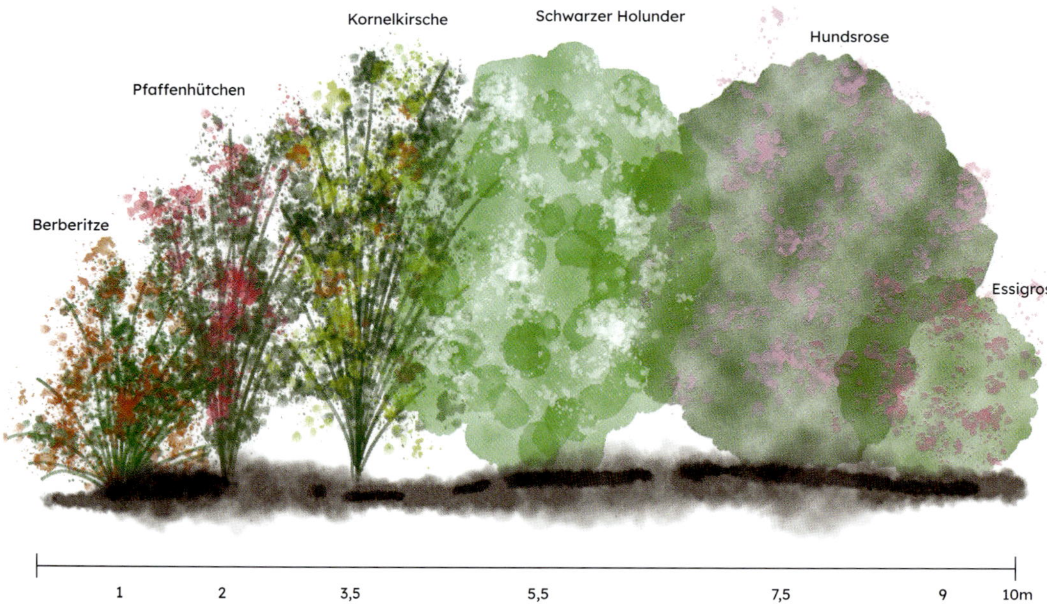

Große Heckensträucher für frische Standorte

	NAMEN	WUCHS	BLÜTE	ÖKOLOGISCHER WERT	BESONDERHEITEN
	**Schwarzer Holunder** *Sambucus nigra*	300–700 cm Aufrecht Sonniger, halbschattiger bis schattiger Standort (∞)	VI–VII Weiß	Raupenfutter für 20 Falterarten, Blüten für Schmetterlinge, Schwebfliegen, Beeren für Vögel	Sowohl Blüten als auch Beeren können in der Küche verwendet werden
	**Eingriffliger Weißdorn** *Crataegus monogyna*	300–500 cm Aufrecht Sonniger bis halbschattiger Standort (∞)	V–VI Weiß	Beeren für Kleinsäuger und Vögel, Raupenfutterpflanze, Blüten für Insekten	Sehr gut schnittverträglich, dann aber weniger Blüten, auch für trockene Standorte
	**Roter Hartriegel** *Cornus sanguinea*	200–400 cm Aufrecht Sonniger bis halbschattiger Standort (∞)	V–VI Weiß	Gutes Vogelnährgehölz, Raupenfutterpflanze, Blüten locken Insekten an	Bogentriebe bewurzeln sich bei Bodenkontakt, nach Bedarf eindämmen
	**Hasel** *Corylus avellana*	300–700 cm Aufrecht Sonniger bis halbschattiger Standort (∞)	II–IV Grünlich	Sehr frühe Pollenquelle, Nüsse werden z. B. von Eichhörnchen und Haselmaus gesammelt	Kann bis zu 80 Jahre alt werden, regeneriert auch nach totalem Rückschnitt
	**Kornelkirsche** *Cornus mas*	200–600 cm Aufrecht Sonniger bis halbschattiger Standort (∞)	III–IV Gelb	Wichtige frühe Blüte für Insekten, Früchte für Vögel, Haselmaus, Siebenschläfer	Blüten erscheinen vor dem Laubaustrieb, schöne Zierde im Vorfrühling, auch für trockenen Standort geeignet
	**Pfaffenhütchen** *Euonymus europaeus*	300–400 cm Aufrecht Sonniger, halbschattiger bis schattiger Standort (∞)	V–VI Grünlich	Raupenfutterpflanze, Früchte als Vogelfutter, Käfer leben auf dem Strauch, Blüten von Insekten bestäubt	Auffällige Frucht in knalligen Farben, die an die Kopfbedeckung katholischer Geistlicher erinnert

(∞) mehrjährig (·) einjährig (··) zweijährig

HECKEN UND STRÄUCHER RICHTIG PFLEGEN

Wie so oft im natürlichen Garten ist auch die Pflege von Hecken und Sträuchern mit wenig Aufwand verbunden. Es sind eher bewahrende Aufgaben, die erledigt werden sollten.

AN EINER naturnahen Hecke oder auch einzelnen Sträuchern werden Sie Ihre Freude haben. Heimische Gehölze sind robust und oftmals resistent ge-

Auch bei einer freiwachsenden Hecke können Sie einige Äste entnehmen. Das regt ein dichtes Wachstum an.

gen Krankheiten, das gilt insbesondere, wenn Sie auf gesunde Pflanzware aus regionalen Baumschulen zurückgreifen. Viele Heckenpflanzen müssen außerdem nicht gedüngt werden, im Gegenteil, es gibt zahlreiche Arten, die sowieso nährstoffarme Böden bevorzugen. Und Laub wegräumen entfällt ebenfalls. Das bleibt als Schutz und Unterschlupf einfach unter den Büschen liegen. Das spart Arbeit und Igel und Co. werden es Ihnen mit ihrer Anwesenheit danken.

DIE BEWÄSSERUNG

Das A und O ist die richtige Sortenwahl für Ihren Standort. Insbesondere wenn Sie einen trockenen Gartenboden haben, sollten Sie sich für trockenheitstolerante Arten wie Besenginster oder die meisten Wildrosen entscheiden. Direkt nach der Pflanzung ist gießen wichtig sowie im ersten Standjahr, falls es andauernde trockene Perioden gibt. Dafür sind alle Arten von Tröpfchenbewässerung am besten geeignet. Das Wasser sickert dann bis in die Tiefe und regt die Pflanzen zu einem guten Wurzelwachstum an. (Für die richtigen Bewässerungsmethoden im Naturgarten finden Sie mehr Informationen auf *Seite 44*.)

WANN UND WIE SCHNEIDEN?

Der richtige Rückschnitt Ihrer Hecke gehört zu den aufwendigeren Pflegearbeiten. Das gilt allerdings nur, wenn Sie sich für eine Schnitthecke entschieden haben. Eine Naturhecke, die frei wachsen darf, wird nur ausgelichtet. Sie können trockene und sehr alte Äste regelmäßig entnehmen und somit der natürlichen Hecke eine Verjüngungskur verpassen. Das trägt auch dazu bei, dass die Hecke schön dicht wächst. Das abgeschnittene Astwerk können Sie für eine eigene Benjeshecke nutzen. Damit schaffen Sie einen weiteren wertvollen Lebensraum in Ihrem natürlichen Gartenparadies.

Eine Schnitthecke, die in Form gebracht werden soll, wird ein- bis zweimal pro Jahr eingekürzt. Laubabwerfende Arten wie Hainbuchen oder Feldahorn wachsen schnell und bekommen zweimal pro Jahr einen Schnitt, den ersten im zeitigen Frühjahr, der zweite wird rund um den Johannistag durchgeführt. Nadelgehölze wie die Eibe schneiden Sie einmal pro Jahr zwischen März und Juni. Aber Achtung! Radikale Schnitte sind vom 1. März bis 30. September laut Bundesnaturschutzgesetz verboten. Und das ist auch richtig, denn in diese Zeit fällt die Brutsaison der Vögel. Sie können jedoch leichte Pflegeschnitte vornehmen und dabei den diesjährigen Zuwachs abnehmen. Achten Sie jedoch auch dann darauf, dass Sie möglichst keine Tiere stören. Wenn Sie feststellen, dass Vögel in Ihrer Hecke brüten, lassen Sie den Schnitt lieber ruhen, bis die Jungen ausgeflogen sind.

Einigen Wildrosen, wie der Kriechrose, sollten Sie etwas mehr Aufmerksamkeit widmen. Biegen sich die Triebe bis auf den Boden, bewurzeln sie, bilden Ausläufer und können dann stark wuchern. Wenn Sie keine Ausbreitung wünschen, müssen Sie die Rosen durch einen rechtzeitigen Rückschnitt in Schach halten.

Das richtige Werkzeug

Für die Entnahme einzelner Äste bei Sträuchern oder der frei wachsenden Naturhecke können Sie entweder eine Astschere oder für dickere Äste eine Säge verwenden. Die Schnitthecke wird am besten mit einer Heckenschere in Form gebracht, diese gibt es elektrisch oder manuell in unterschiedlichen Ausführungen. Mein Tipp: Wenn Sie eine elektrische Heckenschere mit Teleskopstiel erwerben, können Sie diese verkehrtherum auch als schonendes Mähwerkzeug für die Wildblumenwiese verwenden. Ein Mini-Balkenmäher für den Hausgarten!

Tragen Sie bei der Arbeit an den Sträuchern vorsichtshalber Handschuhe, denn viele Heckenpflanzen sind mit Stacheln oder Dornen bewehrt. Für besonders stachelige Exemplare wie Berberitze oder manche Wildrosen empfehle ich Ihnen spezielle lange Rosenhandschuhe, die extrastabil sind und dadurch Hände und Unterarme gut vor Verletzungen schützen.

Tragen Sie beim Schneiden der Hecke Handschuhe, am besten Rosenhandschuhe mit langen Stulpen.

Tiere im Lebensraum Hecke

Eine Hecke im Garten lohnt sich immer. Doch ganz besonders interessant ist der Lebensraum für Gartenliebhaber, die eine hohe tierische Artenvielfalt beobachten möchten. Seien Sie gespannt, was dort krabbelt und trappelt!

In einer natürlichen, mehrreihigen Hecke leben zwischen 900 und 1500 Tierarten. Das ist eine immense Artenvielfalt und macht uns deutlich, wie wichtig dieser aus der Landschaft verschwindende Lebensraum für die Biodiversität ist. Es lohnt sich also, eine Hecke im Kleinformat im Garten anzulegen und somit der heimischen Fauna einen Lebensraum zu schaffen. Insbesondere Sträucher und Hecken, die frei wachsen dürfen und nicht oder wenig geschnitten werden, locken Tiere in den Garten, denn sie tragen im Vergleich zu geschnittenen Hecken reichlich Blüten und Früchte.

ARTEN IN HÜLLE UND FÜLLE

Bereits im März locken Salweide und Gelber Hartriegel die ersten Wildbienen an, weiter geht es mit der Hauptblüte der Heckensträucher im April und Mai. Den ganzen Frühling hindurch bieten Schlehen, Weißdorn, Holunder, Rosen und mehr Pollen und Nektar für sammelnde Wildbienen, Schmetterlinge und andere Insekten. Aber auch die Laubschicht unter den Büschen ist ein Paradies für verschiedene Arten von Insekten und Spinnen. Insbesondere die Larven finden hier ein kuscheliges Plätzchen. Das lockt wiederum andere Heckenbewohner auf den Plan. Reptilien gehören beispielsweise zu den Tieren, die von einer Hecke oder frei wachsenden Wildsträuchern profitieren. Ringelnatter, Blindschleiche, Zauneidechse und Waldeidechse können im besonderen Lebensraum Hecke vorkommen.

DA GEHT NOCH MEHR

Mit abgelegtem Totholz, Steinhaufen oder liegen gebliebenem Laub unterstützen Sie darüber hinaus die Fauna in Ihrem Garten. Verrottendes Pflanzenmaterial unter der Hecke wird von der Erdkröte zur Überwinterung genutzt. Für Amphibien und Reptilien dienen Hecken als Trittsteinbiotope, sie bieten eine gute Möglichkeit, ihre Wanderungen zu unterbrechen. Natürliche Hecken sind auch letzte Rückzugsgebiete für Säugetiere auf intensiv bewirtschafteten Flächen. Sie bieten Rehwild, Feldhase, Rotfuchs und Igel einen Lebensraum. Im Garten werden besonders Igel und andere Kleinsäuger wie Bilche oder Mäuse die Hecke nutzen. Die auffälligsten, buntesten und lautstärksten Bewohner der Hecke sind aber Vögel. Sie nutzen Hecken als Brutplätze, Nahrungsplatz, Unterschlupf, Singwarten und als Ansitzwarten zum Jagen. Folgende Vogelarten können wir mit etwas Glück in Hecken und Sträuchern im Garten beobachten: Neuntöter, Mönchsgrasmücke, Goldammer, Amsel, Rotkehlchen, Distelfink, Buchfink und viele andere. Je vielfältiger die Hecke ist und je mehr Sträucher im Garten wachsen, umso vielfältiger werden die Besuche der Vögel. Die Tiere an ihrem Futterplatz zu beobachten ist ein wundervoller Zeitvertreib.

Zaunkönig

Der kleine König unter den Vögeln macht mit lautem Gesang auf sich aufmerksam. Oft können wir ihn hören, bevor er in unser Gesichtsfeld flattert. Unverwechselbar ist er durch die winzige Größe und den aufgestellten Schwanz. Zaunkönige messen gerade einmal 10 cm und wiegen etwa 10 g. Der niedliche Vertreter der Gartenvögel bewohnt gerne Gebüsche und Hecken in Gärten, besonders Brombeerhecken sind bei ihm beliebt. Er ernährt sich von Insekten und Spinnen, im Winter lässt er sich auch Sämereien schmecken. Er baut eine kugelige, geschlossene Lehm- und Mooshöhle, in der ab Ende März von den Weibchen gebrütet wird. Zaunkönige nehmen auch spezielle Nisthilfen an.

Siebenschläfer

Der Siebenschläfer ist tatsächlich eine der größten Schlafmützen im Tierreich, immerhin hält er sieben Monate lang Winterschlaf. Er gehört zur Familie der Bilche und erinnert mit seinem buschigen Schwanz und den ausgezeichneten Kletterfertigkeiten an ein Eichhörnchen. Erst im Mai erwacht das nachtaktive Tierchen, das scheu und daher selten zu beobachten ist. Dann frisst der Siebenschläfer vorwiegend Früchte, Samen, Knospen und Rindenstücke. Im Spätsommer werden Baumhöhlen oder geeignete Nistkästen aufgesucht, um die Jungen zur Welt zu bringen. Ausreichend Versteckmöglichkeiten in Hecken und alten Bäumen machen dabei einen überlebenswichtigen Teil des Lebensraumes aus.

Amsel

Die Amsel steht mit ihrem wunderschönen Gesang wie kein anderer Gartenvogel für den Beginn eines neuen Tages. Bereits 45 Minuten vor Sonnenaufgang fängt das schwarzgefiederte Amselmännchen an zu singen. Das soll die braunen Weibchen beeindrucken und Konkurrenten auf Distanz halten. Die Amsel nistet bevorzugt in Hecken und Sträuchern, auch in Bäumen werden mit Gras und Moos gepolsterte Nester gebaut. Dort werden die Jungen von beiden Eltern aufgezogen. Amseln fressen Larven, Würmer, Schnecken, Insekten und auch gerne die reifen Beeren und Früchte aus der Hecke. Bei der Futtersuche sind sie häufig auf dem Boden unter dem Gebüsch unterwegs. Auch Futterstellen werden im Winter gut angenommen.

NATÜRLICHE WEGE UND PLÄTZE IM NATURGARTEN

Geeignet für: jeden Standort

Besonders nützlich für: besondere Wildblumen, bodenbrütende Insekten, Entspannung im Garten

Beobachtungs-Highlight: Wege als Wandelgang, Wildbienen beim Nestbau

Aufwand bei der Anlage: hoch

Pflegeaufwand: gering

Stellen Sie sich vor, Sie spazieren auf geschwungenen Wegen durch Ihren Garten, bis Sie den perfekten Platz erreichen. Einen Ort zum Sitzen und Verweilen, zum gemütlichen Beisammensein oder für das Essen unter freiem Himmel. Geht Ihnen auch das Herz auf? Wege und Plätze im Garten sind nicht nur praktische Strukturen, sie sind die Lebensadern des Gartens. Sie laden ein zu einer Erkundung von wilden Ecken, Hecken, Rabatten, sie erschaffen Räume und können Ihrem Garten durch unterschiedliche Materialien einen ganz individuellen Stil verleihen. Nicht umsonst ist die Wegeführung nach der Nutzung der erste Punkt, wenn ein Garten geplant wird. Manche Wege dienen im Garten einfach dazu, von A nach B zu gelangen, andere bieten unterschiedliche Möglichkeiten für die Gestaltung des natürlichen Gartens.

Orientierung und Entdeckung: Wege laden dazu ein, den Garten in all seinen Facetten zu erkunden. Sie können entlang eines Kiesweges spazieren und dabei die Vielfalt der Blumenbeete bewundern oder sich auf einem Holzsteg von einem lebendigen Gartenteich verzaubern lassen.

Struktur und Design: Wege verleihen Ihrem Garten Struktur und unterstreichen den individuellen Entwurf. Sie können sich schlängeln, gerade verlaufen oder auch ineinander übergehen. Sie machen das Design des Gartens aus. Experimentieren Sie mit verschiedenen Materialien von Holz bis Stein – Ihrer Kreativität sind keine Grenzen gesetzt.

Entspannung und Erholung: Plätze im Garten bieten nicht nur physisch Raum zum Verweilen, sondern auch mentale Erholung. Hier können Sie sich zurücklehnen, einen Moment der Stille genießen und Ihre Gedanken zur Ruhe kommen lassen. Ein solcher Platz kann zum privaten Refugium werden, an dem Sie den Trubel der Welt hinter sich lassen und sich mit der Natur verbinden.

Soziale Zusammenkünfte: Gärten sind oft Orte der Gemeinschaft, Plätze im Garten laden förmlich dazu ein, Freunde und Familie zu versammeln. Ein gemütlicher Sitzplatz mit bequemen Stühlen an der Gartentafel ist der Treffpunkt für gesellige Abende, nachmittägliche Kaffeekränzchen oder entspannte Grillpartys.

Und selbst um ein Stückchen Wildnis in Ihren bestehenden Garten zurückzuholen, sind Wege und Plätze geeignete Strukturen. Mit kleinen Veränderungen oder durch geeignete Neuanlagen können Sie eine wilde Ecke schaffen, die gleichzeitig einen großen Nutzen für Ihren Garten bietet. Dafür ist es wichtig, dass Sie die richtigen Materialien verwenden und die Wege und Plätze richtig pflegen. Seien Sie mutig, denn auch im kleinen Garten macht das Gestalten von Gartenräumen mit Wegen und Plätzen natürlich Sinn. Es lässt den Garten nicht kleiner werden, sondern im Gegenteil größer erscheinen!

ASPEKTE DER GESTALTUNG

Im Streben nach moderner Bequemlichkeit sowie Sauberkeit und Ordnung im Garten haben wir oft unbeabsichtigt unsere Verbindung zur Natur unterbrochen. Eines der offensichtlichsten Beispiele dafür ist die leider weit verbreitete Versiegelung von Wegen und Flächen.

Wege und Plätze bieten besonders viele Möglichkeiten der individuellen Gartengestaltung.

Diese Wege und Plätze erscheinen auf den ersten Blick praktisch, denn sie sind z. B. einfach zu reinigen. Versiegelte Flächen haben aber viele Nachteile. Regenwasser kann nicht versickern, sie können zu wahren Hitzeinseln werden und selbstverständlich bieten sie keinerlei Lebensraum für Pflanzen oder Tiere. Täglich werden viele Hektar Land für Siedlungs- und Verkehrsflächen in Deutschland versiegelt und somit als Lebensraum entwertet. Bei der Gestaltung von Gärten sollten deshalb möglichst wenige versiegelte Flächen eingeplant werden. Schon betonierte Flächen können entsiegelt werden. (Andere Möglichkeiten, bestehende versiegelte Flächen im Garten aufzuwerten, finden Sie auf *Seite 166*.) Die Vorteile der Entsiegelung von Flächen oder der Neuanlage von durchlässigen Plätzen und Wegen liegen auf der Hand:

Bessere Wasserversickerung: Naturnahe Wege aus Kies, Pflastersteinen oder Gras erlauben es Regenwasser, in den Boden einzudringen. Dies unterstützt das Grundwasseraufkommen und reduziert die Gefahr von Überschwemmungen. Wasser wird dort gespeichert, wo es anfällt.

Kühlere Umgebung: Offene Flächen aus natürlichen Materialien reflektieren weniger Wärme und helfen dabei, die Bildung von Hitzeinseln zu verhindern. Dadurch bleibt die Umgebung angenehm temperiert für Mensch und Tier. Und das ist besonders in Zeiten des Klimawandels ein sehr willkommener Vorteil.

Ökologische Vielfalt: Entsiegelte Flächen bieten Lebensraum für Pflanzen und Tiere. Plätze und Wege, die durchlässig sind, können zu einem Mini-Ökosystem werden, das die lokale Biodiversität unterstützt und fördert.

Ästhetische Schönheit: Natürliche Wege und offene Flächen fügen sich harmonisch in die Umgebung ein und verleihen Ihrem Garten Charme. Weniger begangene Wege können zu wahren Blumeninseln werden und lassen Ihren Garten aufblühen.

Ein einfacher Kiesweg passt gut in den natürlichen Garten und bietet Lebensraum für Pflanzen.

MATERIALIEN UND IHRE WIRKUNG

Beachten Sie bei der Auswahl der Materialien, welchem Zweck der Weg oder Platz dienen soll. Es ist ein Unterschied, ob Sie beinahe täglich von A nach B kommen wollen, möglicherweise beladen mit Einkaufstaschen, oder ob der Weg ein Wandelpfad werden soll, der dazu einlädt, den Garten zu genießen. Im Folgenden sind einige Beschreibungen der Materialien, die Ihrem Garten eine besondere Note verleihen. Dabei geht es nicht nur um den praktischen Aspekt, sondern auch um die gestalterische Wirkung.

Kieswege: Der Charme der Einfachheit

Ein Kiesweg ist zeitlos. Die raue Textur der Kieselsteine verleiht dem Garten eine natürliche Ästhetik. Sie können zwischen verschiedenen Kiesarten wählen, von grobem Kieselstein bis hin zu feinerem Splitt. Kieswege und -plätze fügen sich nahtlos in

In den Fugen eines gepflasterten Platzes können Wildblumen wie die Glockenblume Fuß fassen.

die Umgebung ein und sind einfach zu gestalten. Bei richtiger Pflege bieten sie einer Vielfalt von bunten Blumen einen Lebensraum.

Holzstege: Ein Hauch von rustikaler Natürlichkeit

Holzstege, -wege und -plätze sind eine wunderbare Möglichkeit, um den Garten lebendig zu gestalten. Das natürliche Holz harmoniert perfekt mit grünen Pflanzen und verleiht dem Garten einen warmen, rustikalen Charme. Mit unbehandeltem Holz tun Sie auch der Umwelt etwas Gutes. Holzwege eignen sich sehr gut für geschwungene Formen und sind auch bei täglicher Nutzung langlebiger als meist angenommen.

Schotterpfade: Rauheit und Raffinesse

Schotterpfade strahlen eine gewisse Robustheit aus, die perfekt zum Charakter eines Naturgartens passt. Die raue Optik der Schottersteine kann durch das Einfügen von einzelnen Pflanzentöpfen oder Steinen entlang des Pfades abgemildert werden. Ein Vorteil dieser Wege ist das kostengünstige Material. Schotter ist auch für die Gestaltung von Sitzplätzen geeignet. An wenig genutzten Stellen wachsen höhere Pflanzen wie Königskerzen, Wegwarten, Malven, Glockenblumen und andere.

Pflasterwege: Kreative Muster

Pflastersteine erlauben Ihnen, faszinierende Muster und Designs zu erstellen, die den Garten in ein Kunstwerk verwandeln. Sie können mit verschiedenen Steinformen, -farben und -größen experimentieren, um einzigartige Effekte zu erzielen. Achten Sie auf breite Fugen, sodass Wasser schnell versickern kann und eine Bepflanzung mit trittfesten Blumen möglich ist.

Rasenwege: Sanfte Eleganz

Wenn Sie gerne barfuß auf grünen Wegen wandeln, könnten Rasenwege genau das Richtige für Ihren Naturgarten sein. Die Anlage ist eventuell aufwendiger, es lohnt sich aber. Wenn Sie etwas mehr Geld in die Hand nehmen wollen, dann ist Rollrasen ideal. Einmal richtig verlegt, ist das Grün sofort begehbar, bei der Einsaat mit einer Rasenmischung müssen Sie einige Wochen Geduld haben. Rasenwege fühlen sich beim Gehen wunderbar weich an und wirken sanft und harmonisch. Die Wege oder Plätze sind allerdings eher für den seltenen Gebrauch geeignet.

Steinplatten: Natürliche Schönheit

Steinplatten sind eine vielseitige Option, um ein natürliches Ambiente zu schaffen. Wählen Sie unregelmäßig geformte Steine für einen rustikalen Look oder gleichmäßig geschnittene Steine für eine geordnete Erscheinung. Steinplatten sind langlebig und passen gut zu einer breiten Palette von Gartenstilen. Sie können entweder als geschlossene Verbände – mit offenen Fugen – oder als einzelne Trittplatten verlegt werden. Sie eignen sich sehr gut für Terrassen und Sitzplätze.

Mulchwege: Ein organischer Lebensraum

Gemulchte Wege sind perfekt, wenn Sie eine organische, nachhaltige Atmosphäre in Ihrem Naturgarten schaffen möchten. Verwenden Sie Holzschnitzel oder Rindenmulch, um diese Wege zu gestalten. Hier fühlen sich viele Insekten wohl, vielleicht entdecken Sie schon bald den imposanten Nashornkäfer. Mulch ist als Belag für wenig begangene Wege geeignet.

Wege können, auch wenn sie versiegelt sind, ganz einfach mit Wildblumentöpfen aufgewertet werden.

Recyclingpfade: Kreativität aus Wiederverwendung

Warum nicht Materialien wiederverwenden? Alte Ziegelsteine, Betonplatten und anderes frostfestes Material kann auf kreative Weise in Ihren Naturgarten integriert werden. Auf diese Weise ist eine persönliche Note gegeben, außerdem sind die Wege sehr nachhaltig. Achten Sie darauf, dass die Oberfläche rau genug ist, ansonsten werden die Wege und Plätze bei Nässe rutschig.

DIE ANLAGE VON WEGEN UND PLÄTZEN

Bevor Sie mit dem Bau neuer Wege oder Sitzplätze beginnen, ist eine sorgfältige Planung unerlässlich. Überlegen Sie, welche Bereiche Sie verbinden möchten und wie die Wege verlaufen sollen. Besonders bei der Planung eines neuen Sitzplatzes sollten Sie auch den Stand der Sonne berücksichtigen, denn es ist ein großer Unterschied für die Nutzung, ob ein Platz in der Morgen- oder Abendsonne liegt. Skizzieren Sie die Wege oder Plätze auf Papier, sodass Sie die Gestaltung gegebenenfalls noch anpassen können. Wenn genug Platz vorhanden ist, planen Sie alles etwas größer als benötigt, dann können Wildblumen die Ränder besiedeln, ohne die Funktion der Bauten zu beeinträchtigen.

Die Materialwahl ist vor allem auch abhängig von der Nutzungshäufigkeit. Planen Sie für oft benutzte Hauptwege eine Breite von 1,20–1,50 m ein, sodass Sie ausreichend Platz haben, mit Einkäufen oder Schubkarren über den Weg zu schreiten. Weniger genutzte Wege oder Pfade können 60–80 cm breit sein. Hier können auch Trittsteine verwendet oder einfache Gras- und Mulchwege gesetzt werden. Als Faustregel können Sie sich merken: Je weiter vom Haus entfernt, desto schmaler und einfacher können die Wege gestaltet sein. Markieren Sie für jeden Weg den Verlauf oder Umriss, bevor Sie mit dem Bau beginnen, und

Wenn Sie pflastern lernen möchten, beginnen Sie mit kleineren Projekten wie einer Beetumrandung.

planen Sie eine Neigung von 2 % vom Haus weg ein, sodass Wasser gut abfließen kann. Verwenden Sie dafür feste Schnüre und Pflöcke oder bei geschwungenen Formen Sprühkreide, um die Wegform zu markieren.

Kies- und Schotterwege

Damit die Steine nicht in den Rasen oder die Beete rutschen, ist eine Randbefestigung ratsam. Dafür können Sie Rasenkantensteine, Holz oder Rasenkanten aus Metall verwenden. Falls der Schotter- oder Kiesbelag an ein Steinbeet angrenzt (► *Seite 124*), ist keine Abgrenzung nötig. Heben Sie die markierte Fläche etwa 25 cm tief aus und verdichten den Boden. Ein Handstampfer oder, bei größeren Anlagen, eine Rüttelplatte liefern gute Dienste. Füllen Sie als Tragschicht 20 cm Wandkies auf. Diese Schicht wird gut gerüttelt und verfestigt, damit die 5 cm starke Schicht aus Deckschotter aufgetragen werden kann. Dafür eignen sich z. B. Gesteinskörnungen der Größe 0/8, 0/11, 0/16 mm. Zusätzlich können Sie nun beispielsweise 1–2 cm Rundkiesbelag aufbringen. Das ist optisch ansprechend und bietet für Pflanzen dieselben Vorteile wie ein einfacher Schotterweg.

Pflaster und Steinplatten

Wenn Sie einen Steinbelag für Ihre Plätze oder Wege wünschen, führen Sie die Schritte genauso wie bei Kies- und Schotterwegen aus, bis Sie die Tragschicht verfestigt haben. Dann füllen Sie 5 cm Splitt auf und verlegen entweder die von Ihnen ausgesuchten Natursteine oder Steinplatten. Achten Sie bitte darauf, dass alles mit Fugen verlegt wird, zwischen denen sich Wildblumen ansiedeln können. Verwenden Sie einen Pflasterhammer, um die Steine oder Platten auszurichten. Die Fugen werden dann mit Sand aufgefüllt beziehungsweise der Sand ausgestreut und in die Fugen eingekehrt. Falls Sie ein Naturpflaster angelegt haben, wird dieses abschließend noch einmal gerüttelt und dann mit Sand verfugt.

Das Pflastern ist nicht ganz einfach. Im Internet gibt es zwar zahlreiche, zum Teil auch sehr gute Videos, die Schritt für Schritt zeigen, wie man am besten vorgeht, wer noch keine Erfahrungen gesammelt hat, beginnt aber dennoch am besten erst einmal mit einem kleineren Projekt. Sie können auch einen speziellen Lehrgang für das richtige Verlegen von Naturstein besuchen. Informieren Sie sich z. B. bei Baumärkten.

Mulch und Holzhäcksel

Heben Sie den Boden 10–15 cm tief aus und verdichten Sie das Erdreich, so gut es geht, mit einer Walze oder Rüttelplatte. Bei kleineren Projekten können Sie auch einfach den Boden, so gut es geht, feststampfen. Begrenzen Sie den Weg mit Hölzern oder Rasenkanten und füllen Sie mindestens 10 cm Mulch oder Holzhäcksel auf.

Rasenwege

Verlegen Sie in Bodenhöhe als Abgrenzung Randsteine, eine Rasenkante oder Hölzer, so ersparen Sie sich das Abstechen der Kanten. Planen Sie die Rasenwege außerdem in Rasenmäherbreite, dann ist die Pflege schnell passiert. Auf strapazierten Flächen, wie Auto-Abstellplätzen, können Sie auch Rasengittersteine verwenden. In die breiten Fugen werden spezielle artenreiche, trittfeste Mischungen von Wildblumen und -gräsern gesät.

Trittplatten

Auch diese Art der Wegegestaltung mit einzelnen Steinplatten ist einfach umzusetzen und wertet den Garten optisch auf. Legen Sie die Steinplatten wie gewünscht aus und orientieren Sie sich an Ihrem Schrittmaß. Anschließend stechen Sie die Grasnarbe rund um die Steine ab, legen die Steine zur Seite und heben 10 cm Bodenmaterial aus. Die kleinen Gruben werden nun verdichtet und mit etwas Kies, Splitt oder gröberem Sand so weit aufgefüllt, dass die Trittsteine bündig mit dem Rasen abschließen. Ein Pflasterhammer hilft Ihnen bei der Ausrichtung der Steine, klopfen Sie vorsichtig auf die Kanten, bis die Platten die gewünschte Neigung und Tiefe haben.

Ein Schotterweg ist relativ leicht anzulegen und fügt sich als kleiner Pfad gut in den naturnahen Garten.

Holzwege und -plätze

Für das Anlegen von Wegen und Sitzplätzen im Garten mit Holz gibt es verschiedene Möglichkeiten. Sie können entweder Dünenwege, also erhöhte Stege aus Holz, anlegen oder Wege und Plätze mit Holzscheiben pflastern. Verwenden Sie möglichst unbehandeltes Holz, das haltbar ist, z. B. Robinie oder Eiche. Für einen Steg setzen Sie Einschlaghülsen mit Balkenstummeln in die Erde, auf die Sie in der gewünschten Wegbreite Querträger befestigen. Auf diese Querträger kommen die Längsträger, die wiederum die Halterung für die einzelnen Wegedielen sind. Die Bretter werden einfach auf die Längsträger geschraubt. Die Dünenwege sind sehr lange haltbar, da Sie durch die Höhe vor anhaltender Feuchtigkeit geschützt sind. Für eine Pflasterung empfehle ich Robinienholz, das ohne Imprägnierung sehr lange haltbar ist. Bei Nässe besteht auf allen Holzbelägen Rutschgefahr! Achten Sie deshalb auf eine strukturierte oder raue Oberfläche bei Ihren Holzwegen und -plätzen.

AUFWERTUNG VERSIEGELTER FLÄCHEN

Sie haben bereits einen fertigen Garten mit versiegelten Plätzen und Wegen? Kein Problem! Auch ohne eine aufwendige Entsiegelung können

Im Schatten können beispielsweise Walderdbeeren den Kiesweg säumen und hier und da den Wegrand erobern.

Sie die Strukturen neu gestalten und die Artenvielfalt unterstützen. Sie können zum Beispiel auf Ihrer Terrasse Töpfe und Pflanzgefäße mit einheimischen Wildblumen platzieren. Das wirkt lebendig und natürlich und die Blumen werden Schmetterlinge und Wildbienen in ihre Nähe locken, sodass eine Beobachtung der bunten Insekten den Aufenthalt auf der Terrasse bereichert. Verwenden Sie mehrjährige Wildblumen in frostfesten Töpfen, dann können Sie die artenreiche Dekoration im Winter draußen stehen lassen und sich im kommenden Jahr über einen Neuaustrieb der bunten Stauden freuen. Auf breiteren Wegen können die Töpfe auch auf dem Weg als einzelne Gestaltungselemente stehen, genauso können Sie Ihre Eingangstreppe mit Wildblumentöpfen bunter gestalten. Sie können Ihre versiegelten Flächen auch in vertikale grüne Oasen verwandeln, indem Sie Pflanzgefäße, Kletterpflanzen oder Hängekörbe an den Rändern der Wege oder Sitzplätze platzieren. Falls Sie bisher Ihre Fugen oder Kieswege aufwendig von Unkraut befreit haben, kann ich Sie nur ermutigen die Blumen, die sich ansiedeln, wachsen zu lassen. Gefällt Ihnen ein Neuankömmling nicht, können Sie ihn auch später noch jäten. Sie können auch gezielt Fugenmischungen mit bunt blühendem Thymian, Gänseblümchen oder Hungerblümchen ausbringen und sich das Fugenkratzen sparen. Wenn Sie einen dichten Verbund aus Betonplatten oder Pflastersteinen haben, können Sie auch einzelne Platten entfernen und dort passende Wildblumen pflanzen. Das gibt schöne bunte Inseln in der versiegelten Fläche. Falls Sie eine Betonfläche haben, die Sie nicht mehr nutzen, können Sie einen Steingarten auf der versiegelten Fläche anlegen. Bedenken Sie aber, dass die fehlende Versickerung von Regenwasser bestehen bleibt.

Wenn Sie die Möglichkeit haben, können Sie an verschiedenen Stellen durch den Beton in das Erdreich bohren, sodass immerhin etwas Regenwasser versickern kann. Ihren Steingarten legen Sie wie auf *Seite 124* beschrieben an.

Auch mit Mini-Teichen, die Sie an den Wegesrand oder auf die versiegelten Plätze stellen, können Sie Flächen aufwerten. Eine ausführliche Anleitung zum Kreieren eines Mini-Teiches finden Sie auf *Seite 109*. Lassen Sie sich also nicht entmutigen, falls die versiegelten Flächen in Ihrem Garten die Oberhand haben, sondern fangen Sie mit kleinen Schritten an, die Natur zurückzuholen.

LASST DIE FUGEN ERBLÜHEN!

Für jedes Plätzchen ist ein Kraut gewachsen und deshalb müssen Sie selbst auf Ihren Plätzen und Wegen nicht auf bunte Wildblumen verzichten. Alle geeigneten Pflanzenarten für Kies- und Schotterbauten finden Sie im Kapitel „Trockenmauern und Steingarten" (► *Seite 128*), denn im Grunde ist ein Kiesweg oder ein natürlicher Schotterplatz nichts anderes. Aber nicht nur dort wächst es, auch in Fugen können Sie Wildblumen ansiedeln. Diese niedrigen, trittfesten und hartgesottenen Pflänzchen sorgen für eine bunte Wildblumen-Optik zwischen den Steinen. Eine Fugenbegrünung ist für sonnige Standorte geeignet und kann für jede Fugengröße verwendet werden: vom einfachen Kopfsteinpflaster bis hin zu Rasengittersteinen. Die robusten Wildblumen halten einer regelmäßigen Begehung stand und können in jeder noch so kleinen Ritze Fuß fassen. Der Vorteil für uns liegt auf der Hand: Das ewige Reinigen der Fugen entfällt und wir locken interessante Nektarsucher in unsere Nähe. Beispiele für gut geeignete Fugenpflanzen finden Sie in der nebenstehenden Tabelle. Geeignet sind außerdem Gänseblümchen, Frühlings-Hungerblümchen und Mastkraut. Kennen Sie weitere mögliche Kandidaten? Überprüfen Sie einfach folgende Kriterien und stellen Sie fest, ob die Wildblume für Fugen geeignet ist:

Wenn die Fugen ausreichend breit sind, können sich trittfeste Arten wie der Thymian ansiedeln.

- Ist die Pflanze trockenheitstolerant?
- Liebt die Pflanze einen nährstoffarmen Standort?
- Kann die Pflanze sowohl Hitze als auch Kälte aushalten?
- Ist die Pflanze trittfest?
- Ist die Pflanze niedrig?

Wenn alle Fragen mit Ja beantwortet werden können, ist die Wildblume Ihrer Wahl für ein Leben in den Fugen geeignet.

Aussaat und Pflanzung

Wenn Sie gezielt Arten ansiedeln wollen, empfehle ich Ihnen, es mit einer Aussaat zu versuchen. Es gibt dafür spezielle Fugenmischungen aus Wildblumenarten, Sie können aber auch bestimmte Arten, die es Ihnen besonders angetan haben, separat aussäen. Zur Aussaat befüllen Sie die Fugen mit einem besonderen Substrat für Gründächer. Alternativ kann Sand mit unkrautfreier Erde aus dem Garten im Verhältnis 70:30 gemischt und verwendet werden. Achten Sie darauf, dass die Oberfläche der Fugen etwas unterhalb der Pflasteroberfläche liegt, damit der Vegetationspunkt der Pflanze geschützt ist und das Gewächs auch bei häufigem Begehen immer wieder neu austreibt. Schon vorhandene Fugen müssen vor der Aussaat ein letztes Mal ausgekratzt werden, denn dadurch legen Sie die Oberfläche auch etwas tiefer. Jetzt kann es losgehen: Für eine Pflanzung zerteilen Sie den Wurzelballen vorsichtig in viele kleine Teile, die Sie dann einzeln und möglichst tief in die Erde schieben. Dabei ist Geduld gefragt und mitunter rutschen die Pflänzchen immer wieder aus der Fuge. Eine Aussaat ist deshalb oftmals die bessere Möglichkeit, insbesondere wenn die Fugen schmal sind.

Fugenpflanzen für sonnige Standorte

	NAMEN	WUCHS	BLÜTE	ÖKOLOGISCHER WERT	BESONDERHEITEN
	**Frühblühender Thymian** *Thymus praecox*	10–15 cm Polsterbildend (∞)	V–VII Rosa	Sehr gute Insektenpflanze, frühe Blüten für Wildbienen und andere	Hübsche weiße Form 'Albiflorus' im Handel erhältlich
	**Gewöhnlicher Thymian** *Thymus pulegioides*	10–20 cm Polsterbildend (∞)	VII–IX Rosa	Sehr attraktiv für verschiedene Wildbienen und Schwebfliegen, späte Blüte	Auch für das Kräuterbeet und die Küche geeignet
	**Scharfer Mauerpfeffer** *Sedum acre*	10 cm Polsterbildend (∞)	V–VII Gelb	Gute Pflanze für Schmetterlinge und Raupen, nektarhaltige Blüten	Auch ohne Blüten hübsche grüne Polster, wintergrün
	**Feld-Steinquendel** *Acinos arvensis*	10–20 cm Polsterbildend ⊙	VI–IX Violett	Lange Blütezeit, Bestäubung durch Bienen, Hummelschweber, Tagfalter	Verströmt aromatischen Minzgeruch
	**Zwerg-Polster-Ehrenpreis** *Veronica liwanensis*	5–10 cm Polsterbildend (∞)	V–VII Blau	Frühe Insektenweide für nicht spezialisierte Arten.	Nicht einheimisch, aber unverzichtbare Fugenpflanze
	**Frühlingsfingerkraut** *Potentilla neumanniana*	5–15 cm Polsterbildend (∞)	III–V Gelb	Sehr frühe Blüten für die ersten fliegenden Hummeln und Bienen	Auch gut für Trockenmauern und Steingärten geeignet

(∞) mehrjährig ⊙ einjährig (··) zweijährig

PLÄTZE UND WEGE RICHTIG PFLEGEN

Es wird Sie nicht überraschen, dass auch die Pflege von Plätzen und Wegen im natürlichen Garten keinen großen Aufwand bedeutet. Wichtig ist: Alles muss genutzt werden.

PRINZIPIELL ERFOLGT die Wartung der Strukturen allein schon durch die Benutzung. Seien Sie also froh über spielende Kinder oder Besucher, die durch den Garten gehen und dabei auch auf Pflanzen treten, über die Sie selbst einen Schritt machen. Denn gerade durch die rege Begehung und den Gebrauch der Wege und Plätze wird die Pflege einfacher. Je öfter ein Weg begangen wird, umso unwahrscheinlicher ist es, dass Sie eine Hacke oder Schere in die Hand nehmen müssen. Wird der natürliche Garten nicht genutzt, nehmen Pflanzen und Tiere sowieso unseren Platz ein und besiedeln freie Flächen.

Die wichtigste Pflegemaßnahme ist die Nutzung der Wege, sonst erobern sich die Pflanzen den Platz.

Plätze und Wege laden Sie einmal mehr dazu ein, Ihren Garten zu genießen und das Stückchen traumhaftes Grün, das Sie sich erschaffen haben, regelmäßig zur Entspannung, Betätigung und Inspiration zu nutzen. Für wenig genutzte Bereiche folgen hier ein paar Pflegetipps:

Kies und Schotter

Insbesondere auf Kies- und Schotterwegen gibt es ausreichend Substrat, sodass sich bei geringer Störung die Pflanzen den Platz zurückerobern. Anfangs freuen Sie sich über die Ausbreitung von Karde, Nachtkerze und Co., aber die stark versamenden und stattlichen Arten können schnell lästig werden. Schneiden Sie dann die Pflanzen vor der Samenreife ab, eventuell überzählige Keimlinge werden entfernt. Keine Sorge, nach kurzer Zeit werden Sie die Pflanzen auch schon als kleine Gewächse unterscheiden können. Füllen Sie außerdem nach Bedarf Schotter oder Kies auf, um Unebenheiten auszugleichen. Dafür ist es gut, wenn Sie einen kleinen Vorrat beim Bau des Weges oder Platzes zurückbehalten.

Pflaster und Steinplatten

Pflegen Sie Ihre gepflasterten Terrassen und Wege, indem Sie Laub und anderes organisches Material entfernen. Bleibt das liegen, bildet sich zuerst eine Schicht, die bei nassem Wetter schnell rutschig wird, bei länger ausbleibender Pflege werden sich Pflanzen in dem organischen Material ansiedeln und den Platz zurückerobern. Diese minimale Pflege gilt auch für einzelne Trittplatten. Außerdem sollten Sie Pflanzen entfernen, die unerwünscht in den Fugen wachsen. Dazu gehören beispielsweise junge Bäume, die gerne als Pionierpflanzen auftreten, aber dem Pflaster als ausgewachsene Exemplare durch ihre Wurzeln schaden. Höhere Wildblumen wachsen am besten am Rand als Dekoration, und das auch nur, wenn der Weg breit genug oder der Sitzplatz ausreichend groß ist. Sonst können die Pflanzen stören oder sogar im schlimmsten Fall zu Stolperfallen werden.

Mulch und Holzhäcksel

Bei allen Belägen aus Rindenmulch oder Holzhäcksel beschränkt sich die Pflege auf ein regelmäßiges Auffrischen des natürlichen Füllmaterials. Mit der Zeit zersetzt sich das organische Material und der Belag sackt ab. Füllen Sie deshalb einmal jährlich oder nach Bedarf reichlich neues Material nach, um optisch ansprechende und gut begehbare Wege zu erhalten. Falls sich für Ihren Geschmack zu viele Pflanzen auf der Oberfläche ausgebreitet haben, entfernen Sie diese mit der Wurzel, bevor Sie die neue Mulch- oder Hackschnitzelschicht aufbringen.

Rasenwege

Damit die Rasenwege schön saftig und grün aussehen und sich auch gut unter den Füßen anfühlen, sollten sie regelmäßig gemäht werden. Das sorgt für einen dichten Wuchs. Außerdem sollten dem Rasen im Frühjahr mit organischem Dünger Nährstoffe zugeführt werden. Wählen Sie Rasenmischungen mit einem hohen Anteil an Wildgräsern, was sehr strapazierfähig ist. Bei längeren Trockenperioden wird es eventuell nötig sein, die Rasenwege zu bewässern, insbesondere wenn es Ihnen wichtig ist, dass die Wege grün bleiben. Ansonsten können Sie auch einfach abwarten. Normalerweise regeneriert sich die Grasnarbe aber nach der Trockenheit wieder und vertrocknete Pflanzen treiben wieder aus, wenn es erst mal geregnet hat. Das ist dann manchmal wie ein kleines Wunder.

Wege mit Holzhäcksel müssen regelmäßig aufgefüllt werden, da sich das Material schnell zersetzt.

Wundervoller Wildblumensaum

Was wäre die Welt ohne die bunten Säume von Wildblumen am Weges-, Acker- oder Waldrand? Diese besondere Struktur bereichert aber auch unsere Gärten im Nu und besticht mit einem Hauch von Wildnis.

Ein Saum aus bunten Blumen passt in jeden Garten. Wildblumensäume sind in der freien Natur Pflanzengesellschaften, die an verschiedenen Übergängen landschaftlicher Strukturen vorkommen. Es gibt sie am Wegesrand, am Übergang von Wald zu Wiese oder auch an den Randvegetationen von Ackerland. Diese Pflanzengesellschaften enthalten typischerweise keine oder wenige Gräser und gedeihen gut auf mageren Standorten. Sie blühen – anders als Mähwiesen – nur einmal im Jahr. Im Garten können wir solche Pflanzengesellschaften als wunderbare bunte Säume am Wegesrand, vor der Hecke, am Teichrand oder vor der Mauer ansiedeln.

LEICHTE PFLEGE

Wildblumensäume werden nicht gemäht, es sind meistens Blumen enthalten, die einen Schnitt gar nicht vertragen. Es sollten lediglich die trockenen Pflanzenstängel im Frühjahr abgeräumt werden, falls nötig. Das zeigt einen weiteren Vorteil der Wildblumensäume im Garten auf: Sie sind besonders pflegeleicht und jeder Gärtner, der einen mageren Gartenboden hat, kann sich in diesem Fall freuen. Gerade dort sind die Saumgesellschaften nämlich dauerhaft stabil und werden nicht nach einigen Jahren von Gräsern, Löwenzahn und Co. verdrängt. Das Stehenlassen der trockenen Pflanzenteile über den Winter hat einen hohen ökologischen Nutzen, denn die hohlen Stängel sind Brutraum für Wildbienen und Winterquartier für zahlreiche andere Insekten. Außerdem können die Wintervögel die noch vorhandenen Samen herauspicken. Manche Pflanzen, allen voran die Karde, sind echte Magneten für Distelfinken und andere geflügelte Schönheiten. Falls Ihnen die trockenen Pflanzenteile gar nicht gefallen, können Sie den Wildblumensaum im Herbst einkürzen. Aber bedenken Sie, dass auch mit Raureif überzogene Samenstände von Wildstauden wunderschön aussehen können wunderschön aussehen können. Düngen und Bewässern des Wildblumensaums ist nicht notwendig, wenn Sie die passende Mischung für ihren Standort gewählt haben.

Der beste Platz

Es gibt Wildblumen, die in schattigen Saumgesellschaften zu Hause sind und solche, die in sonnige Saumgesellschaften gehören. Am sonnigen Standort blüht morgens die Wegwarte in bestechendem Blau und lockt spezialisierte Wildbienen an. Die stattlichen Königskerzen bieten Pollen am sonnigen Standort und sind außerdem bestens geeignet als Nisthilfe für Wildbienen, die gerne in senkrechten, hohlen Pflanzenstängeln brüten. Die Gewöhnliche Nachtviole betört abends mit ihrem Duft und lockt Nachtfalter an. Dabei wächst sie auch gerne auf frischerem Boden am Gehölzrand. In den typischen Schattensaum gehören Schöllkraut und Wald-Engelwurz.

Gewöhnlicher Natternkopf

Echium vulgare

HÖHE: *40–100 cm*

BLÜTE: *Juni–September, blau-rosa*

Der Natternkopf besticht im sonnigen Wildblumensaum mit seinem kräftigen buschigen Wuchs und den wunderschönen Blüten, die einen Farbwechsel nach Tiefblau vollziehen. Nicht umsonst wird er im Volksmund als „Blauer Heinrich" bezeichnet. An den zahlreichen Einzelblüten, die an langen Blütenständen erscheinen, lässt sich eine unglaubliche Vielfalt an Insekten beobachten. Er ernährt mit seinem Nektar über 40 Falterarten, Schwalbenschwanz, Distelfalter und Dickkopffalter wurden schon an ihm beobachtet. Außerdem bietet er Pollen und Nektar für viele andere Insekten, darunter auch für die spezialisierte Natternkopf-Mauerbiene, die den Pollen für ihre Brut ausschließlich dort sammelt.

Färber-Hundskamille

Anthemis tinctoria

HÖHE: *40–60 cm*

BLÜTE: *Juni–Oktober, gelb*

Die Färber-Hundskamille ist eine schöne Mitbewohnerin des Wildpflanzensaums mit aufrechtem Wuchs und leuchtend gelben Korbblüten. Von Juni bis Oktober leuchten die kleinen Sonnen mit gelben Strahlenblüten und ebenso gelben Röhrenblüten in der Mitte. Die Färberkamille ist eine gute Insektenpflanze. Schmetterlinge lieben sie ebenso wie Wildbienen oder Schwebfliegen. Aufgrund ihrer Anpassungsfähigkeit kann sie selbst neue, bis dahin noch vegetationsfreie Bereiche besiedeln. Ihre Lebensdauer beträgt nur einige Jahre, dafür versamt sie sich reichlich. Ein Rückschnitt im September fördert eine Bestockung, die Färberkamille treibt im kommenden Jahr dann schön dicht aus.

Gewöhnliche Ochsenzunge

Anchusa officinalis

HÖHE: *45–80 cm*

BLÜTE: *Juni–September, tiefblau bis violett*

Die robuste Ochsenzunge wächst bevorzugt an sonnigen und trockenen Standorten. Wenn der Gartenboden nicht zu sauer ist, können Sie die Ochsenzunge problemlos in den Wildblumensaum integrieren. Die schöne blaue Blume ist ein Juwel im insektenfreundlichen Garten, weil sie über mehrere Monate hinweg zahlreiche nektartragende Blüten bildet. Wie viele Arten der Saumgesellschaften wird diese Staude oftmals nicht uralt, sondern verabschiedet sich nach wenigen Jahren. Dafür samt sie sich dann aber aus und bildet am Standort reichlich Jungpflanzen. Auch die Ochsenzunge ist Futterpflanze einer oligolektischen Wildbienenart: Die seltene Ochsenzungen-Seidenbiene fliegt ausschließlich auf die blaue Schönheit.

Sarah van Fleeth
That's Jazz

KAPITEL 4

EIN AUSBLICK MIT HOFFNUNG

Für alle, die ihre Leidenschaft für das naturnahe Gärtnern entdeckt haben und einen Schritt weitergehen wollen, gibt es eine Vorausschau auf weitere mögliche Handlungen. Lassen Sie uns zuversichtlich in eine gemeinsame, vielfältige und artenreiche Gartenzukunft blicken!

WIE GEHT ES WEITER?

Haben Sie schon alle möglichen wilden Ecken im Garten umgesetzt und wollen mehr? Lassen Sie sich inspirieren und gehen Sie weitere Schritte auf dem Gartenweg hin zu mehr Schönheit, Vielfalt und Naturschutz!

MIT DEN WILDEN Ecken in Ihrem Garten und den vielen neuen heimischen Pflanzen haben Sie den idealen Lebensraum für tierische Mitbewohner geschaffen. Wenn Sie noch mehr Tiere in Ihrem Garten beobachten möchten, fragen Sie sich vielleicht, was Sie noch tun können, um die summenden und flatternden Besucher zu unterstützen. Und da gibt es tatsächlich noch die eine und andere geeignete Maßnahme. Sie können Wildbienen, Gartenvögeln, Igeln, Fledermäusen und anderen heimischen Tieren beispielsweise Nisthilfen und Überwinterungsplätze anbieten. Welche Hilfsmittel sinnvoll und zweckmäßig sind, erfahren Sie auf den folgenden Seiten. Denn Nahrung in Form von Wildblumen und fruchttragende Bäume und Sträucher sind das eine, aber um den artenreichen Garten als Lebensraum komplett zu machen, braucht es außerdem die richtigen Nist- und Überwinterungsplätze, damit die Tiere sich bei Ihnen dauerhaft wohlfühlen.

NISTHILFEN FÜR VÖGEL

Warum ist es überhaupt notwendig, Vögel bei der Brut und der Aufzucht ihrer Jungen zu unterstützen? In Siedlungsbereichen ist die Anzahl der natürlichen Nistplätze rückläufig. Normalerweise nisten Vögel in Baumstämmen, unter Dachrinnen oder in Mauerspalten. Aber nicht nur der Bestand an alten Bäumen nimmt ab, auch die glatte Bauweise bei Häusern oder Modernisierungen von Gebäuden verringern die Brutmöglichkeiten für Vögel.

Bereits im Vorfrühling, der sich bei uns mit Schneeglöckchen und Winterlingen ankündigt, startet die Brutzeit vieler Gartenvögel. Wer rechtzeitig zusätzlichen Lebensraum für die ersten gefiederten Bewohner schaffen möchte, sollte bis spätestens Mitte März neue Nistkästen anbringen. Sie können die Nistkästen aber auch noch später anbringen, denn einige Arten kommen erst dann aus den Winterquartieren zurück und mitunter ziehen Vögel sogar im Laufe des Jahres für eine zweite oder dritte Brut noch um. Nicht alle Gartenvögel nutzen Nistkästen, sondern nur Arten, die natürlicherweise in Baumhöhlen oder Spechthöhlen brüten. Zu den häufigsten Nutznießern künstlicher

Die Insekten können Sie außer mit den richtigen Blumen mit Nisthilfen und Tränken unterstützen.

Auch die Gartenvögel freuen sich über Tränken. Damit sie vor Räubern sicher sind, hängen Sie sie am besten etwas höher.

Nistgelegenheiten gehören Kohl- und Blaumeisen sowie Haus- und Feldsperlinge. Größere Kästen werden oft von Staren angenommen. Für jede Vogelart gibt es eine optimale Größe des Einfluglochs, das bei den kleineren Meisen 28 mm im Durchmesser beträgt, bei den größeren Kohlmeisen 32 mm und bei Staren 45 mm. Andere Arten, wie Haus- und Gartenrotschwänze, benötigen Kästen mit halb offenen Vorderwänden. Für seltenere Vögel wie Mauersegler, Mehlschwalben oder Waldkäuze gibt es Spezialnistkästen. Wenn Sie ganz sicher sein wollen, dass für die Vögel, die sich in Ihrem Garten wohlfühlen, ausreichend Nistplätze vorhanden sind, hängen Sie einfach möglichst viele Nistkästen auf. Ein gewisser Abstand, meist um die 10 m, sollte zwischen den Kästen aber eingehalten werden.

Es werden sehr viele Vogelnistkästen angeboten, die teilweise aber ungeeignet sind und aus unterschiedlichen Gründen dann auch nicht von den Vögeln bezogen werden. Setzen Sie also auf gute Qualität. Worauf ist dabei zu achten? Der Vogelkasten muss ausreichend groß sein, eine Mindestgröße von 12 x 12 cm Grundfläche im Innenraum ist wichtig. Keinesfalls sollte der Kasten aus Plastik sein, geeignete Materialien sind Holz oder Holzbeton. Außerdem ist es wichtig, dass Sie den Kasten öffnen und im Winter reinigen können, sonst werden die Nistkästen schnell unbenutzbar. Einen Nistkasten aus Holz mit diesen Angaben selbst zu bauen ist für geübte Handwerker nicht schwierig, einen Bausatz können auch Kinder zusammenbauen. Ein tolles Projekt! Hängen Sie den Nistkasten mindestens 1,5–5 m über dem Boden auf, die bevorzugte Höhe variiert von Art zu Art. Der Eingang des Vogelkastens sollte in eine Richtung zeigen, die vor Witterungseinflüssen geschützt ist. Am besten zeigt der Eingang nach Osten oder Nordosten, das bietet einen Schutz vor der heißen Nachmittagssonne. Versuchen Sie, den Vogelkasten vor potenziellen Raubtieren wie Katzen oder Mardern zu schützen. Eine Befestigung an einem glatten Pfahl oder einer Metallstange kann das Hochklettern von Raubtieren verhindern, ebenso kann ein Katzenabwehrgürtel aus dem Fachhandel helfen.

NISTHILFEN FÜR WILDBIENEN

Wildbienen nisten auf sehr unterschiedliche Arten, viele von ihnen können wir mit geeigneten Nisthilfen oder sogenannte Insektenhotels unterstützen. Am bekanntesten sind wohl die Wildbienenhäuser, die allen Wildbienenarten, die gerne in waagerechten Hohlräumen brüten, einen Platz bieten. Das können Schilfröhrchen mit einem Lochdurchmesser zwischen 5 und 11 mm und einer geschlossenen Rückseite sein. Ebenso werden in Hartholz gebohrte Löcher mit oben genannter Größe angenommen. Wenn Sie eine Nisthilfe dieser Art kaufen, achten Sie darauf, dass ins Längsholz und nicht in die Stirnseite gebohrt wurde, entsprechend dem natürlichen Vorkommen von Löchern im Totholz. Schauen Sie außerdem ganz genau hin und wählen Sie hochwertige Produkte aus. Wichtig ist nämlich auch, dass keine noch so kleinen Holzsplitter oder Risse an den Röhren zu sehen sind. Die zarten Tiere können sich daran verletzen. Hummeln können Sie mit einer Hummelburg einen Unterschlupf bieten. Richten Sie die Einflugöffnung nach Osten aus.

Außerdem müssen die Bohrungen glatt sein, selbst winzige Splitter können die zarten Bienenkörper verletzen. Sie werden an solchen Nisthilfen beispielsweise die Gehörnte Mauerbiene beobachten.

Einige Wildbienen nisten gerne in Steilwänden oder natürlichen Abbruchkanten, die Sie durch die Anlage einer Nisthilfe aus Lehm imitieren können. Stellen Sie dafür einzelne Lehmblöcke her, die regengeschützt nebeneinanderstehen. Sie können Löcher mit 8 mm Durchmesser vorbohren, den Rest erledigen die Wildbienen dann selbst. Mit

Ein naturnaher Garten bietet sowohl Nahrung als auch Nisthilfen und Überwinterungsmöglichkeiten.

den Lehmziegeln locken Sie Pelzbienen, Seidenbienen und Maskenbienen an. Andere Wildbienenarten nagen Gänge in markhaltige Pflanzenstängel. Lassen Sie für diese Tiere die trockenen Stängel der Königskerze stehen, allerdings brauchen Sie etwas Durchhaltevermögen. Im ersten Jahr bilden Königskerzen eine Rosette, im zweiten Jahr blühen sie und werden dürr. Erst im dritten Jahr werden sie von Wildbienen besiedelt, die dann im vierten Jahr schlüpfen! Sie können die Stängel aber auch schneiden und am Zaun oder Ähnlichem befestigen. Entscheidend ist die vertikale Ausrichtung.

FUTTERPLATZ FÜR VÖGEL

Wenn Sie Vögel in Ihrem Garten füttern, brauchen Sie geeignete Futterstellen, die vor Nässe und Katzen geschützt sind. Verwenden Sie hochwertiges Vogelfutter, das den Bedürfnissen der Vögel entspricht, Sonnenblumenkerne sind z. B. ein gutes Grundfutter. Unterschiedliche Vogelarten haben unterschiedliche Vorlieben für Futterarten, daher ist eine abwechslungsreiche Auswahl von Samen und Kernen empfehlenswert. Halten Sie den Futterplatz und die Futterstellen sauber, um die Verbreitung von Krankheiten zu verhindern. Reinigen Sie Futterhäuschen regelmäßig und entfernen Sie verschimmeltes oder verdorbenes Futter. Platzieren Sie den Futterplatz an einem gut sichtbaren Ort, damit Sie die Vögel beobachten können. Achten Sie jedoch darauf, dass der Futterplatz nicht zu nahe an Fenstern oder Glasflächen liegt, um Vogelkollisionen zu verhindern. Denken Sie daran, ein Futterplatz sollte als Ergänzung zur natürlichen Nahrung dienen. Stellen Sie sicher, dass in Ihrem Garten auch natürliche Nahrungsquellen wie Beerensträucher, Blumen und Insekten vorhanden sind.

WASSERTRÄNKEN

Vogel- und Insektentränken sind wichtig, insbesondere in trockenen und heißen Perioden. Wasser ist lebensnotwendig für die Tiere, sowohl zum Trinken als auch zum Baden. Vor allem Vögel nutzen frische Wasserstellen, um ihre Federn zu reinigen. Saubere Federn sind für Vögel für das Fliegen unerlässlich. Rutschfeste Oberflächen oder flache Schalen eignen sich gut, um das Ertrinken vor allem von Insekten zu verhindern. Sie können Hölzer, Moos, Steine oder ähnliches Naturmaterial in die Tränken geben, sodass ein Herausklettern jederzeit möglich ist. Achten Sie darauf, die Tränken regelmäßig aufzufüllen. Die Tiere in Ihrem Garten gewöhnen sich an

Nisthilfen für Vögel sind durchaus sinnvoll, da es immer weniger Nistplätze im Siedlungsbereich gibt.

die Wasserquelle und sollten sich auf die Verfügbarkeit von Wasser verlassen können. Stellen Sie ruhig mehrere Tränken an unterschiedlichen Orten auf. Auf diese Weise können Sie verschiedene Tiere bestens unterstützen.

EIN PLATZ ZUM ÜBERWINTERN

Für Wildtiere wie Igel, Insekten und Fledermäuse wird es immer schwieriger, ein Winterquartier zu finden, denn moderne Häuser bieten wenige Nischen und Unterschlupfe. Wie Sie bereits in den vorhergehenden Kapiteln erfahren haben, ist es deswegen auch wichtig, Laub- und Reisighaufen im Garten liegen zu lassen. Außerdem gibt es fertige Bauten für verschiedene Tierarten, die im Herbst zum Einsatz kommen. Fledermäusen können Sie beispielsweise mit einem Fledermauskasten helfen, der sowohl als Schlafplatz als auch zum Überwintern dient. Für Igel gibt es spezielle Kisten, die, mit Laub abgedeckt, gerne als Überwinterungsplatz angenommen werden. (Bezugsquelle für eine einfache Bauanleitung finden Sie im Anhang.) Im Fachhandel finden Sie auch fertige Igelburgen.

GUTE MATERIALIEN

Stellen Sie in Ihrem Garten nach und nach vollständig auf natürliche und nachhaltige Materialien um. Verwenden Sie, wenn möglich, regionale Naturmaterialien, durch die geringen Transportstrecken werden erheblich Ressourcen eingespart. Steine kommen teilweise aus Übersee, dabei gibt es in der DACH-Region Sandstein, Schiefer, Kalkstein, Granit, Basalt und vieles mehr. Erkundigen Sie sich nach einem Steinbruch in Ihrer Nähe und versuchen Sie dort Ihre Materialien zu beziehen. Das gilt auch für Splitte, Kiese und Sande. Am nachhaltigsten ist die Verwendung von schadstofffreien recycelten Materialien. Achten Sie auch bei Holz im Garten darauf, dass es unbehandelt ist und aus nachhaltiger Holzwirtschaft in Mitteleuropa stammt. Die passende Gartendeko für Ihren natürlichen Garten stammt am besten ebenfalls aus Naturmaterialien. Sie können hier Ihrer Kreativität freien Lauf lassen. Besuchen Sie einen Töpferkurs und gestalten Sie Gartenkeramik, basteln Sie fantasiereiche Skulpturen aus Schwemmholz oder verarbeiten Sie Keramikfliesen zu kreativen Mosaiken. Ihre individuelle Dekoration sieht gut aus und schont die Umwelt.

NETZWERKEN IST WICHTIG – SIE SIND NICHT ALLEIN

Verbinden und verbünden Sie sich mit anderen Naturgärtnern und genießen Sie das Gefühl, bei etwas Größerem dabei zu sein. Denn erst die Summe der wilden Ecken und natürlichen Gärten macht den Unterschied!

TEILEN SIE IHR Wissen über natürliche Gartenpraktiken mit anderen und ermutigen Sie Ihre Nachbarn dazu, sich ebenfalls für naturnahe Gartenarbeit zu interessieren. Bildung und Sensibilisierung sind die Schlüssel zur Förderung nachhaltiger Gartengestaltung. Ihre wilden Ecken sind Teil eines größeren Netzwerkes und je mehr Gärtnerinnen und Gärtner mitmachen und die einfache Praxis der wilden Ecken umsetzen, desto mehr kann für den Erhalt der Artenvielfalt erreicht werden.

Heißen Sie Gäste in Ihrem Garten mit den wilden Ecken willkommen und teilen Sie Ihr Wissen.

SEIEN SIE GUT VERNETZT

Heutzutage gibt es fast überall einen Tag der offenen Gärten. Wenn Sie Lust haben, nehmen Sie daran teil und präsentieren Sie mutig anderen Gartenfans Ihre neu erschaffenen wilden Ecken und Ihr neues Wissen über Nachhaltigkeit im Garten. Sie werden sehen, es macht Spaß, andere Naturfans kennenzulernen, und plötzlich fühlen Sie sich mit Ihren wilden Ecken gar nicht mehr so exotisch. Seien Sie auch selbst neugierig und besuchen Sie andere naturnahe Gärten, wenn möglich. Dort können Sie sich inspirieren lassen, denn es gibt noch viel mehr Möglichkeiten, als ich in diesem Buch vorstellen konnte, um einen Garten naturfreundlich zu gestalten. Sicher bietet sich auch die Möglichkeit, sich in Gruppen für naturnahes Gärtnern in den sozialen Medien zu vernetzen und so gleichgesinnte Gärtner und Gärtnerinnen zu finden. Wenn Sie möchten, stellen Sie dort Bilder aus Ihrem Garten vor oder erstellen einen eigenen Gartenblog. Lohnend sind auch Besuche verschiedener Pflanzen- und Saatguttauschbörsen, denn auch dort treffen sich Gleichgesinnte, von denen Sie lernen können und die Sie mit dem naturnahen Gärtnern anstecken können. Egal ob auf dem Land oder in

Eine wunderbare Möglichkeit mit Gleichgesinnten in Kontakt zu kommen sind offene Gartentage.

der Stadt, ein Platz für eine wilde Ecke findet sich tatsächlich überall. Geben wir deswegen alles, sodass es möglichst viele Quadratmeter mit bunt blühenden und summenden Biotopen gibt, die sich zu einem großen Ganzen verbinden!

WORKSHOPS UND KURSE

Nehmen Sie an Weiterbildungen zur Praxis in Naturgärten, an Vogel- oder Pflanzenbestimmungskursen teil. Dies ist eine großartige Möglichkeit, das eigene Wissen zu erweitern und gleichzeitig Menschen zu treffen, für die naturnahes Gärtnern wichtig ist. Lesen Sie Gartenblogs und -zeitschriften, die sich auf ökologische Gartengestaltung spezialisiert haben. Diese Quellen können wertvolle Informationen und Anregungen bieten, Sie können Kommentare hinterlassen oder sich direkt mit den Autoren in Verbindung setzen. Oder wie wäre es mit dem Beitritt in eine Naturschutzorganisation oder einen Naturgartenverein? Diese Gruppen organisieren oft Veranstaltungen, Workshops und Treffen, bei denen Sie andere Naturgärtner und -gärtnerinnen treffen. (Hilfreiche Adressen finden Sie im Anhang auf *Seite 183*.)

ENGAGEMENT

Ihr Engagement zählt. Werden Sie aktiv und engagieren Sie sich über das Gartentor hinaus für den Naturschutz. Viele Naturschutzorganisationen und Umweltgruppen suchen nach Freiwilligen, die bei Naturschutzprojekten helfen. Das kann das Pflanzen von Bäumen, die Pflege von Naturschutzgebieten oder die Teilnahme an Reinigungsaktionen in der Natur umfassen. Interessant sind außerdem sogenannte Citizen-Science-Projekte, bei denen Bürger Daten über die Tier- und Pflanzenwelt sammeln. Diese Daten sind wichtig für die wissenschaftliche Forschung und den Naturschutz. Ein bekanntes Projekt ist beispielsweise die „Stunde der Gartenvögel", die in Deutschland vom Naturschutzbund durchgeführt wird. Nicht zuletzt ist auch finanzielle Unterstützung gefragt. Dadurch werden Naturschutzprojekte auf den Weg gebracht, die ohne Ihre Hilfe gar nicht zustande kommen. Der Naturschutz ist eine bedeutende gesellschaftliche Aufgabe und Ihr Engagement kann einen wirklichen Unterschied machen. Wählen Sie die Aktivitäten aus, die am besten zu Ihren Interessen, Ihrer Zeit und Ihren Fähigkeiten passen, und setzen Sie sich für den Erhalt unserer Umwelt ein.

BEZUGSQUELLEN

SAMENFESTES SAATGUT

Blumen- und Gemüsesaatgut, das für die eigene Samenernte geeignet ist, bekommen Sie vor allem im Onlineverkauf.

Dreschflegel GbR
Setzt sich ein für den Erhalt von Kulturpflanzen
www.dreschflegel-shop.de

Samenbau Nordost Kooperative
Kooperation von biologischen Saatgutvermehrerinnen und Saatgutvermehrern
www.samenbau-nordost.de

Bingenheimer Saatgut AG
Biologisches Gemüse und Blumensaatgut auch in Großpackungen
www.bingenheimersaatgut.de

NATURGARTEN-PRODUKTE

Nisthilfen, Tränken und Futterstellen für Vögel, Insekten und Kleinsäuger in guter Qualität

Vivara
Vertreibt Naturschutzprodukte
www.vivara.de

Schwegler
Produkte für Vogel- und Naturschutz
www.schwegler-natur.de

Nabu-Shop
Naturschutz im Garten und Geschenkideen
www.nabu-shop.de

ALTE OBSTSORTEN

Besondere Obstsorten sind meist nur in spezialisierten Baumschulen erhältlich.

Hof Jeebel
Biogartenversand mit alten Obstsorten und vielen weiteren Produkten
www.biogartenversand.de

Bioland Baumschule Pflanzlust
Sitz in Wolfhagen-Nothfelden mit Hofladen und Obstbaumversand
www.biobaumversand.de

WILDBLUMEN-SAATGUT

Bezugsquellen von Saatgut heimischer Wildpflanzen, Regiosaatgut mit Onlineshops

Yosana
Saatgutmischungen heimischer Wildpflanzen für Garten und Balkon
www.yosana.net

Rieger-Hofmann GmbH
Regionales Wildpflanzensaatgut für ganz Deutschland
www.rieger-hofmann.de

Saatgut Vielfalt
Sehr große Auswahl an Staudensaatgut, auch viele heimische Arten
www.saatgut-vielfalt.de

Templiner Kräutergarten
Saatgut von heimischen Wildblumen und Kräutern
www.templiner-kraeutergarten.de

Nagola Re
Regiosaatgut für den Raum Berlin und Brandenburg
www.nagolare.de

Wildsameninsel
Wildblumensaatgut in Bioqualität
www.wildsamen-insel.de

Artha Samen Gärtnerei
Wildblumensaatgut mit Mischungen für jeden Standort
www.arthasamen.ch

WILDBLUMEN

Onlineshops und Vor-Ort-Verkauf von Wildblumen

Wildblüten
Mohriner Allee 71
12347 Berlin
www.wildblueten.de

AllgäuStauden GbR
Ulrike Bosch und Mathias Röttgen
Weipoldshofen 2
88299 Leutkirch
www.allgaeustauden.de

Stauden Stade
Beckenstrang 24
46325 Borken-Marbeck
www.stauden-stade.de

Staudengärtnerei Gaißmayer GmbH & Co. KG
Jungviehweide 3
89257 Illertissen
www.gaissmayer.de

Bioland-Gärtnerei für Kräuter und Wildpflanzen Strickler
Wormser Str. 78
55232 Alzey
www.gaertnerei-strickler.de

Wilde Blumen OG
Puchheimer Str. 9
4844 Regau (Österreich)
www.wildeblumen.at

Gärtnerei StaudenSpatz
Dipl.-Ing. Susanne Spatz-Behmenburg
Kreilhof 7
82386 Oberhausen
www.stauden-spatzundfrank.de

BÄUME UND STRÄUCHER

Baumschulen mit heimischen Sträuchern und Rosen in Bioqualität im Onlineverkauf und vor Ort

Pflanzenhof Eggert
Baumschulenweg 8
25594 Vaale
www.eggert-baumschulen.de

Bioland Rosenschule Ruf
Zum Sauerbrunnen 35
61231 Bad Nauheim
www.rosenschule.de

Bioland Rosenschule Uckermark
Lindenstr. 4
16307 Mescherin OT Radekow
www.rosenschule-uckermark.de

BLUMENZWIEBELN

Viele Sorten verwildernder Blumen, die gut in den naturnahen Garten passen

Natural Bulbs
Blumenzwiebeln in Bioqualität
www.naturalbulbs.de

De Warande
Familienbetrieb mit vielen Schattenpflanzen
www.starkezwiebeln.de

INFORMATIONEN

Hilfreiche Tipps zu Naturgärten sowie die Möglichkeit für Vernetzung und Engagement im Naturschutz

NaturGarten e. V.
Viele Tipps rund um artenreiche Gärten und Grünflächen; Handbuch invasiver Neophyten als PDF; viele Bezugsquellen und Onlineshop
www.naturgarten.org

LBV
Landesbund für Vogel- und Naturschutz Bayern; Bauanleitung Igelburg; mit Hotline für Fragen
www.lbv.de

NABU
Naturschutzbund Deutschland e. V.;
2000 lokale NABU-Gruppen; praktischer Naturschutz
www.nabu.de

BUND
Friends oft the Earth Germany; über 2000 ehrenamtliche BUND-Gruppen; Aufklärung, Pflege von Naturschutzflächen und mehr
www.bund.net

VWW
Verband deutscher Wildsamen- und Wildpflanzenproduzenten e.V.; Informationen zu heimischen Wildpflanzen; Bezugsquellen für regionale Wildpflanzen und -saatgut
www.natur-im-vww.de

Die Wildblume
Gärtnerei für Wildpflanzensaatgut mit Informationen über Regiosaatgut; Instagram und Facebook: @wildblumenhof
www.diewildblume.de

LITERATUR

Weiterführende Literatur zu den Lebensräumen im Garten sowie Hintergrundwissen zum wichtigen Thema Artenschutz

Wasserhabitate

Kate Bradbury, 2020: **Leben am Gartenteich. Einen Teich planen, anlegen und Tiere und Pflanzen beobachten.** Dorling Kindersley Verlag, München

Paula Polak, 2018: **Handbuch Wasser im Garten. Wasser sparen, nachhaltig nutzen, Teiche und Biotope planen und anlegen.** Löwenzahn Verlag, Innsbruck

Blumenwiesen

Karin Hochegger, 2022: **Blumenwiesen in naturnahen Gärten.** avBuch, Wien

Ernst Rieger, 2020: **Die Insektenwiese: So summt und brummt es garantiert!** Frechverlag, Stuttgart

Trockenhabitate

Angela Beck, 2018: **Steingärten und Trockenmauern: Gestalten Pflanzen Pflegen.** Kosmos Verlag, Stuttgart

Fritz Hildenstock, Reinhard Witt, 2017: **Das Naturgartenbau-Buch. Band 1 + 2. Nachhaltig denken, planen, bauen.** Naturgartenverlag, Bonn

Bäume und Sträucher

Agnes Pahler, 2021: **Lebensraum Gehölz: Bäume und Sträucher im naturnahen Garten.** pala Verlag, Darmstadt

Kräuter und Stauden

Elke Schwarzer, 2022: **Heimische Pflanzen für den Garten: 100 Blumen, Sträucher und Bäume für Biene & Co.** Eugen Ulmer Verlag, Stuttgart

Peter Steiger, 2020: **Heimische Wildstauden im Garten: Attraktiv und naturnah gestalten.** Eugen Ulmer Verlag, Stuttgart

Andrea Heistinger, 2016: **Kräuter richtig anbauen: Das Praxisbuch für Biogarten, Topf und Balkon. Vielfalt in über 100 Sorten.** Löwenzahn Verlag, Leipzig

Gemüsegarten

Gertrud Franck, Brunhilde Bross-Burkhardt, 2019: **Gesunder Garten durch Mischkultur: Gemüse, Blumen, Kräuter, Obst. Altes Gartenwissen neu entdeckt.** oekom Verlag, München

Karin Schlieber, 2017: **Prinzip Permakultur: Wie Einsteiger und Selbstversorger im Einklang mit der Natur erfolgreich gärtnern.** GU Verlag, München

Naturgarten

Bärbel Oftring, 2021: **Jede Blüte zählt! Wie jeder im Garten und auf seinem Balkon zum „Netzwerk der Natur" beitragen kann.** GU Verlag, München

Paula Polak, 2022: **Pflegeleichte Naturgärten gestalten: Gut für die Artenvielfalt – erholsam für den Menschen.** BLV Verlag, München

Paula Polak, 2020: **Welche Pflanze passt wohin im Naturgarten? Die ideale Kombination aus Arterhalt und Schönheit.** BLV Verlag, München

Antje Arnold, 2023: **Quickfinder Artenvielfalt im Gartenjahr: Gewusst wann & wie – mit den richtigen Maßnahmen die Tierwelt im Garten ganzjährig fördern.** GU Verlag, München

Reinhard Witt, 2018: **Natur für jeden Garten: Das Einsteiger Buch.** Naturgartenverlag, Bonn

Birgit Schattling, 2020: **Mein Biotop auf dem Balkon: Naturerlebnis und Ernteglück mitten in der Stadt.** GU Verlag, München

Burkhard Bohne, 2019: **Nachhaltig gärtnern: Biologisch, ressourcenschonend und klimafreundlich.** GU Verlag, München

Heike, Boomgaarden, Bärbel Oftring, Werner Ollig, 2022: **Naturgarten ganz einfach: 35 Ideen für nachhaltiges Gärtnern. Mit wilden Ecken, Bienen-Tankstellen und Wiese statt Rasen.** Ulmer Verlag, Stuttgart

Pflanzen und Tiere bestimmen

Frank Hecker, 2019: **Der Kosmos Tier- und Pflanzenführer: 1000 Arten, 4000 Abbildungen.** Kosmos Verlag, Stuttgart

Thomas Schauer, Claus Caspari, Stefan Caspari, 2020: **Der illustrierte Pflanzenführer: Der BLV-Klassiker – jetzt mit über 300 neuen Arten.** BLV Verlag, München

Margot Spohn, 2021: **Was blüht denn da? Das Original.** Kosmos Verlag, Stuttgart

Hannes Petrischak, 2021: **Welche Wildbiene ist das? Einfach erkennen und bestimmen.** Kosmos Verlag, Stuttgart

Paul Westrich, 2018: **Die Wildbienen Deutschlands.** Verlag Eugen Ulmer, Stuttgart

Hintergrundwissen Artenvielfalt

Andreas H. Segerer, Eva Rosenkranz, 2018: **Das große Insektensterben: Was es bedeutet und was wir jetzt tun müssen.** oekom Verlag, München

Sigrid Tinz, 2022 **Nahrungsnetze für Artenvielfalt: Ein Buch vom Fressen und Gefressenwerden.** pala Verlag, Darmstadt

Jasmin Schreiber, 2022: **Biodiversität.** Reclam Verlag, Leipzig

REGISTER

BILDNACHWEIS

Adobe Stock/500cx: 157; /agatchen: 079-1; /Agphotographer: 141-2; / aleoks: 117-1; /Allodin: 115-1; /Amala Gruber: 155-1; /Anette Linnea Rasmus: 141-6; /Anna Ritter: 063; /AnnaReinert: 117-6; /Aygul Bulté: 141-1; /BarbaraKrupa: 143; / bennytrapp: 111, 121-3; /carmenrieb: 155-4; /Christian Palent: 079-2; /ClaraNila: 173-3; /cobia: 091-6; / DirkDaniel: 067-1; /Elke Hoetzel: 065-4; /Erni: 159-3; /Floydine: 126; / gabriffaldi: 067-4; /Hanna: 169-3; / hcast: 145-2; /Heike Rau: 103-2; / Henk: 065-5; /Henry Czauderna: 156; /Henryk: 121-2; /hjschneider: 071-1; /Irina: 067-2; /Joachim Neumann: 159-2; /Joanna Posiak: 117-3; /JRG: 155-3; /Kalimerys: 129-3; /kaznacheeva: 103-1; /Lesya: 093-3; /LianeM: 141-4; /Liudmila: 093-2, 153-5; /liukovmaksym: 068; /Lookinout: 173-1; /lotusbluete17: 066-3; /M. Schuppich: 081-6, 155-6; /Madelaine: 095; /maho: 061; /Marc: 093-5, 173-2; /Marius Faust: 145-1; /Martin: 079-5; /mysikrysa: 115-6; /orestligetka: 145-3; /Osterland: 165; /Pixel62: 016; /pusteflower9024: 086; /Rejdan: 079-3; /rikstock: 091-5; /Sander Meertins: 159-1; /saratm: 091-1, 155-2; /Schmutzler-Schaub: 060; / sebi_2569: 155-5; /sima: 142; /skymoon13: 066-2, 129-5; /slowmotiongli: 018; /Stefan: 117-5; /Stefan-Joachim: 176; /Stephan Morris: 081-5; /T T: 169-1; /tabitazn: 153-4; / Thierry: 081-2; /tonymills: 079-6; / triocean: 023; /volga1971: 153-3; / Volodymyr: 065-6; /VRD: 141-5; / waldenstroem: 049; /Wim Verhagen: 153-6; /Wolfgang: 071-2; /Yakubovich Dmitry: 020; /YK: 019; /Zehra: 153-1; Margrit Gähler/naturimgarten.ch: 010, 014, 035, 037, 056, 072, 075, 112, 113, 122, 124, 132-1, 132-2, 149, 150, 151, 162, 163, 164; GAP Photos/Michael King: 181; Gartenbildagentur Friedrich Strauss: 076, 077; Getty Images: 026; iStock/aga-7ta: 169-4; /aloha_17: 079-4; /ArgenLant: 115-4; /aurelienantoine: 014; / brytta: 153-2; /Carine Carnier: 066-5; /Cylonphoto: 096-1; /fabioveronesi: 169-2; /Ganna Solovyova: 141-3; / hmproudlove: 115-5; /hsvrs: 066-4; / Kristine Radkovska: 129-6; /kulbabka: 093-6; /Mantonature: 081-4; / Maren Winter: 025; /Marika Bayer-Thaele: 081-3; /Nahhan: 093-4; / Oleg Marchak: 169-6; /romiri: 103-6; /seven75: 065-3; /skymoon13: 117-2; /SorenP: 096-2; /Spitzt-Foto: 069; /weisschr: 169-5; iVerde/Maayke de Ridder: 091-2, 115-3; Nina Keller: 002-003, 008, 011, 012, 013, 017, 021, 022, 026, 027, 028, 030, 031, 032, 033, 034, 036, 038, 039, 040, 041, 042, 043, 044, 045, 046, 047, 048, 050, 051, 052, 053, 054, 057, 058, 059, 062, 064, 073, 074, 082, 083, 084-1, 084-2, 087, 088, 089, 094, 098, 099, 100, 101, 102, 104, 105, 106-1, 106-2, 108, 109, 110, 114, 116, 118, 119, 123, 125, 127, 128, 130, 131, 135, 137, 138, 139, 140, 146, 147, 148, 160, 161, 166, 167, 168, 170, 171, 174, 177, 178, 179, 180; mauritius images/Imagebroker/Günter Fischer: 121-1; Shutterstock/Brzostowska: 067-5; / Buse Sahan: 065-1; /Denis Shitikoff: 136; /EQRoy: 103-5; /Fabrizio Guarisco: 093-1; /Flower_Garden: 091-4; / imagebroker.com: 067-6; /INTREEGUE Photography: 117-4; /iPlantsman: 103-4; /Joanna Tkaczuk: 024; / kristof lauwers: 115-2; /Manfred Ruckszio: 129-4; /Mariola Anna S: 081-1; /Michar Peppenster: 129-1; / Ollga P: 065-2; /Orest lyzhechka: 066-6, 071-3; /Paul Horia Malaianu: 129-2; /Przemyslaw Muszynski: 066-1; /Robert Lessmann: 103-3; /Seneline: 134; /Varts: 091-3; /Walter Erhardt: 067-3

Adobe Stock: 016, 018, 019, 020, 023, 049, 060, 061, 063, 065-4, 065-5, 065-6, 066-2, 066-3, 067-1, 067-2, 067-4, 068, 071-1, 071-2, 079-1, 079-2, 079-3, 079-5, 079-6, 081-2, 081-5, 081-6, 086, 091-1, 091-5, 091-6, 093-2, 093-3, 093-5, 095, 103-1, 103-2, 111, 115-1, 115-6, 117-1, 117-3, 117-5, 117-6, 121-2, 121-3, 126, 129-3, 129-5, 141-1, 141-2, 141-4, 141-5, 141-6, 142, 143, 145-1, 145-2, 145-3, 153-1, 153-3, 153-4, 153-5, 153-6, 155-1, 155-2, 155-3, 155-4, 155-5, 155-6, 156, 157, 159-1, 159-2, 159-3, 165, 169-1, 169-3, 173-1, 173-2, 173-3, 176; Margrit Gähler/naturimgarten.ch: 010, 015, 035, 037, 056, 072, 075, 112, 113, 122, 124, 132-1, 132-2, 149, 150, 151, 162, 163, 164; GAP Photos/Michael King: 181; Gartenbildagentur Friedrich Strauss: 076, 077; iStock: 015, 025, 065-3, 066-4, 066-5, 069, 079-4, 081-3, 081-4, 093-4, 093-6, 096-1, 096-2, 103-6, 115-4, 115-5, 117-2, 129-6, 141-3, 153-2, 169-2, 169-4, 169-5, 169-6; iVerde/Maayke de Ridder: 091-2, 115-3; Nina Keller: 008, 011, 012, 013, 017, 021, 022, 027, 028, 030, 031, 032, 033, 034, 036, 038, 039, 040, 041, 042, 043, 044, 045, 046, 047, 048, 050, 051, 052, 053, 054, 057, 058, 059, 062, 064, 073, 074, 082, 083, 084-1, 084-2, 087, 088, 089, 094, 098, 099, 100, 101, 102, 104, 105, 106-1, 106-2, 108, 109, 110, 114, 116, 118, 119, 123, 125, 127, 128, 130, 131, 135, 137, 138, 139, 140, 146, 147, 148, 160, 161, 166, 167, 168, 170, 171, 174, 177, 178, 179, 180; mauritius images/Imagebroker/Günter Fischer: 121-1; Shutterstock: 024, 065-1, 065-2, 066-1, 066-6, 067-3, 067-5, 067-6, 071-3, 081-1, 091-3, 091-4, 093-1, 103-3, 103-4, 103-5, 115-2, 117-4, 129-1, 129-2, 129-4, 134, 136

GARTENLUST PUR.

ISBN 978-3-8338-8760-4

ISBN 978-3-8338-8963-9

ISBN 978-3-8338-9048-2

ISBN 978-3-8338-8793-2

ISBN 978-3-8338-8824-3

ISBN 978-3-8338-8057-5

e Alle hier vorgestellten Bücher sind auch als eBook erhältlich.

G|U

Mehr von GU auf **gu.de** | **gu.verlag** | **gu.verlag**

LIEBE LESERINNEN UND LESER,

wir wollen Ihnen mit diesem Buch Informationen und Anregungen geben, um Ihnen das Leben zu erleichtern oder Sie zu inspirieren, Neues auszuprobieren. Wir achten bei der Erstellung unserer Bücher auf Aktualität und stellen höchste Ansprüche an Inhalt und Gestaltung. Alle Anleitungen und Rezepte werden von unseren Autoren, jeweils Experten auf ihren Gebieten, gewissenhaft erstellt und von unseren Redakteur*innen mit größter Sorgfalt ausgewählt und geprüft.

Haben wir Ihre Erwartungen erfüllt? Sind Sie mit diesem Buch und seinen Inhalten zufrieden? Wir freuen uns auf Ihre Rückmeldung. Und wir freuen uns, wenn Sie diesen Titel weiterempfehlen, in Ihrem Freundeskreis oder bei Ihrem Online-Kauf.

Sollten wir Ihre Erwartungen so gar nicht erfüllt haben, tauschen wir Ihnen Ihr Buch jederzeit gegen ein gleichwertiges zum gleichen oder ähnlichen Thema um.

KONTAKT ZUM LESERSERVICE

GRÄFE UND UNZER VERLAG
Grillparzerstraße 12
81675 München
www.gu.de

Impressum

GU ist eine eingetragene Marke der GRÄFE UND UNZER VERLAG GmbH, www.gu.de

ISBN 978-3-8338-8971-4
1. Auflage 2024

Projektleitung: Fabian Barthel
Lektorat: Christine Weidenweber
Bildredaktion: Esther Herr
Illustrationen: Bella Illenberger
Umschlaggestaltung und Layout: ki 36 Editorial Design, Bettina Stickel
Herstellung: Petra Roth
Satz: Christopher Hammond
Reproduktion: Longo AG, Bozen
Druck und Bindung: Firmengruppe APPL, aprinta druck, Wemding

Umwelthinweis:
Nachhaltigkeit ist uns sehr wichtig. Der Rohstoff Papier ist in der Buchproduktion hierfür von entscheidender Bedeutung. Daher ist dieses Buch auf PEFC-zertifiziertem Papier gedruckt. PEFC garantiert, dass ökologische, soziale und ökonomische Aspekte in der Verarbeitungskette unabhängig überwacht werden und lückenlos nachvollziehbar sind.

Bildagentur Image Professionals GmbH, Tumblingerstr. 32, 80337 München
www.imageprofessionals.com

Wichtiger Hinweis
Die Gedanken, Methoden und Anregungen in diesem Buch stellen die Meinung bzw. Erfahrung der Verfasserin dar. Sie wurden von der Autorin nach bestem Wissen erstellt und mit größtmöglicher Sorgfalt geprüft. Sie bieten jedoch keinen Ersatz für persönlichen kompetenten medizinischen Rat. Jede Leserin, jeder Leser ist für das eigene Tun und Lassen auch weiterhin selbst verantwortlich. Weder Autorin noch Verlag können für eventuelle Nachteile oder Schäden, die aus den im Buch gegebenen praktischen Hinweisen resultieren, eine Haftung übernehmen.

DIE AUTORIN
Nina Keller ist leidenschaftliche Wildpflanzengärtnerin. Ihre Liebe zur Natur hat sie durch das Studium der Biologie zu ihrem Beruf gemacht. Angefangen hat das Gärtnern mit Wildblumen in Berlin, inzwischen ist sie Brandenburgerin und verwandelt zusammen mit ihrem Mann den Hofgarten in einen öffentlich zugänglichen Natur-Schaugarten. Sie leitet einen landwirtschaftlichen Betrieb zur Vermehrung von Regiosaatgut und betreibt den angeschlossenen Onlineshop für einheimisches Wildpflanzensaatgut. Im Auftrag, die Natur zu schützen, engagiert sie sich dafür, das Gärtnern mit einheimischen Wildblumen für die breite Öffentlichkeit interessant und zugänglich zu machen.

www.die-wildblume.de
www.yosana.net

GRÄFE UND UNZER
Ein Unternehmen der GANSKE VERLAGSGRUPPE